1984

George Orwell

1984

NITTON ÅTTIOFYRA

Översättning: Thomas Warburton

ATLANTIS

MIX
Papper från
ansvarsfulla källor
FSC® C021394

Atlantis, Stockholm

Engelska originalets titel: Nineteen Eighty-Four
Omslag: Ove Pihl/Kristina Lundqvist
Omslagsillustration: Agneta Magnusson
Tryck: ScandBook UAB, Litauen 2020
Sjätte upplagan, tredje tryckningen
ISBN 978-91-7353-967-8
www.atlantisbok.se

FÖRSTA DELEN

1

Det var en klar kall aprildag, och klockorna visade tretton. Winston Smith tryckte hakan mot bröstet för att slippa snålblåsten och slank hastigt in genom glasdörren till Segerhuset, men inte tillräckligt hastigt för att hindra en virvel av dammfin sand att följa med in.

Trapphallen luktade kokt kål och gamla trasmattor. Ett flerfärgsplakat, överstort härinne, var uppsatt på bortre väggen. Det föreställde rätt och slätt ett kolossalt ansikte, mer än meterbrett: ansiktet av en cirka fyrtiofemårig man som hade tjock svart mustasch och såg bra ut på ett grovhugget vis. Winston satte kurs på trappan. Det var ingen idé att pröva hissen. Också i bästa fall fungerade den sällan, och för närvarande var elströmmen avstängd under dagtid. Det hörde till sparkampanjen före Hatveckan. Lägenheten låg sju trappor upp, och Winston som var trettionio år och hade ett bensår ovanför högra vristen, gick långsamt upp och vilade flera gånger på vägen. På varje våning, mitt emot hisstrumman, tittade affischen med det väldiga ansiktet på honom från väggen. Det var en bild av det slaget vars blick ser ut att följa med ens rörelser. STOREBROR SER DIG lydde texten nertill.

Inne i lägenheten höll en grötig röst på att läsa upp statistik om tackjärnsproduktionen. Rösten kom från en avlång metallskiva som liknade en matt spegel och satt infälld i väggen till höger. Winston vred på en strömbrytare och rösten avtog något, men orden var fortfarande urskiljbara. Apparaten (teleskärm hette den) kunde dämpas men inte stängas av helt och hållet. Han gick bort till fönstret: en småvuxen, mager figur, vars klenhet endast underströks av blåställets som var partiets uniform. Han hade mycket blekt hår, ansiktet var rödlätt av naturen, hyn narig av grov tvål och slöa rakblad och av kylan under den vinter som just var slut.

Därute såg världen kall ut, så stängt fönstret än var. Nere på gatan kom små vindilar och virvlade runt med damm och papperslappar, och trots att solen sken och himlen var strävblå verkade allting färglöst, så när som på plakaten som satt klistrade överallt. Ansiktet med den svarta mustaschen tittade ner från varje dominerande hörnhus. Ett satt på fasaden rakt mittemot. STOREBROR SER DIG stod där, och de mörka ögonen såg djupt in i Winstons ögon. Nere vid gatan fladdrade en annan affisch med ena hörnet trasigt för blåsten, så att den omväxlande täckte och avtäckte det enda ordet ENGSOSS. Långt borta gled en helikopter ner mellan hustaken, svävade ett ögonblick på plats som en spyfluga och pilade bort i en sväng. Det var polispatrullen som snokade utanför folks fönster. Men patrullerna betydde ingenting. Det var bara tankepolisen som betydde något.

Bakom Winston fortsatte teleskärmsrösten att babbla om tackjärn och den överträffade Nionde treårsplanen. Teleskärmen var både mottagare och sändare på en gång. Varje ljud från Winston, högre än en helt svag viskning, fångade den upp; och så länge han höll sig inom metallskivans synfält kunde han inte bara avlyssnas utan dessutom synas. Man kunde naturligtvis aldrig veta i vilket ögonblick man eventuellt var iakttagen. Hur ofta, eller enligt vilket system tankepolisen kopplade in sig på någon enskild ledning kunde man bara gissa. Det var rentav tänkbart att de bevakade alla hela tiden. Men i varje fall kunde de koppla in sig närhelst de ville. Man fick lov att leva – man levde, det var en vana som blivit instinkt – som om det var givet att varje ljud man gav ifrån sig blev avlyssnat och att varje rörelse man gjorde blev iakttagen, om det inte var mörkt.

Winston stod kvar med ryggen åt teleskärmen. Det var säkrast så även om han gott visste att också ryggar kan tala. En kilometer längre bort höjde sig sanningsministeriet, hans arbetsplats, väldigt och vitlysande över den solkiga stadsvyn. Det här, tänkte han med ett slags avsmak – det här var London, huvudstaden i Flygbas Ett, som var den tredje i storlek och befolkningstal av Oceaniens provinser. Han försökte krama fram något barndomsminne som kunde tala om för honom om London alltid hade sett ut just så här. Hade här alltid funnits sådana rader av förfallna artonhundratalshus, stöttade med timmerbjälkar, lappade med papp över fönstren och korrugerad plåt på taken, med trädgårdsmurarna hoprasade och spruckna? Och de utbombade tomterna där murbruksdammet blåste omkring och dunörten stretade upp över högarna av bråte; och ställena där bomberna hade rakat ett större område rent och smutsiga anhopningar av hönshusliknande träkojor hade vuxit upp? Men det var ingen idé, han kunde inte minnas: ingenting fanns kvar av hans barndom utom en rad klart belysta tablåer som saknade bakgrund och för det mesta var obegripliga.

Sanningsministeriet – Minisann på nyspråk* – skilde sig slående från alla andra föremål inom synhåll. Det var en kolossal pyramidformad byggnad av skinande vit betong som reste sig med terrass över terrass trehundra meter högt. Där Winston stod kunde han nätt och jämnt urskilja Partiets tre slagord i elegant text mot den vita fasaden:

KRIG ÄR FRED
FRIHET ÄR SLAVERI
OKUNNIGHET ÄR STYRKA

Det påstods att sanningsministeriet hade tretusen rum ovanför marknivån, med motsvarande avläggare under den. Det fanns bara tre andra byggnader, på olika håll i London, av liknande utseende och storlek. De dominerade all kringliggande bebyggelse så fullständigt att man från Segerhusets tak kunde se dem alla fyra. De var hemvisten för de fyra ministerier som delade hela regeringsmakten. Sanningsministeriet,

* Nyspråk var Oceaniens officiella språk. Beträffande dess struktur och etymologi se tillägget.

som sysslade med nyheter, underhållning, utbildning och de sköna konsterna. Fredsministeriet, som sysslade med krig. Kärleksministeriet, som upprätthöll lag och ordning. Överflödsministeriet, som svarade för ekonomin. På nyspråk hette de Minisann, Minifred, Minilek och Miniflöd.

Kärleksministeriet var det verkligt skrämmande. Det hade inga som helst fönster. Winston hade aldrig varit inne i kärleksministeriet, inte ens en halv kilometer ifrån det. Det var ett ställe dit man endast blev insläppt på officiellt ärende, och då bara tvärs igenom en labyrint av taggtrådshinder, ståldörrar och dolda kulsprutenästen. Till och med de gator som ledde fram till dess yttre spärrar patrullerades av gorillaliknande vakter i svarta uniformer, beväpnade med ledade batonger.

Winston vände sig hastigt om. Han hade anlagt den stillsamt optimistiska min det var tillrådligt att visa när man stod vänd mot teleskärmen. Han gick genom rummet till sin kokvrå. Genom att gå från ministeriet vid denna tid på dagen hade han avstått från sin lunch på kantinen, och han visste att det inte fanns något att äta i kokvrån mer än en bit mörkt bröd som måste sparas till nästa morgonmål. Från hyllan tog han ner en flaska färglös vätska på vars enkla vita etikett det stod SEGERGIN. Den utsände en äcklig, oljig lukt, lik kinesiskt risbrännvin. Winston hällde upp bortåt en tekopp, stålsatte sig mot en chock och klunkade ner dosen som en medicin.

Omedelbart blev han eldröd i ansiktet och det strömmade vatten ur hans ögon. Vätskan påminde om salpetersyra, och när man svalde den kände man liksom ett slag i bakhuvudet med en gummiklubba. Men ett ögonblick senare dog svedan i hans mage bort och världen började se muntrare ut. Han tog en cigarrett från ett hopknycklat paket med påskriften SEGERCIGARRETTER och höll den oförsiktigt rätt upp och ner, varvid tobaken ramlade ur och föll på golvet. Med nästa lyckades han bättre. Han gick tillbaka till vardagsrummet och satte sig vid ett litet bord som stod till vänster om teleskärmen. Ur bordslådan tog han fram ett pennskaft, en flaska bläck och en tjock bok i kvartformat med röd rygg och marmorerad pärm. Den hade tomma sidor.

Av någon anledning hade vardagsrummets teleskärm fått en ovanlig placering. I stället för att som normalt var sitta på en kortvägg, där den kunde överblicka hela rummet, fanns den på långväggen, mitt emot fönstret. På ena sidan om den fanns en grund alkov, där Winston nu hade slagit sig ner, och som den tiden huset byggdes väl hade varit avsedd för bokhyllor. Genom att trycka sig inåt alkoven kunde Winston hålla sig utom synhåll för teleskärmen. Han kunde givetvis avlyssnas, men så länge han stannade där han nu satt kunde han inte bli iakttagen. Det var till en del rummets ovanliga skapnad som hade gett honom uppslaget till det han nu tänkte göra.

Men en del av uppslaget kom också från den bok han nyss hade tagit fram ur lådan. Det var en säreget vacker bok. Dess glatta, lena papper, något gulnat av ålder, var av en sort som inte hade tillverkats på minst fyrtio år. Men han kunde gissa sig till att boken var mycket äldre än så. Han hade fått syn på den i fönstret till en unken liten lumpbod i en slumaktig stadsdel (precis var kom han inte längre ihåg) och hade omedelbart gripits av ett överväldigande habegär. Partimedlemmar ansågs inte böra anlita vanliga butiker ("handla på fria marknaden" kallades sådant), men regeln var inte så strikt eftersom det fanns olika varor, såsom skosnören och rakblad, som det annars var omöjligt att få tag på. Han hade kastat en hastig blick åt båda sidor längs gatan, och så hade han slunkit in och köpt boken för två och en halv dollar. Just då visste han inte vad han skulle kunna använda den till. Han bar skuldmedvetet hem den i portföljen. Till och med fast det inte stod något i den var den en komprometterande ägodel.

Vad han nu tänkte göra var börja på en dagbok. Detta var inte olagligt (ingenting var olagligt, eftersom det inte längre fanns några lagar), men om det upptäcktes var det någorlunda säkert att det medförde dödsstraff, eller åtminstone tjugofem års arbetsläger. Winston stack en stålpenna i skaftet och sög på den för att få bort oljan. Pennan var ett urmodigt redskap som sällan användes ens för namnunderskrifter, och han hade skaffat sig en, i smyg och inte utan svårighet, helt enkelt för att det kändes som om det vackra lena pappret förtjänade skrivas på med en riktig stålpenna hellre än rafsas på med kulspets. I själva verket var han ovan att skriva för hand. Frånsett helt korta anteckningar var det brukligt att diktera allting i talskrivare, vilket naturligtvis var uteslutet i närvarande fall. Han doppade pennan i bläcket, och så tvekade han en kort stund. Han kände en skälvning i magen. Att sätta pennan till pappret var den avgörande handlingen. Med liten, tafatt stil skrev han:

4 april 1984

Han rätade på sig. En känsla av total hjälplöshet överföll honom. Först och främst visste han inte helt säkert om det *var* 1984 nu. Ungefär det året måste det vara, eftersom han var ganska säker på att han själv var trettionio år, och han trodde att han var född 1944 eller 1945; men numera kunde man aldrig fastslå något årtal mer än på ett eller två år när.

För vem skulle han skriva denna dagbok? kom han med ens att tänka på. För framtiden, för en ofödd tid. Hans tankar irrade ett ögonblick kring den tvivelaktiga dateringen uppe på sidan och törnade sedan med en stöt mot nyspråksordet *dubbeltänk*. För första gången insåg han proportionerna av sitt företag. Hur skulle man kunna meddela sig med framtiden? Det låg i sakens natur att det var omöjligt. Antingen liknade framtiden nuet, och i så fall skulle den inte lyssna på honom, eller också var den annorlunda, och hans egen situation vore obegriplig.

Han satt en stund och stirrade dumt på pappret. Teleskärmen hade övergått till gäll marschmusik. Det var egendomligt att han tycktes inte bara ha tappat förmågan att uttrycka sig, utan till och med ha glömt vad han ursprungligen hade tänkt skriva. I flera veckor hade han förberett sig på detta ögonblick, och det hade aldrig fallit honom in att han skulle behöva mer än ta mod till sig. Själva skrivandet skulle gå lätt. Det enda han behövde göra var att ta den oändliga oroliga monolog som hade pågått inne i hans huvud, bokstavligen i åratal, och överflytta den på papper. Men just nu hade själva monologen tystnat. Dessutom började hans bensår klia outhärdligt. Han vågade inte riva, för då brukade det alltid bli inflammerat. Sekunderna gick. Allt han var medveten om var den tomma sidan framför honom, klådan ovanför ena vristen, den skrällande musiken, och en lätt suddighet efter ginen.

Med ens började han skriva i rena paniken, endast ofullständigt medveten om vad han fick på pappret. Hans lilla men barnsliga handstil stretade fram över sidan, tappade snart bort alla stora bokstäver och till sist också punkterna:

4 april 1984. På bio i går kväll. Idel krigsfilmer. En var mycket bra om ett fartyg fullt med flyktingar som bombades någonstans i Medelhavet. Publiken hade mycket roligt åt bilderna av en väldigt stor tjock karl som försökte simma undan en helikopter, först såg man honom vältra iväg i vattnet som en tumlare, sen såg man honom genom siktet i helikoptern, sen var det fullt med hål i honom och vattnet blev alldeles skärt kring honom och han sjönk så kvickt liksom om han fick vatten in genom hålen. Publiken skrek av skratt när han sjönk. sen var det en livbåt full med barn och en helikopter som hängde ovanför den. det satt en medelålders kvinna kanske en judinna i fören med en liten pojke tre år eller så i famnen. pojken skrek av fasa och gömde huvudet mellan hennes bröst som om han försökte borra sig rätt in i henne och hon höll armarna kring honom och tröstade honom fast hon var skräckslagen själv och täckte in honom så mycket hon kunde som om hon trodde hennes armar kunde hålla kulorna borta. sen släppte helikoptern en 20 kilos bomb mitt ibland dem en väldig blixt och så var det bara stickor kvar av båten. sen var det en skicklig bild av en barnarm som flög upp upp upp rakt högt upp i luften det måste ha varit en helikopter med kamera i nosen som följde med den och det kom en duktig applåd från partibänkarna men en kvinna nere i proldelen av salongen började bråka med ens och skrek att sånt borde dom inte få visa inte för barna inte det skulle dom inte för de va inte rätt inte för barna inte tills polisen förde henne därifrån jag tror inte det hände henne dessmera ingen bryr sig om vad prolerna säger typisk prolreaktion de kan aldrig –

Winston slutade skriva, delvis på grund av kramp. Han förstod inte varför han hade klämt ur sig denna ström av smörja. Men det besynnerliga var att medan han höll på hade ett alldeles annorlunda minne förtydligats i hans tankar, ända så långt att han nästan tyckte sig kunna skriva ner det. Han insåg nu att denna andra händelse var orsaken till att han plötsligt hade beslutat gå hem och börja dagboken idag.

Händelsen hade utspelats sig i morse på ministeriet, om nu någonting så vagt kunde kallas att utspela sig.

Klockan var nästan elvanollnoll, och på arkivavdelningen, där Winston arbetade, höll man på att släpa stolarna ur båsen och ställa fram dem mitt i aulan framför den stora teleskärmen, i beredskap för tvåminutershatet. Winston satte sig just i en av mittraderna när två personer som han kände igen men aldrig hade talat med oväntat kom in i salen. Den ena var en flicka som han många gånger hade gått förbi i korridorerna. Han visste inte vad hon hette, men han visste att hon arbetade på romanavdelningen. Antagligen – för ibland brukade hon ha oljiga händer och gå omkring med en skiftnyckel – var hon någon sorts mekaniker vid en av berättelsemaskinerna. Det var en flicka med frappant utseende, i tjugosjuårsåldern, med tjockt mörkt hår, fräknar och raskt och sportigt sätt. Ett smalt, grannrött skärp, medlemsmärket i Ungdomens antisexförbund, satt lindat flera varv kring midjan på hennes blåställ, precis så stramt att det tog fram hennes välformade höfter. Winston hade tyckt illa om henne från första ögonkastet. Han visste varför. Det var på grund av den atmosfär av hockeyplan och kallbad och friluftskollektiv och allmän präktighet som hon lyckades omge sig med. Han tyckte illa om nästan alla kvinnor, och framför allt de unga, som var de skenheligaste partianhängarna, slagordssväljarna, amatörspionerna och avvikarutsnokarna. Men just denna flicka föreföll honom farligare än de flesta. En gång då de mötte varandra i korridoren hade hon gett honom en hastigt sneglande blick som tycktes gå tvärs igenom honom och som ett ögonblick ingav honom ren fasa. Han tänkte som hastigast att hon kunde vara agent vid tankepolisen. Det var visserligen högst osannolikt.

Men trots allt brukade han känna sig egendomligt illa till mods, med en blandning av både rädsla och fientlighet, varje gång hon fanns någonstans i hans närhet.

Den andre var en man som hette O'Brien, en medlem av Inre partiet och innehavare av någon så betydande och avlägsen befattning att Winstons föreställning om den var helt vag. Ett ögonblick av tystnad sänkte sig över alla som stod kring stolarna när de fick se en inrepartimedlems svarta overall i antågande. O'Brien var en storväxt kraftig karl med tjock hals och ett grovt, humoristiskt, brutalt ansikte. Trots sitt avskräckande yttre hade han ett slags tilldragande sätt. Han kunde se sällsamt avväpnande ut när han rättade till glasögonen över näsan – på något obeskrivbart sätt egendomligt kultiverad. Det var en åtbörd som, om någon fortfarande skulle ha tänkt i sådana banor, kunde ha erinrat om en förnäm sjuttonhundratalsherre som räckte fram sin snusdosa. Winston hade sett O'Brien något tiotal gånger på nästan lika många år. Han kände sig starkt dragen till honom, och inte endast på grund av den intressanta kontrasten mellan O'Briens belevade sätt och hans boxarfysik. I mycket högre grad berodde det på hans hemliga åsikt – eller kanske inte ens en åsikt, utan bara en förhoppning – att O'Brien politiskt inte var fullkomligt rättrogen. Det var någonting i hans ansikte som oemotståndligt antydde det. Eller kanske var det ändå inte ens bristande renlärighet som stod skriven i hans ansikte, utan helt enkelt intelligens. I varje fall såg han ut som en person som det kunde gå att tala med ifall man på något vis kunde lura teleskärmen och få honom på tu man hand. Winston hade aldrig gjort det bittersta för att få denna gissning bekräftad: det fanns inget sätt att göra det på. Just nu tittade O'Brien på sitt armbandsur, såg att det strax var elvanollnoll och tycktes bestämma sig för att stanna på arkivavdelningen tills tvåminutershatet var klart. Han satte sig i samma stolrad som Winston, ett par platser längre bort. En liten, gulgråhårig kvinna som arbetade i båset bredvid Winstons satt emellan dem. Flickan med det mörka håret satt strax bakom.

I nästa ögonblick brast ett fasansfullt, skärande gnissel fram, som från en jättelik osmord maskin, ur den stora teleskärmen i änden av salen. Det var ett läte som kom en att visa tänderna och resa borst i nacken. Hatet hade satt igång.

Som alltid dök Emmanuel Goldsteins, Folkfiendens ansikte upp på skärmen. Här och där i publiken buade man. Den lilla gulgråhåriga pep till av rädsla och avsky i förening. Goldstein var renegaten och avfällingen som en gång för länge sedan (hur längesen var det ingen som riktigt kom ihåg) hade hört till partiets ledande män, nästan varit jämbördig med själve Storebror, och som sedermera hade varit kontrarevolutionärt verksam, blivit dömd till döden och på ett mystiskt sätt undkommit och försvunnit. Tvåminutershatets program varierade från dag till dag, men Goldstein var alltid huvudpersonen. Han var urförrädaren, den som först hade besudlat partiets renhet. Alla efterföljande brott mot partiet, alla förräderier, sabotage, kätterier, avvikelser, härrörde sig direkt ur hans lära. Någonstans i världen befann han sig fortfarande i livet och ruvade på sina konspirationer: kanhända på andra sidan havet, beskyddad av sina utländska besoldare, kanske rentav – det ryktades så ibland – gömd någonstans i själva Oceanien.

Winston kände mellangärdet snörpa till. Han kunde aldrig se Goldsteins ansikte utan smärtsamt blandade känslor. Det var ett magert judiskt ansikte med en stor yvig gloria av vitt hår och ett litet bockskägg – ett klokt ansikte, och ändå på något vis föraktligt till sitt själva väsen, med ett drag av senil stollighet över den långa smala näsan där glasögonen satt nära tippen. Det påminde om ett fåransikte, och även rösten var fåraktigt bräkande. Goldstein levererade sitt vanliga giftsprängda angrepp på partiets läror – ett angrepp som var så överdrivet och bakvänt att ett barn borde kunnat genomskåda det, och ändå nätt och jämnt så trovärdigt att man fick en oroande känsla av att andra, mindre omdömesgilla människor än man själv kanske kunde låta sig luras av det. Han förolämpade Storebror, han fördömde partiets diktatur, han krävde omedelbart fredsslut med Eurasien, han förfäktade yttrandefrihet, pressfrihet, församlingsfrihet, tankefrihet, han skrek hysteriskt om att Revolutionen var förrådd – och allt detta framsmattrat med långa ord i ett slags parodi på talarstilen i partiet och till och med med inslag av nyspråksord: faktiskt fler nyspråksord än någon partimedlem normalt skulle använda i verkligheten. Och under hela tiden, så att ingen behövde tvivla på realiteterna bakom Goldsteins bestickande fraser, kom den eurasiska arméns ändlösa kolonner marscherande fram bakom hans huvud på teleskärmen – led på led av kraftiga karlar med uttryckslösa asiatiska ansikten, som dök fram till skärmens yta och försvann och avlöstes av precis likadana nya. Det dova rytmiska trampet av soldaternas marschkängor utgjorde bakgrund till Goldsteins bräkande röst.

Innan hatstunden hade varat i trettio sekunder brast hälften av människorna i salen ut i hejdlösa utrop av raseri. Det självbelåtna fåransiktet på skärmen och den skrämmande kraften hos de eurasiska soldaterna bakom det var mer än vad som gick att uthärda: förresten framkallade bilden av, eller till och med bara tanken på Goldstein automatiskt rädsla och vrede. Han var en mera bestående hatfigur än både Eurasien och Ostasien, därför att om Oceanien förde krig mot någondera av dessa makter rådde vanligen fred med den andra av dem. Men det besynnerliga var att trots att alla hatade och föraktade Goldstein, trots att hans teorier blev bemötta, krossade, förlöjligade, framställda till allmänt beskådande som den ömkliga smörja de var, varenda dag och tusen gånger om dagen, på estrader, på teleskärmen, i tidningar, i böcker – trots allt detta tycktes hans inflytande aldrig minska. Ständigt fanns det nya dumbommar som väntade på att bli förledda av honom. Aldrig gick en dag utan att spioner och sabotörer som var fjärrstyrda av honom avslöjades av tankepolisen. Han var chef för en väldig, skum armé, för ett underjordiskt nät av konspiratörer som hade svurit att kullstörta Staten. Det antogs heta Broderskapet. Det viskades även om en fasansfull bok, ett sammelverk av alla de kätterier som hade Goldstein till upphovsman, och som spreds här och där i hemlighet. Det var en bok utan titel. Om man alls nämnde den kallades den bara *boken*. Men sådant kände man till bara genom vaga rykten. Varken Broderskapet eller *boken* var någonting som någon vanlig partimedlem talade om ifall det kunde undvikas.

Under hatets andra minut stegrades det till ursinne. Folk stod och hoppade jämfota och ropade för fulla lungor i ett försök att överrösta den bräkande rösten som strömmade ut från skärmen och gjorde dem ifrån sig. Den lilla gulgråhåriga kvinnan hade blivit klarskär i ansiktet, och hon ömsom gapade och slöt munnen som en fisk på land. Till och med O'Briens massiva ansikte hade rodnat. Han satt mycket rak i ryggen på sin stol, och hans kraftiga bröstkorg spändes ut och skälvde som om han försökte hålla stånd mot en bränning. Den mörkhåriga flickan bakom Winston hade börjat skrika ”Svin! Svin! Svin!” och med ens tog hon ett tungt nyspråkslexikon och slängde det mot skärmen. Det träffade Goldstein på näsan och studsade av; rösten fortsatte obönhörligt. Under ett ögonblick av klarhet märkte Winston att han var i färd med att skrika med de andra och sparka hårt med ena hälen mot tvärslån under sin stol. Det hemska med tvåminutershatet var inte att man var tvungen att spela med, utan tvärtom att det var omöjligt att låta bli. Inom trettio sekunder blev det alltid onödigt att låtsas. En skrämmande extas av skräck och hämndlystnad, ett begär att döda, att plåga, att krossa ansikten med klubba tycktes fara genom hela gruppen av människor som en elektrisk ström och förvandla alla, också mot någons egen vilja, till grimaserande, vrålande galningar. Och ändå var det raseri man erfor en abstrakt, riktningslös känsla som det gick att flytta över från ett föremål till ett annat som lågan från en blåslampa. Ett ögonblick riktade sig Winstons hat sålunda inte alls mot Goldstein, utan tvärtom mot Storebror, partiet och tankepolisen; och i ett sådant ögonblick kände han djupt för den ensamme, avhånade kättaren på skärmen, en sanningens och sansens ende väktare i en värld av lögn. Och ändå var han i närmast följande ögonblick ett med människorna omkring sig, och allt som påstods om Goldstein föreföll honom som sanning. Sådana gånger slog hans hemliga avsky för Storebror över i dyrkan, och han tyckte att Storebror reste sig högt som en oövervinnelig, modig beskyddare, ståndaktig som en klippa mot Asiens horder, medan Goldstein, trots sin ensamhet, sin maktlöshet och tvivlet kring själva hans existens, tedde sig som en olycksbådande häxmästare som med blotta kraften av sin röst skulle kunna rasera kultur och civilisation.

Det var till och med möjligt, vissa stunder, att med viljekraft rikta sitt hat åt det ena eller andra hållet. Med ens, genom samma slags kraftansträngning som man rycker sitt huvud av kudden för att slippa en mardröm, lyckades Winston flytta över sitt hat från ansiktet på skärmen till den mörkhåriga flickan bakom sig. Livfulla, sköna hallucinationer blixtrade till i hans tankar. Han skulle prygla ihjäl henne med en gummibatong. Han skulle binda henne naken vid en påle och skjuta henne full med pilar som den helige Sebastian. Han skulle våldta henne och skära halsen av henne i orgasmens ögonblick. Och dessutom insåg han bättre än förut *varför* han hatade henne. Han hatade henne för att hon var ung och söt och könlös, för att han ville ligga med henne och aldrig skulle få det, därför att omkring hennes mjuka smala midja, som tycktes vädja om att bli omsluten av en arm, satt det förhatliga röda skärpet, kyskhetens utmanande symbol.

Hatstunden kulminerade. Goldsteins röst hade övergått till ett genuint bräkande, och för ett ögonblick förvandlades ansiktet till ett fårhuvud. Så tonades fåransiktet över i gestalten av en eurasisk soldat som tycktes rycka fram, väldig och skräckinjagande, med brakande kpist och tycktes rusa ut från själva skärmytan så att folk på första stolraden faktiskt ryggade tillbaka där de satt. Men i samma stund drog alla en djup suck av lättnad, då fiendegestalten tonade över till Storebrors ansikte med det svarta håret och den svarta mustaschen, uppfyllt av kraft och ett hemlighetsfullt lugn, och så stort att det fyllde ut nästan hela skärmen. Ingen hörde vad Storebror sade. Det var bara några uppmuntrande ord, det slags ord som uttalas i ett stridslarm, omöjliga att urskilja men förtroendeingivande bara genom att de yttras. Så tonades Storebrors ansikte bort på nytt, och i stället trädde partiets tre slagord fram i kraftiga versaler:

KRIG ÄR FRED
FRIHET ÄR SLAVERI
OKUNNIGHET ÄR STYRKA

Men Storebrors ansikte tycktes dröja kvar på skärmen i flera sekunder, som om det intryck det hade gjort på allas ögon var alltför levande för att strax försvinna. Den lilla gulgråhåriga hade kastat sig framstupa över stolryggen framför sig. Med darrande röst mumlade hon något som lät som "Min Frälsare!" och sträckte armarna mot skärmen. Så begrov hon ansiktet i händerna. Det var tydligt att hon bad.

Just då brast alla människorna i salen ut i ett lågt, långsamt, rytmiskt mässande "S–B! ... S–B! ... S–B ...!" – i ständig upprepning, mycket långsamt, med ett långt uppehåll mellan S och B – ett tungt mummel som hade en egendomligt vild klang, så att man kunde tycka sig höra stampande nakna fötter och dunkande trummor bakom det. Det höll på i nästan en halv minut. Det var ett slags omkväde som ofta brukades i stunder av överväldigande rörelse. Delvis var det ett slags hyllningssång till Storebrors vishet och majestät, men i ännu högre grad var det en självhypnotisk handling, ett avsiktligt förkvävande av medvetenheten genom ett rytmiskt läte. Winston kände en kyla i magen. Under tvåminutershatet kunde han inte låta bli att ta del i det allmänna deliriet, men detta undermänskliga mässande "S–B! ... S–B!" brukade inge honom fasa. Naturligtvis mässade han med alla andra: det var omöjligt att göra annat. Att koppla av känslorna, att behärska sitt ansikte, att göra vad alla andra gjorde, var instinktiva reaktioner. Men under ett par sekunder dessförinnan kunde möjligen uttrycket i hans ögon förråda honom. Och det var precis i det ögonblicket som det betydelsefulla hände – om det nu verkligen hände.

Helt i förbigående fångade han O'Briens blick. O'Brien hade rest sig. Han hade tagit av sig glasögonen och satte just tillbaka dem på näsan med sin karakteristiska åtbörd. Men under bråkdelen av en sekund mötte deras blickar varandra, och under lika lång tid visste Winston – ja, han *visste* att O'Brien tänkte detsamma som han själv. Omisskännligen hade ett budskap växlats. Det var som om bådas huvuden öppnats och tankarna strömmat över från det ena till det andra via ögonen. "Jag håller med dig", tycktes O'Brien säga honom. "Jag vet precis hur du känner det. Jag vet allt om ditt förakt, ditt hat, din avsmak. Men var lugn, jag står på din sida!" Och så var blixten av insikt förbi, och O'Briens uppsyn var lika ogenomtränglig som alla andras.

Det var det hela, och han var redan osäker på om det alls hade hänt. Sådana händelser fick aldrig någon uppföljning. Allt de åstadkom var att hålla liv i hans tro, eller förhoppning, att det fanns andra utom han själv som var fiender till partiet. Kanske var ryktena om utbredda underjordiska konspirationer sanna trots allt – kanske existerade Broderskapet verkligen! Trots de ständiga arresteringarna och bekännelserna och avrättningarna var det omöjligt att säkert veta om inte Broderskapet helt enkelt var en myt. Ibland trodde han det, ibland inte. Det fanns inga bevis, bara flyktiga glimtar som kunde betyda någonting eller ingenting: en bit av något samtal man hörde, ett otydligt klotter på en toalettvägg – en gång, till och med, då två obekanta mötte varandra, en liten åtbörd med handen som hade sett ut som en igenkänningssignal. Det var idel gissningar: högst sannolikt hade han inbillat sig alltsammans. Han hade gått tillbaka till sitt bås utan att se på O'Brien en gång till. Det var knappt att han ens tänkte på möjligheten att följa upp deras ögonblickskontakt. Det skulle vara ofattbart farligt ens om han hade vetat hur han skulle bära sig åt. Under en sekund, två sekunder, hade de växlat en mångtydig blick, och det var det hela. Men också det var en minnesvärd händelse i den tillbommade ensamhet där man var tvungen att leva.

Winston tog sig samman och rätade på sig. Han släppte fram en rapning. Ginen gav honom bubblor i magen.

Han tittade på boksidan igen. Han upptäckte att medan

han hade suttit i sin ofrivilliga dagdröm hade han skrivit på samma gång, liksom automatiskt. Och det var inte med samma gnetiga, klumpiga handstil som förut. Hans penna hade glidit vällustigt över det glatta pappret i stora prydliga tryckbokstäver –

NER MED STOREBROR
NER MED STOREBROR
NER MED STOREBROR
NER MED STOREBROR
NER MED STOREBROR

stod där om och om igen över en halv sida.

Han kunde inte annat än känna en ilning av skräck. Det var absurt, eftersom det inte var farligare att skriva just de orden än att över huvud taget ha börjat på dagboken, men ett ögonblick var han frestad att riva ut de besudlade sidorna och låta bli hela företaget.

Men han gjorde inte det, för han visste att det var gagnlöst. Vare sig han skrev NER MED STOREBROR eller lät bli att skriva det så gjorde det ingen skillnad. Tankepolisen skulle få tag i honom i alla fall. Han hade begått – skulle i varje fall redan ha begått det, också om han aldrig gripit till pennan – det fundamentala brott som i sig innehöll alla andra. Krimtänk kallades det. Krimtänk var ingenting som kunde döljas för alltid. Någon tid kunde man hålla sig undan, till och med i åratal, men förr eller senare var det säkert att man blev fast.

Det var alltid nattetid – arresteringarna skedde oföränderligt om nätterna. Att plötsligt ryckas ur sömnen, en hård hand som ruskade ens axel, lamporna som lyste en i ögonen, kretsen av hårda ansikten kring sängen. I de allra flesta fallen förekom ingen rättegång, inget meddelande om arresteringen. Folk helt enkelt försvann, alltid nattetid. Ens namn avlägsnades ur folkbokföringen, varje anteckning som fanns om allt man någonsin hade uträttat blev utstruken, ens forna existens förnekades och glömdes sedan. Man var avskaffad, utplånad: *vaporiserad* var det brukliga uttrycket.

Ett ögonblick greps han av ett slags hysteri. Han började klottra hastigt och slarvigt:

dom skjuter mej de gör detsamma dom skjuter mej med nackskott de gör detsamma ner me storebror dom skjuter alltid nackskott de gör detsamma ner med storebror –

Han lutade sig bakåt i stolen, en smula skamsen, och lade bort pennan. Nästa ögonblick ryckte han häftigt till. Det knackade på dörren.

Redan! Han satt tyst som en mus och hoppades förgäves på att den som hade knackat skulle gå sin väg efter första försöket. Men nej, det kom en knackning till. Det allra värsta vore nu att söla. Hans hjärta dunkade som en trumma, men hans ansikte var, av lång övning, antagligen uttryckslöst. Han steg upp och gick tungt och trögt till dörren.

2

På samma gång Winston tog i dörrvredet såg han att han hade lämnat dagboken uppslagen på bordet. NER MED STOREBROR stod där tydligt och klart med bokstäver som nästan gick att läsa tvärs över hela rummet. Det var ofattbart enfaldigt att ha lämnat den så. Men han märkte att han inte ens mitt i paniken hade velat plumpa ner det lena pappret med att slå igen boken då bläcket var vått.

Han drog efter andan och öppnade. Omedelbart strömmade en varm våg av lättnad igenom honom. Där stod en kvinna med färglöst och förtryckt utseende, med okammat hår och fårat ansikte.

”Jo, kamrat”, började hon med trist och gnällig röst, ”jag tyckte väl att jag hörde dej komma hem. Skulle du kunna komma ett tag och titta på vår vask i köket? Det är stopp i den och – ”

Det var fru Parsons, en grannhustru på samma våning.

(”Fru” var ett ord som partiet inte såg med riktigt blida ögon – ”kamrat” var vad alla borde kalla varandra – men för somliga kvinnor använde man det instinktivt.) Hon var i trettioårsåldern men såg betydligt äldre ut. Man fick ett intryck av att hon var dammig i ansiktsrynkorna. Winston följde med henne bort i korridoren. Dessa amatörreparationer var ett nästan dagligen återkommande irritament. Segerhusets lägenheter var gamla, från år 1930 eller så, och höll på att förfalla. Rappningen flagnade ständigt av tak och väggar, rören sprack varje gång kylan blev för stark, taket läckte varje gång det snöade, värmeledningen fungerade vanligen för halv maskin då den inte var helt avstängd av sparsamhetsskäl. Sådana reparationer man inte själv kunde klara av måste godkännas av fjärran kommittéer som kunde fördröja till och med lagning av en trasig fönsterruta med ett par år.

”Bara för att Tom inte är hemma förstås”, sade fru Parsons vagt.

Den parsonska lägenheten var större än Winstons och lortig på ett annat sätt. Allting såg medfaret och hoptryckt ut, som om där nyss hade varit något stort och hänsynslöst djur på besök. Sportredskap – hockeyklubbor, boxhandskar, en sprucken fotboll, ett par avigvända solkiga shorts – låg spridda på golvet, och på bordet en röra av disk och diverse skrivböcker med hundöron. På väggarna satt Ungdomsförbundets och Spionernas röda standar, och en storebrorsaffisch i full skala. I lägenheten fanns den vanliga lukten av kokt kål, som var gemensam för hela huset, men den var uppblandad med den fränare stanken av svett, som – det visste man vid första andetaget, fastän det var svårt att förklara – tillhörde någon för tillfället frånvarande person. I ett annat rum var det någon som med hjälp av en kam och en bit toalettpapper försökte spela med i marschmusiken som teleskärmen fortfarande sände ut.

”Det är barnen”, sade fru Parsons och tittade till hälften oroligt mot dörren. ”Dom har inte varit ute idag. Och då förstås – ”

Hon hade för vana att avbryta sig mitt i sina meningar.

Köksvasken var så gott som bräddfull av grönaktigt smutsvatten som luktade kål värre än någonsin. Winston lade sig på knä och tittade på avloppsrörets vattenlås. Han avskydde att arbeta med händerna, och han avskydde att böja sig framstupa, vilket alltid brukade föra med sig en hostattack. Fru Parsons tittade obeslutsamt på.

”Förstås om Tom var hemma så fick han det strax i ordning”, sade hon. ”Han älskar allt sånt där. Han är rysligt händig av sej, Tom.”

Parsons var en av Winstons arbetskamrater på sanningsministeriet. Det var en fetlagd men rörlig karl, förlamande enfaldig, ett paket av imbecilla entusiasmer – en av dessa totalt tvivelfria, hängivna arbetstrålar som bildade grunden för partiets stabilitet, i till och med högre grad än tankepolisen. Vid nyss fyllda trettiofem hade han motvilligt avpolletterats ur Ungdomsförbundet, och innan han fick inträde där hade han lyckats hänga kvar i Spionerna ett helt år utöver åldersgränsen. I ministeriet hade han någon underordnad befattning som inte krävde intelligens, men däremot var han en av de tongivande i idrottskommittén och alla de andra kommittéerna som organiserade gemenskapsfotvandringar, spontana demonstrationer, sparkampanjer och frivilliga aktiviteter i allmänhet. Han brukade med stillsam stolthet upplysa om, mellan pipblossen, att han hade visat sig på Samhällscentret varenda kväll de senaste fyra åren. En överväldigande svettlukt, ett slags omedvetet vittnesbörd om det strävsamma i hans liv, följde honom vart han kom och dröjde till och med kvar när han hade gått.

”Har ni en skiftnyckel?” frågade Winston och petade på vattenlåsets mutter.

”En skiftnyckel”, sade fru Parsons och miste omedelbart all ryggrad. ”Jag vet inte, nej. Kanske att barnen – ”

Med klampande kängor och ännu en trumpetstöt på kammen stormade barnen in i vardagsrummet. Fru Parsons kom med skiftnyckeln. Winston tappade ur vattnet och petade äcklad ut hårtussen som hade satt stopp i röret. Han sköljde fingrarna så gott det gick i kranens kalla vatten och gick tillbaka in i rummet bredvid.

”Upp med händerna!” hojtade en brutal röst.

En busaktigt vacker nioåring hade dykt upp bakom bordet och siktade på honom med en leksaksautomatpistol, och hans lillasyster, som var ett par år yngre, gjorde detsamma med en träbit. Båda två var klädda i spionuniform, blå shorts, grå skjorta och röd halsduk. Winston lyfte händerna över huvudet, men med en obehaglig känsla, på grund av pojkens illvilliga uppsyn, av att det inte var lek helt och hållet.

”Du är förrädare!” skrek pojken. ”Du är krimtänkare! Du är en spion från Eurasien! Jag ska skjuta dej, jag ska vaporisera dej, jag ska skicka dej till saltgruvorna!”

Med ens skuttade båda två omkring honom och skrek ”förrädare!” och ”krimtänkare!” Den lilla flickan härmade broderns alla rörelser. Det var på något vis lite skrämmande, som krumsprång av tigerungar som snart ska bli vuxna rovdjur. Det fanns ett slags beräknande brutalitet i pojkens blick, en alldeles uppenbar lust att slå eller sparka till Winston och en medvetenhet om att han var nästan tillräckligt gammal för att kunna göra det. Verkligt bra att han inte hade en riktig pistol, tänkte Winston.

Fru Parsons tittade nervöst ömsom på barnen, ömsom på Winston. Det var bättre belysning i vardagsrummet och han observerade med intresse att hon faktiskt *var* dammig i ansiktsrynkorna.

”Dom blir alltid så bullriga”, sade hon. ”Dom är besvikna över att dom inte fick gå och titta på hängningen, det är bara det. Jag hinner inte gå dit med dom, och Tom hinner inte hem från jobbet i tid.”

”Varför får vi inte gå på hängningen?” vrålade pojken med sin starka röst.

”Vi vill gå på hängningen! Vi vill gå på hängningen!” mässade flickan och skuttade vidare.

En del eurasiska fångar och krigsförbrytare skulle hängas i parken i kväll, kom Winston ihåg. Sådant hände ungefär en gång i månaden och var ett omtyckt folknöje. Barn brukade alltid tjata om att få gå och se på. Han sade adjö till fru Parsons och gick sin väg. Men han hade knappt tagit sex steg i korridoren förrän någonting träffade honom i nacken med intensiv smärta. Det var som att bli stucken med glödgad järntråd. Han snurrade runt och hann nätt och jämnt se fru Parsons släpa in sin son genom dörren. Pojken stack just en slangbella i fickan.

”Goldstein!” tjöt pojken innan dörren stängdes. Men det största intrycket på Winston gjorde den hjälplösa rädslan i kvinnans grådaskiga ansikte.

Hemma i lägenheten gick han hastigt förbi teleskärmen och satte sig vid bordet igen, medan han fortfarande gned sig i nacken. Musiken från teleskärmen hade upphört. Istället var det en korthugget militärisk röst som med ett slags brutalt välbehag läste en beskrivning av beväpningen på den nya flytande fästning som nyss hade förankrats någonstans mellan Island och Färöarna.

Med de barnen, tänkte han, måste den arma kvinnan ha ett fasansfullt liv. Ännu ett år eller två, och de skulle iaktta henne dygnet runt på jakt efter symptom på bristande renlärighet. Nuförtiden var så gott som alla barn förfärliga. Det värsta av allt var att organisationer som Spionerna systematiskt höll på att förvandla dem till oregerliga små vildar, utan att framkalla den minsta tendens hos dem att sätta sig upp mot partidisciplinen. Tvärtom dyrkade de partiet och allt som hade med det att göra. Sångerna, processionerna, fanorna, fotvandringarna, exercisen med gevärsattrapper, slagordsvrålet, Storebrorstillbedjan – alltsammans var en enda härlig lek för dem. All deras vildsinthet riktades utåt, mot statens fiender, mot utlänningar, förrädare, sabotörer, krimtänkare. Det var närmast normalt att personer över trettio år var rädda för sina egna barn. Och det med skäl, för det gick knappt en vecka utan att det stod i *Times* om hur någon liten tjuvlyssnare – ”barnhjälte” var den vanliga benämningen – hade hört någonting komprometterande och angett sina föräldrar för tankepolisen.

Svedan efter slangbågsprojektilen hade ebbat ut. Han tog halvhjärtat pennan i hand och undrade om han kunde hitta på något mer att skriva i dagboken. Plötsligt kom O'Brien på nytt i hans tankar.

För flera år sen – hur många? Det måste vara sju år sen – hade han en gång drömt att han gick genom ett kolmörkt rum. Och någon som satt på sidan om honom därinne hade sagt när han gick förbi: ”Vi ska träffas där det inget mörker finns.” Det sades alldeles stillsamt, nästan i förbigående – som ett konstaterande, inte en befallning. Han hade gått vidare utan att stanna. Det underliga var att just då, i drömmen, hade orden inte gjort något särskilt intryck på honom. Det var först senare och småningom som det tycktes få någon vikt. Han kunde inte längre erinra sig om det var före eller efter drömmen som han första gången hade sett O'Brien; inte heller mindes han när han första gången hade identifierat rösten som tillhörande O'Brien. Men identifikationen var gjord. Det var O'Brien som hade tilltalat honom ur mörkret.

Winston hade aldrig kunnat känna sig säker – inte ens efter blickväxlingen i morse var det möjligt att veta – om O'Brien var vän eller fiende. Och det tycktes inte ens spela någon större roll. Det fanns ett samförstånd mellan dem, en föreningslänk som var viktigare än tillgivenhet eller partisamhörighet. ”Vi ska träffas där det inget mörker finns”, hade han sagt. Winston visste inte vad det betydde, bara att det skulle komma att slå in på ett eller annat sätt.

Rösten från teleskärmen tystnade. En trumpetfanfar, klar och vacker, flöt in i den unkna luften. Rösten fortsatte skrälligt:

”Givakt! Var goda och givakt alla! Just nu har vi fått ett nyhetstelegram från Malabarfronten. Våra styrkor i Sydindien har hemfört en lysande seger. Jag har fullmakt att säga att den operation vi nu ska rapportera om mycket väl kan betyda att kriget närmar sig sitt slutskede. Här har vi telegrammet – ”

Det kommer dåliga nyheter, tänkte Winston. Och mycket riktigt, efter en blodig beskrivning av hur en eurasisk armé förintats, med häpnadsväckande döds- och fångsiffror, följde ett tillkännagivande att chokladransonen från och med nästa vecka var nedsatt från trettio gram till tjugo.

Winston rapade en gång till. Ginen började förflyktigas och efterlämnade en känsla av urblåsthet. Teleskärmen började –

kanske för att fira segern, kanske för att dränka minnet av den försvunna chokladen – dundra fram ”Oceanien, allt för dig”. Man förväntades ställa sig i givakt. Emellertid var han osynlig där han just nu befann sig.

”Oceanien, allt för dig” följdes av lättare musik. Winston gick fram till fönstret, med ryggen mot teleskärmen. Vädret var fortfarande kallt och klart. Någonstans långt borta kreverade en raketbomb med ett dovt, ekande muller. För närvarande föll tjugo trettio av dem över London varje vecka.

Nere på gatan flaxade den rivna affischen för vinden, och ordet ENGSOSS dök upp och försvann ryckvis: Engsoss, Engsoss heliga principer. Nyspråk, dubbeltänk, det förflutnas föränderlighet, förändringsbarhet. Han kände det som om han irrat i havsbottnens skogar, vilse i en monstruös värld där han själv var ett monstrum. Han var ensam. Det förflutna var dött, framtiden var omöjlig att föreställa sig. Hur kunde han vara säker på att ens någon enda nu levande människa stod på hans sida? Och hur kunde han veta att inte partiets maktställning skulle bestå *för alltid*? Till svar fick han pånytt de tre slagorden på sanningsministeriets vita vägg för ögonen:

KRIG ÄR FRED
FRIHET ÄR SLAVERI
OKUNNIGHET ÄR STYRKA

Han tog upp en tjugofemcentare ur fickan. Också där stod samma slagord präglade med små tydliga bokstäver, och på frånsidan hade slanten Storebrors huvud. Till och med myntbilden hade ögon som förföljde en. På mynt, på frimärken, på bokomslag, på banderoller, på plakat och på cigarrettpaketen – överallt. Ständigt ögonen som iakttog en och rösten som omvärvde en. Antingen man sov eller var vaken, arbetade eller åt, inomhus eller utomhus, i badkaret eller i säng – det gick inte att slippa. Ingenting tillhörde en själv utom de få kubikcentimeter man hade innanför hjärnskålen.

Solen hade flyttat sig, och sanningsministeriets tusen fönster, som nu var obelysta, såg hotfulla ut som skottgluggar i en fästning. Modet sjönk i hans hjärta inför den väldiga pyramiden. Den var alltför mäktig, den kunde inte stormas. Tusen raketbomber kunde inte rasera den. Han undrade pånytt vem han skrev dagboken för. För framtiden, för det förflutna – för någon kanske helt inbillad tidsålder. Och framför honom själv väntade inte död utan förintelse. Dagboken skulle förvandlas till aska och han själv till rök och ånga. Endast tankepolisen skulle läsa vad han hade skrivit, innan de strök ut det ur tillvaron och ur mänskligt minne. Hur kunde man vädja till framtiden när inte minsta spår av en själv, inte ens ett anonymt ord nerklottrat på en papperslapp kunde överleva fysiskt?

Teleskärmen slog fjorton. Om tio minuter måste han iväg. Fjorton trettio skulle han vara tillbaka på jobbet.

Egendomligt nog tycktes timslaget ha gett honom nytt mod. Han var ett ensamt spöke som uttalade en sanning som ingen någonsin skulle höra. Men så länge han uttalade den fanns där på något dunkelt vis en obruten kontinuitet. Det var inte genom att göra sig hörd utan genom att bevara förnuftet som man förde mänsklighetens arv vidare. Han gick tillbaka till bordet, doppade pennan och skrev:

Till framtiden eller det förflutna, till en tid då tanken är fri, då människor är olika varandra och inte lever ensamma – till en tid då sanningen finns till och det som är gjort inte kan göras ogjort: Från likriktningens tidsålder, från ensamhetens tidsålder, från Storebrors tidsålder, från dubbeltänkandets tidsålder – med hälsning!

Han var redan död, tänkte han. Han tyckte att det var först nu, när han hade börjat kunna formulera sina tankar som han tog det avgörande steget. Varje handling innefattar sina konsekvenser i sig själv. Han skrev:

Krimtänk leder inte till döden: krimtänk ÄR *döden.*

När han nu hade erkänt för sig själv att han var död blev det viktigt att hålla sig vid liv så länge som möjligt. Han hade bläckfläckar på två av högra handens fingrar. Det var precis den sortens detalj som kunde förråda en. Någon nitisk snok på ministeriet (sannolikt en kvinna: någon i stil med den lilla gulgråhåriga eller den mörka flickan från romanavdelningen) kunde börja undra varför han hade sysslat med att skriva under lunchtimmen, varför han hade använt en gammaldags penna, *vad* han kunde ha skrivit – och sedan ge en vink till lämplig instans. Han gick till badrummet och skurade noga bort bläcket med den sträva mörkbruna tvålen som raspade som sandpapper och därför lämpade sig bra för ändamålet.

Han lade undan dagboken i lådan. Det var helt lönlöst att försöka gömma den, men han kunde åtminstone få reda på om dess existens hade blivit upptäckt eller inte. Ett hårstrå tvärs över sidornas underkant var allför påfallande. Med en fingertopp tog han upp ett vitaktigt, lättigenkännligt dammkorn och placerade det på ett hörn av pärmen, där det säkert skulle skakas av om någon flyttade på boken.

3

Winston drömde om sin mamma.

Han trodde att han hade varit tio eller elva år då hans mor försvann. Hon var en lång, statuarisk, rätt tystlåten dam med långsamt sätt och praktfullt blont hår. Sin far mindes han mera obestämt som mörk och mager, alltid prydligt klädd i mörk kostym (Winston kom särskilt ihåg faderns mycket tunna skosulor) och med glasögon. Båda föräldrarna måste uppenbarligen ha uppslukats i en av femtiotalets första stora utrensningar.

Just nu satt hans mor någonstans djupt nere under honom, med hans yngre syster i famnen. Han kom över huvud taget inte ihåg sin syster annat än som liten, klen baby, alltid tyst, med stora vaksamma ögon. Nu såg de båda två upp mot honom. De satt någonstans djupt under marken – till exempel nere i en brunn, eller en mycket djup grav – men också stället där de satt befann sig på väg neråt. De satt i salongen på ett sjunkande fartyg och såg upp mot honom genom det mörknande vattnet. Det fanns luft kvar i salongen, de kunde fortfarande se honom och han dem, men de sjönk oupphörligt ner, ner i det gröna djupet som strax skulle dölja dem för alltid. Han befann sig ute i ljus och luft medan de sögs ner i döden, och de befann sig därnere *därför att* han var häruppe. Det visste han och det visste de, och han kunde se denna medvetenhet i deras ansikten. Det fanns inga förebråelser vare sig i deras ansikten eller deras hjärtan, endast vetskapen att de måste dö för att han skulle kunna leva, och att detta hörde till tingens oundvikliga ordning.

Han kunde inte minnas vad som hade hänt, men i drömmen visste han att hans mors och systers liv på något vis hade offrats för hans eget. Det var en dröm av den typ som bevarar en karakteristisk drömmiljö men som är en fortsättning på den drömmandes tankeliv, så att man blir medveten om fakta och infall som fortfarande ter sig nya och värdefulla sedan man har vaknat. Vad som nu med ens slog Winston var att hans mors död för bortåt trettio år sen hade varit tragisk och sorglig på ett sätt som inte längre var möjligt. Tragedi, insåg han, hörde ihop med den forna tiden, med en tid då enskildhet, kärlek och vänskap ännu existerade och då medlemmarna av en familj stödde varandra utan att behöva veta varför. Minnet av modern var hjärtslitande därför att hon hade älskat honom när hon dog, då han var alltför ung och egoistisk för att älska henne tillbaka, och för att hon på något vis, han mindes inte hur, hade offrat sig för ett lojalitetsbegrepp som var privat och orubbligt. Sådant förstod han kunde inte hända idag. Idag fanns fruktan, hat och smärta, men ingen känslans värdighet, ingen djup eller sammansatt sorg. Allt detta tyckte han sig läsa i sin mors och sin systers stora ögon som såg upp mot honom genom det gröna vattnet, där de sjönk fortfarande på hundratals famnars djup.

Med ens stod han på tät, spänstig gräsmark, en sommarkväll när sneda solstrålar förgyllde marken. Landskapet framför honom återkom så ofta i hans drömmar att han inte längre visste säkert om han hade sett det någon gång i verkligheten eller inte. När han var vaken kallade han det Gyllenlandet. Det var en gammal kaningnagd äng med en stig slingrande tvärs över och här och där en mullvadshög. Bakom den ojämna häcken på andra sidan ängen gungade almarnas grenar helt sakta för vinden, bara så mycket att löven rördes i täta flockar som kvinnohår. Någonstans i närheten, fastän utom synhåll, rann en klar, långsam å med mörtstim i höljorna under pilarna.

Den mörkhåriga flickan kom gående mot honom över ängen. Liksom i en enda åtbörd ryckte hon av sig kläderna och slängde dem föraktfullt åt sidan. Hennes kropp var vit och slät, men den väckte inget begär hos honom, han faktiskt knappt såg på den. Vad som just då betog honom var beundran för den gest varmed hon kastade av sig kläderna. Hela dess graciösa likgiltighet tycktes utplåna en hel kultur, ett helt tankesystem, som om Storebror och partiet och tankepolisen kunde sopas bort och försvinna med en enda strålande armrörelse. Också det var en åtbörd från den forna tiden. Winston vaknade med ordet ”Shakespeare” på läpparna.

Teleskärmen utsände en öronbedövande vissling som fortgick på samma ton i en halv minut. Klockan var nollsjufemton, uppstigningsdags för byråarbetare. Winston krängde sig ur sängen – naken, för yttre partimedlemmar fick inte mer än 3 000 klädkuponger per år, och ett par pyjamas drog 600 – och grep en solkig undertröja och ett par shorts som låg på en stol. Fysikrycket skulle börja om tre minuter. I nästa ögonblick vek han sig dubbel av ett häftigt hostanfall som han nästan alltid brukade få kort efter det han vaknade. Det tömde hans lungor så fullständigt att han fick andan tillbaka bara genom att lägga sig på rygg och flämta djupt några gånger. Hans vener hade pöst upp av hostan, och bensåret började klia.

”Grupp tretti-fyrti!” gläfste en gäll kvinnoröst. ”Grupp tretti-fyrti! På era platser, varsågoda. Tretti- till fyrtiåringar!”

Winston sträckte upp sig i givakt framför teleskärmen, på vilken bilden redan dök upp av en tämligen ungdomlig kvinna, mager men muskulös, klädd i gymnastikdräkt.

”Armar böj och sträck!” kommenderade hon snärtigt. ”Följ min takt. *Ett*, två, tre, fyr! *Ett*, två, tre, fyr! Rappare ska det gå, kamrater! *Ett*, två, tre, fyr! *Ett*, två, tre, fyr! ...”

Smärtan av hostanfallet hade inte helt och hållet förjagat intrycket av drömmen ur Winstons tankar, och rytmen i övningen återställde det i någon mån. Allt medan han mekaniskt pumpade fram och tillbaka med armarna, med den uppsyn av sammanbiten fröjd som ansågs passande under fysikrycket, ansträngde han sig att tänka sig bakåt in i sin tidiga barndoms dunkel. Det var ytterst svårt. Bortom slutet av femtiotalet var allting suddigt. När det inte fanns några yttre hållpunkter att hänvisa till tappade till och med ens eget liv sina konturer. Man erinrade sig stora tilldragelser som med största sannolikhet aldrig hade inträffat, man mindes händelsedetaljer utan att kunna återkalla atmosfären kring dem, och så fanns det långa tomma perioder i vilka man inte kunde placera någonting. Allting hade varit annorlunda då. Till och med en del länders namn och deras kartbilder hade varit annorlunda. Flygbas Ett, till exempel, hette inte alls så på den tiden: den hette England eller Storbritannien, om också London alltid hetat London, det var han ganska säker på.

Winston kunde inte bestämt erinra sig någon tid när hans land inte hade fört krig, men det var uppenbart att det hade funnits en ganska lång mellanperiod av fred när han var barn, därför att ett av hans tidigaste minnen var av en flygräd som tycktes överraska alla. Kanske var det den gången atombomben fälldes över Colchester. Han kom ingenting ihåg av själva flyganfallet, men han mindes faderns hand som kramade hans egen medan de skyndade ner, ner, ner någonstans djupt under jorden, kretsande utför en spiraltrappa som klang under hans fötter och som till slut gjorde dem så trötta att han började gnälla och de måste stanna och vila. Hans mor följde efter långt bakom dem, på sitt långsamma drömska sätt. Hon bar på hans lillasyster – eller kanske var det bara ett filtknyte: han visste inte säkert om hans syster var född då ännu. Till slut hade de varit framme på en bullrig, fullpackad plats som han förstod var en tunnelbanestation.

Det satt folk överallt på stengolvet, och andra satt tätt hopträngda på metallbritsar i våningar ovanför varann. Winston och hans föräldrar hittade sig en plats på golvet, och i deras närhet satt en gubbe och en gumma bredvid varandra på en kojbrits. Gubben var klädd i prydlig mörk kostym och hade en svart tygkeps som satt i nacken och blottade hans mycket vita hår: han var högröd i ansiktet och ögonen var blå och fulla med tårar. Han stank gin. Den liksom ångade ur huden på honom i stället för svett, och man kunde ha tänkt sig att tårarna som rann ur hans ögon var ren gin. Men också om han var en smula full led han av någon sorts sorg som var äkta och outhärdlig. Winston fattade på sitt barnsliga vis att någonting förfärligt nyss hade hänt, någonting som aldrig kunde förlåtas och aldrig göras gott igen. Han tyckte sig också förstå vad det var. Någon som gubben höll av – kanske en liten dotterdotter – hade blivit dödad. Gubben upprepade ideligen, med några minuter emellan:

”Vi skulle aldri ha litat pårom. Sa jante de, Ma? De här ä följden av å lita pårom. Va har ja allti sagt. Vi skulle aldri ha litat pårom skitarna.”

Men vilka skitar de inte borde ha litat på kunde Winston inte längre minnas.

Sedan den tiden ungefär hade kriget fortsatt bokstavligen utan avbrott, även om det noga taget inte alltid hade varit samma krig. Under flera månader i hans barndom hade det förekommit förvirrade gatustrider i själva London, och av några av dem hade han mycket livliga minnen. Men att reda ut hela periodens historia, att säga vem som krigade mot vem vid någon bestämd tid skulle ha varit totalt omöjligt, eftersom det inte fanns något skrivet vittnesbörd, och ingen någonsin sade något om något annat politiskt mönster än det närvarande. Just nu, till exempel, året 1984 (om det nu var 1984) förde Oceanien krig mot Eurasien och var allierat med Ostasien. Varken offentligt eller privat erkände någon någonsin att de tre makterna någonsin skulle ha varit grupperade annorlunda. I själva verket visste Winston gott att det var bara fyra år sen Oceanien hade krigat mot Ostasien i förbund med Eurasien. Men det var helt enkelt en smula smygkunskap som han råkade äga därför att han inte hade sitt minne under tillfredsställande kontroll. Officiellt hade något byte av bundsförvant aldrig skett. Oceanien var i krig med Eurasien: alltså hade Oceanien alltid varit i krig med Eurasien. Den som råkade vara fiende representerade alltid den absoluta ondskan, varav följde att något fördrag med honom varken förr eller senare var möjligt.

Det skrämmande var, tänkte han för tiotusende gången där han mödosamt böjde ryggen bakåt (de stod med höfterfäst och rullade med bålen, en övning som antogs vara bra för ryggmusklerna) – det skrämmande var att det kunde vara sant alltsammans. Om partiet kunde sticka in handen i det förflutna och säga om den ena eller andra händelsen att *den aldrig hade inträffat* – då var väl det ännu mer skrämmande än bara tortyr och död?

Partiet sade att Oceanien aldrig hade stått i förbund med Eurasien. Han, Winston Smith, visste att Oceanien hade varit allierat med Eurasien så nyligen som för fyra år sen. Men var fanns denna kunskap? Bara i hans eget medvetande, som i vilket fall som helst snart måste förintas. Och om alla andra godtog den lögn som partiet tvingade på dem – om alla skriftliga vittnesbörd instämde med den – då övergick lögnen i historia och blev sanning. ”Den som behärskar det förflutna”, sade ett partislagord, ”behärskar framtiden: den som behärskar nutiden behärskar det förflutna.” Och ändå hade det förflutna aldrig ändrats på, även om det var föränderligt av naturen. Vad som var sant just nu var sanning för tid och evighet. Det var alldeles enkelt. Det enda som behövdes var en oändlig rad av segrar över ens eget minne. Verklighetskontroll, kallades det: på nyspråk dubbeltänk.

”Lediga!” gläfste ledarinnan, något vänligare.

Winston lät armarna sjunka ned och drog långsamt efter andan. Hans tankar gled iväg in i den labyrintiska dubbeltänkvärlden. Att veta och inte veta, att vara fullt sanningsmedveten medan man konstruerade omsorgsfulla lögner, att på en gång hysa två åsikter som upphävde varandra, så att man visste om att de var motstridiga och trodde på dem båda; att bruka logik mot logik, att förkasta en moral och samtidigt göra anspråk på den, att tro att demokrati var någonting omöjligt och att partiet var demokratins väktare; att glömma vad som än var nödvändigt att glömma, och sedan återkalla det i minnet igen den stund då det behövdes, och sedan prompt glömma bort det igen: och framför allt, att tillämpa samma process på själva denna process. Det var den yttersta finessen: att medvetet intala sig omedvetenhet och sedan pånytt bli omedveten om den självhypnos man nyss hade utfört. Redan för att förstå ordet dubbeltänk måste man bruka dubbeltänk.

Ledarinnan hade beordrat givakt igen. ”Och nu ska vi se vilka av oss som kan röra vid tårna!” sade hon entusiastiskt. ”Vi böjer bara vid höften, kamrater. *Ett*-två! *Ett*-två! . . .”

Winston avskydde denna övning, som ingav honom ilningar av smärta hela vägen från hälar till skinkor och ofta slutade med en hostattack igen. Hans meditationer miste sin smått trivsamma karaktär. Det förflutna, tänkte han, hade inte bara blivit ändrat, det hade i själva verket blivit utplånat. För hur skulle man kunna bevisa det mest uppenbara faktum när det inte existerade något belägg utanför ens eget minne? Han försökte erinra sig vilket år han första gången hade hört Storebror omnämnas. Han trodde att det måste ha varit någon gång på sextiotalet, men det var omöjligt att veta säkert. I partihistorikerna uppträdde Storebror naturligtvis som Revolutionens ledare och beskyddare ända sen dess allra första tider. Hans bedrifter hade småningom förskjutits baklänges i tiden så att de numera sträckte sig ända in i trettio- och fyrtiotalens sagoaktiga världar, då kapitalisterna i sina egendomliga cylindriska hattar fortfarande åkte genom Londons gator i stora blänkande bilar eller i hästdragna vagnar med glasfönster. Det var omöjligt att veta hur mycket som var sanning i denna legend och hur mycket som var påhittat. Winston kunde inte ens minnas vid vilken tidpunkt själva partiet hade kommit till. Han trodde sig inte ha hört ordet

Engsoss före år 1960, men det var möjligt att det hade brukats tidigare än så i sin gammalspråkform, det vill säga engelsk socialism. Allting blev borta i dimma. Någon gång kunde man faktiskt peka på en otvetydig lögn. Det var till exempel inte sant, som det stod i partihistorikerna, att partiet hade uppfunnit flygplanen. Han kunde komma ihåg flygplan från sin späda barndom. Men ingenting kunde bevisas. Det fanns aldrig något att ta fasta på. En enda gång i sitt liv hade han hållit i sin hand ett obestridligt dokumentariskt bevis för att ett historiskt faktum hade blivit förfalskat. Och den gången –

”Smith!” skriade ragatarösten från teleskärmen. ”6079 Smith, W.! Ja, du där! Böj dej djupare! Du kan bättre än sådär. Du lägger inte manken till. Djupare ner, om jag får be! *Så* var det bättre, kamrat. Lediga nu, hela avdelningen, och titta på mej.”

Het svett sprack ut över hela kroppen på Winston. Sin uppsyn bevarade han totalt outgrundlig. Aldrig visa missnöje! Aldrig visa harm! Ett enda ögonkast kunde förråda en. Han stod och tittade på medan ledarinnan sträckte armarna uppåt och – mjukt kunde man inte kalla det, men anmärkningsvärt skickligt och effektivt – böjde sig framåt och stack in sina yttersta fingerleder under tårna.

”*Såja*, kamrater! *Så* vill jag se er göra det. Se på mej igen. Jag är trettinie fyllda och har fyra barn. Titta här nu.” Hon gjorde en böjning till. ”Som ni ser så kröker inte *jag* på knäna. Ni kan göra det här allihop om ni vill”, tillade hon och rätade upp sig. ”Alla människor under fyrtifem kan utomordenligt väl röra vid tårna. Vi har inte alla privilegiet att slåss vid fronten, men vi kan åtminstone hålla oss i form. Tänk på våra pojkar vid Malabarfronten! Och sjöfolket på de flytande fästningarna! Tänk efter vad *de* får stå ut med. Och så försöker vi pånytt. Det var bättre, kamrat, det var *mycket* bättre”, tillade hon uppmuntrande, då Winston med en häftig ansats lyckades med att röra vid tårna med raka knän, för första gången på flera år.

4

Med den djupa, omedvetna suck som inte ens närheten till teleskärmen kunde hindra Winston att avge då han började arbetet för dagen drog han talskrivaren till sig, blåste dammet av luren och tog på sig glasögonen. Så rullade han upp och häftade ihop fyra små pappersrullar som redan hade pluppat fram ur rörpoströret till höger om hans bord.

Väggarna i hans skrivbås hade tre öppningar. Till höger om talskrivaren fanns en liten rörpostöppning för skriftliga meddelanden, till vänster en större för tidningar och i ena sidoväggen, inom nära räckhåll, en bred lucka täckt av ett metallnätslock. Den var avsedd för pappersavfall. Det fanns tusentals eller tiotusentals sådana luckor överallt i huset, inte bara i varje rum utan med korta mellanrum i varje korridor. Av någon anledning hade de fått öknamnet minneshål. När man visste att något dokument var klart att förstöras, eller till och med om man bara fick se en papperslapp ligga någonstans och skräpa, var det helt mekaniskt man öppnade luckan till närmaste minneshål och lät pappret försvinna, varvid det blåste iväg med varmluft till de väldiga ugnar som dolde sig någonstans i husets avlägsna djup.

Winston såg närmare på de fyra pappersbitarna han hade rullat upp. Var och en innehöll ett meddelande om en eller två rader, avfattat på den förkortningsjargong – inte precis nyspråk, men med många nyspråksord i – som användes internt i ministeriet. De lydde:

times 840317 sbtal felnotis afrika rättas
times 831219 prognos 3åp 4kv 83 tryckfel kolla dagens nr
times 840214 miniflöd felciterat choklad rättas
times 831203 notis sb dagorder dubbelplusobra hänvisar opersoner nyskrivs helvis underställes arkivinnan

Med en vag känsla av tillfredsställelse lade Winston det fjärde meddelandet åt sidan. Det var ett invecklat och ansvarsfullt uppdrag och det var bäst att ta det sist. Det tre andra var rutinärenden, även om det andra i ordningen antagligen skulle innebära en del tråkig sifferjakt.

Winston ringde arkivet på teleskärmen och beställde vederbörliga nummer av *Times*, och efter bara några minuter gled de fram ur rörposten. Hans meddelande gällde artiklar eller notiser som det av ett eller annat skäl ansågs nödvändigt att ändra, eller, officiellt uttryckt, rätta. Det stod till exempel i *Times* för den sjuttonde mars att Storebror i sitt tal dagen innan hade förutspått att den sydindiska fronten skulle vara lugn men att en eurasisk offensiv snart var att vänta i Nordafrika. Det eurasiska överkommandot hade istället råkat sätta in sin offensiv i Sydindien och lämnat Nordafrika i fred. Det var därför nödvändigt att skriva om ett stycke av Storebrors tal, på så sätt att han kom att förutsäga vad som verkligen hade hänt. Eller, *Times* av den nittonde december hade publicerat de officiella prognoserna för produktionen av diverse konsumtionsvaror under fjärde kvartalet av 1983, som ävenledes var den Nionde treårsplanens sjätte kvartal. Dagens nummer innehöll en uppgift om den verkliga produktionen, varav det framgick att prognoserna på varje punkt hade varit grovt oriktiga. Winstons uppgift var att rätta de ursprungliga siffrorna så att det stämde med de nya. Vad det tredje meddelandet angick, så gällde det ett mycket enkelt misstag som kunde klaras upp på ett par minuter. Så nyss som i februari hade överflödsministeriet utfärdat ett löfte (en ”kategorisk utfästelse” var den officiella formuleringen) om att chokladransonen inte skulle minskas under 1984. Som Winston redan visste skulle den nu i själva verket sjunka från trettio till tjugo gram i slutet av innevarande vecka. Det enda som behövdes var att ersätta det ursprungliga löftet med en förhandsvarning om att ransonen antagligen måste sänkas någon gång i april.

Så snart Winston var färdig med var och en av notiserna häftade han fast talskrivna rättelser vid vederbörligt nummer av *Times* och stack det i rörposten. Så omedvetet som möjligt skrynklade han därefter ihop den ursprungliga ordern och de anteckningar han eventuellt hade gjort och lät dem försvinna i minneshålet för att slukas av elden.

Vad som skedde i den osynliga labyrint dit rörposten ledde visste han inte i detalj, men allmänt taget visste han det. Så snart alla de rättelser som råkade behövas i något nummer av *Times* hade samlats ihop och kollationerats, trycktes numret på nytt, det ursprungliga numret förstördes, och det rättade exemplaret arkiverades istället. Denna kontinuerliga ändringsprocess tillämpades inte bara på tidningar, utan också på böcker, tidskrifter, småskrifter, affischer, broschyrer, filmer, ljudband, skämtteckningar, fotografier – på allt slags litteratur eller dokumentation som rimligtvis kunde ha någon politisk eller ideologisk innebörd. Från dag till dag och nästan från minut till minut moderniserades det förflutna. På så sätt kunde man dokumentariskt bevisa att partiets varje förutsägelse alltid hade varit riktig; inte heller tilläts någon nyhetsnotis eller någon åsiktsyttring, som stred mot ögonblickets krav, någonsin att förbli registrerad. Historien var helt och hållet en palimpsest, den raderades tom och fylldes med ny skrift så ofta det behövdes. Så snart det var gjort var det inte längre möjligt på minsta vis att bevisa att någon förfalskning hade ägt rum. Den största sektionen av arkivavdelningen, som var långt större än den sektion där Winston arbetade, bestod helt enkelt av folk med uppgiften att spåra upp och samla alla exemplar av böcker, tidningar och andra dokument som hade blivit föråldrade och skulle förstöras. Ett nummer av *Times* kunde ha blivit nyskrivet tio gånger om, på grund av ändringar i det politiska läget eller misstag i Storebrors förutsägelser, men det fanns i arkivet med sitt ursprungliga datum, och något annorlunda, motstridigt exemplar existerade inte. Böcker indrogs och skrevs om på samma sätt gång efter annan och utgavs på nytt utan att några ändringar fanns medgivna. Inte heller i de skriftliga instruktioner som Winston fick, och vilka han alltid gjorde sig av med så snart han var klar med dem, stod det eller antyddes det någonsin att det gällde en förfalskning: det talades alltid om misstag, tryckfel eller felcitat som måste rättas till för att bli exakta.

Men i själva verket, tänkte han medan han justerade överflödsministeriets siffror, så var det inte ens att förfalska.

Det var bara att ersätta en meningslöshet med en annan. Det mesta av materialet han behandlade hade inget samband med någonting i verkligheten, inte ens det samband som bestod i en lögn. Statistiken var lika mycket fantasi i sin originalversion som i sin rättade version. Man förväntades allt som oftast uppfinna den. Så hade till exempel överflödsministeriets prognos uppskattat kvartalets skodonsproduktion till 145 miljoner par. Den verkliga produktionen angavs nu vara 62 miljoner. När Winston skrev om prognosen sänkte han siffran till 57 miljoner för att ge rum åt det brukliga påståendet att kvoten hade överträffats. I varje fall stod 62 miljoner inte närmare sanningen än vare sig 57 miljoner eller 145 miljoner. Troligtvis hade inga skodon alls blivit producerade. Ännu troligare var att ingen människa visste hur många som hade producerats eller brydde sig det minsta om det. Vad man visste var att varje kvartal hade astronomiska mängder skodon blivit tillverkade på pappret och att bortåt hälften av Oceaniens befolkning gick barfota. Och lika förhöll det sig med alla slags registrerade fakta, stora eller små. Allting suddades ut i en skuggvärld där slutligen till och med årtal och datum var ovissa.

Winston kastade en blick över salen. I båset på andra sidan, motsvarigheten till hans eget, satt en kortväxt karl med pedantiskt utseende och blå haka, som hette Tillotson, och jobbade på, med en hopvikt tidning i knät och munnen mycket tätt inpå luren till sin talskrivare. Han såg ut som om han försökte hålla allt han dikterade som en hemlighet mellan sig och teleskärmen. Nu tittade han upp, och hans glasögon blänkte fientligt till åt Winstons håll.

Winston kände Tillotson bara nätt och jämnt och hade ingen aning om vad slags arbete han var anställd för. Folk på arkiveringen talade inte gärna om sina jobb. I den långa fönsterlösa salen med dess dubbla rader bås och dess ständiga pappersprassel och mummel av röster i talskrivarna fanns minst ett dussin personer som Winston inte ens visste vad de hette, fastän han alla dagar såg dem skynda av och till i korridorerna eller gestikulera under tvåminutershaten. Han visste att i båsen bredvid hans satt den lilla kvinnan med det gulgrå håret och stretade dag ut och dag in bara med att leta upp och plåna ut namn i tidningar på personer som hade blivit vaporiserade och därmed ansågs aldrig ha existerat. Uppgiften var lämplig, för hennes egen man var vaporiserad sedan ett par år. Och några bås längre bort arbetade en blid, ineffektiv, drömsk varelse vid namn Ampleforth, som hade starkt ludna öron och en märklig begåvning för rim och meter, med att framställa förvanskade versioner – definitiva texter kallades de – av dikter som hade blivit ideologiskt anstötliga, men som av ett eller annat skäl skulle få stå kvar i antologierna. Och denna sal, med dess omkring femtio arbetare, var bara en undersektion, en enda cell så att säga, i arkivavdelningens väldiga komplex. Bredvid, ovanför, nedanför fanns andra hopar av arbetare sysselsatta med en ofattbar massa jobb. Där fanns de väldiga tryckerierna med sina redaktörer, sina typografiska experter och sina omsorgsfullt utrustade ateljéer för fotoförfalskning. Där fanns teleprogramsektionen med dess tekniker, producenter och trupper av skådespelare som var särskilt utvalda för sin skicklighet i röstimitation. Där fanns härskaror av referenstjänstemän som hade till uppgift helt enkelt att förteckna böcker och tidskrifter som behövde dras in. Där fanns de vidsträckta arkiven för de rättade dokumenten, och de dolda brännugnarna där originalexemplaren förintades. Och någonstans, helt obekant var, fanns de styrande hjärnorna som samordnade hela verksamheten och bestämde riktlinjerna enligt vilka något fragment av det förflutna skulle bevaras, något annat förfalskas och ett tredje utplånas ur tillvaron.

Och arkivavdelningen var ändå bara en enda gren av sanningsministeriet, vars främsta uppgift inte var att rekonstruera det förflutna utan att förse Oceaniens medborgare med tidningar, filmer, läroböcker, teleskärmprogram, teaterpjäser, romaner – med varje upptänkligt slag av upplysning, läromedel eller underhållning, från statyer till slagord, från lyrik till biologi och från rättstavningsövningar för barn till nyspråkslexikon. Och ministeriet skulle inte bara tillgodose partiets mångskiftande behov, utan också upprepa alltsammans på en lägre nivå för proletariatets räkning. Det fanns en lång rad särskilda avdelningar som sysslade med proletär litteratur, musik, teater och underhållning över huvud taget. Här framställdes skräptidningar som innehöll så gott som enbart idrott, kriminalitet och astrologi, billiga rysare, sexdrypande filmer och sentimentala låtar som komponerades helt och hållet mekaniskt med speciella kalejdoskop som kallades versifikatorer. Det fanns till och med en hel undersektion – Pornosek på nyspråk – för den uslaste sortens pornografi, som distribuerades i förseglade paket och som ingen partimedlem utom de som tillverkade den hade tillstånd att se på.

Tre ordermeddelanden hade åkt fram ur rörposten medan Winston arbetade, men det var enkla saker, och han hade klarat av dem innan han blev avbruten av tvåminutershatet. När hatet var över gick han tillbaka till sitt bås, tog nyspråksordboken från hyllan, sköt undan talskrivaren, putsade glasögonen och tog itu med morgonens viktigaste jobb.

Winstons största glädjeämne i livet var hans arbete. Det mesta var tråkig rutin, men där förekom också uppgifter som var så svåra och invecklade att man kunde förlora sig i dem som i ett matematiskt problem – känsliga förfalskningar där man inte hade någon annan ledning än sina kunskaper i Engsoss och sin uppfattning av vad partiet ville att man skulle säga. Winston var bra på sådant. Det hade hänt några gånger till och med att man hade anförtrott honom att rätta ledare i *Times*, vilka brukade skrivas helt och hållet på nyspråk. Han vecklade upp ordern som han hade lagt åt sidan tidigare. Där stod:

times 831203 notis sb dagorder dubbelplusobra hänvisar opersoner nyskrivs helvis underställes arkivinnan

På gammalspråk, det vill säga standardengelska kunde där ha stått:

Notisen om Storebrors dagorder i *Times* av den 3 december 1983 är ytterst otillfredsställande och hänvisar till personer som inte existerar. Skriv om den helt och hållet och underställ den högre myndighet innan den arkiveras.

Winston läste igenom den anstötliga notisen. Storebrors dagorder tycktes huvudsakligen ha ägnats åt att berömma en organisation vid namn FFCC, som försåg besättningen på de flytande fästningarna med cigarretter och annan förnöjelse. En kamrat Withers, prominent medlem av Inre partiet, var särskilt omnämnd och hade dekorerats med Specialförtjänstorden av andra klass.

Tre månader senare hade FFCC plötsligt upplösts utan angivande av någon orsak. Man kunde anta att Withers och hans medhjälpare numera var i onåd, men ingenting om den saken hade tillkännagivits i pressen eller på teleskärmen. Det var vad man kunde vänta sig, eftersom det var ovanligt med någon rättegång eller ens något offentligt klander vid politiska förbrytelser. De stora utrensningarna med tusentals inblandade, med offentliga rättegångar mot förrädare och krimtänkare som krypande bekände sina brott och sedan avrättades, var speciella uppvisningar som förekom bara vartannat år eller så. Vanligare var att folk som hade ådragit sig partiets missnöje helt enkelt försvann utan att vidare höras av. Det fanns aldrig minsta ledtråd om vad som hände dem. I somliga fall kanske de inte ens var döda. Cirka trettio personer som Winston personligen varit bekant med, hans föräldrar inräknade, hade försvunnit vid olika tidpunkter.

Winston strök sakta sin näsa med ett gem. I båset på andra sidan gången satt kamrat Tillotson som förut hemlighetsfullt hukad över sin talskrivare. Han tittade upp ett ögonblick: igen en fientlig glimt från hans glasögon. Winston undrade om kamrat Tillotson höll på med samma uppgift som han själv. Det var fullt möjligt. Ett så kinkigt uppdrag skulle aldrig anförtros bara en enda person; att å andra sidan lämna det till en kommitté vore att öppet medge att det gällde förfalskning. Mycket troligt var att minst tio personer som bäst knåpade med konkurrerande versioner av vad Storebror egentligen hade sagt. Och snart skulle någon av Inre partiets ledande tänkare välja den ena eller andra versionen, redigera ut den på nytt och starta de invecklade korskontrollprocesser som erfordrades, och så skulle den utvalda lögnen ta vägen in i den dokumenterade historien och förvandlas till sanning.

Winston visste inte varför Withers hade fallit i onåd. Kanhända var det för bestickligheт eller inkompetens. Kanhända gjorde sig Storebror bara av med en underordnad som hade blivit för populär. Kanhända hade Withers eller någon av hans närstående blivit misstänkt för kätterska böjelser. Eller kanhända – vilket var det mest sannolika – var det helt enkelt för att utrensningar och vaporiseringar var en nödvändig beståndsdel i styrelsemaskineriet. Den enda egentliga ledtråden fanns i orden "hänvisar opersoner", vilket antydde att Withers redan var död. Man kunde inte alltid ta för givet att så hade skett om någon blivit arresterad. Det hände att en del frigavs och fick gå lösa ända upp till ett eller två år innan de avrättades. Någon sällsynt gång kunde en person som man trodde var död för länge sedan dyka upp som ett spöke vid någon offentlig rättegång, där han vittnade mot hundratals andra innan han försvann, den gången för alltid. Men Withers var redan en *operson*. Han existerade inte: han hade aldrig existerat. Winston kom till slutsatsen att det inte skulle vara nog att bara vända på tendensen i Storebrors dagorder. Det vore bättre att låta den handla om någonting helt annat än det ursprungliga temat.

Han skulle kunna göra talet till en av de vanliga diatriberna mot förrädare och krimtänkare, men det var lite för lättfunnet; och att uppfinna någon seger vid fronten eller någon triumfal kvotöverskridning i Nionde treårsplanen kunde trassla till statistiken alltför mycket. Vad som behövdes var en ren fantasiprodukt. Med ens stod där för hans inre syn, liksom fix och färdig, bilden av en kamrat Ogilvy, nyligen stupad i hjältemodiga omständigheter. Det hände att Storebror ägnade en dagorder åt ett mindre minnestal över någon ringa medlem av partiets djupa led, vars liv och död han framhöll som efterföljansvärt exempel. Denna dag skulle han hugfästa minnet av kamrat Ogilvy. Det fanns visserligen ingen kamrat Ogilvy än så länge, men några rader i en tidning och ett par förfalskade foton skulle snart ge honom en tillvaro.

Winston funderade ett tag och drog så talskrivaren till sig och började diktera i Storebrors välbekanta stil: en stil som var på en gång militärisk och pedantisk, och samtidigt lätt att härma på grund av dess sätt att ställa frågor och strax besvara dem ("Vad kan vi lära av detta faktum, kamrater? Vi lär oss – och det är en av Engsoss grundprinciper – att" osv, osv).

Vid tre års ålder hade kamrat Ogilvy försmått alla andra leksaker än en trumma, en kpist och en modellhelikopter. Vid sex år – ett år för tidigt, på grund av specialundantag – hade han kommit med i Spionerna; vid nio var han troppledare. Vid elva år hade han angett sin farbror för tankepolisen efter att ha lyssnat på ett samtal som han tyckte visade brottsliga böjelser. Vid sjutton var han distriktsorganisatör i Antisexförbundets junioravdelning. Vid nitton hade han konstruerat en handgranat som blev godkänd av fredsministeriet och som i första provomgången hade dödat trettioen eurasiska fångar med en krevad. Vid tjugotre år hade han stupat. Förföljd av fientliga jetplan under en flygning över Indiska oceanen med viktiga depescher hade han med sin kulspruta till sänke hoppat ut över djupet ur helikoptern med depescher och allt – ett slut, sade Storebror, som det var omöjligt att betänka utan avund. Storebror tillfogade några uppgifter om renheten och hängivelsen som kännetecknade kamrat Ogilvys levnad. Han var totalnykterist och ickerökare, hans enda rekreation var en timme om dagen i gymnastiksalen, och han hade avlagt celibateden, eftersom han ansåg att giftermål och familjeliv var oförenliga med plikthängivelse dygnet runt. Han enda samtalsämne var Engsoss principer, och hans enda livsmål var att besegra den eurasiska fienden och avslöja spioner, sabotörer, krimtänkare och förrädare över huvud taget.

Winston övervägde om han skulle förläna kamrat Ogilvy en Specialförtjänstorden: till slut beslöt han låta bli på grund av de onödiga korrektioner det skulle föra med sig.

Än en gång sneglade han på sin rival i båset mittemot. Av någon anledning tyckte han sig säker på att Tillotson höll på med samma jobb som han själv. Det var omöjligt att veta vems resultat som blev det slutligt antagna, men han kände en djup övertygelse om att det skulle bli hans eget. Kamrat Ogilvy, som för en timme sedan inte ens varit anad, var nu verklighet. Winston fann det egendomligt att man kunde skapa döda men inte levande. Kamrat Ogilvy, som aldrig hade existerat i det närvarande, existerade nu i det förflutna, och när väl förfalskningen var bortglömd skulle han existera fullkomligt lika autentiskt, och med samma bevisning, som Karl den store eller Julius Caesar.

5

I kantinen djupt under jorden, där det var lågt i tak, avancerade lunchkön i långsamma ryck. Rummet var redan mycket fullt och bedövande bullrigt. Genom gallret över disken strömmade ångorna av någon soppa tillsammans med en sur metallukt som inte helt kunde besegra dunsten av segergin. Längst bort i rummet fanns en liten bar, bara en lucka i väggen, där man kunde få en dubbel gin för tio cent.

”Precis den jag söker”, sade en röst bakom Winston.

Han vände sig om. Det var hans vän Syme, som arbetade på forskningsavdelningen. ”Vän” var kanske inte rätta ordet. Man hade inte vänner nu för tiden, man hade kamrater, men det fanns en del kamrater som var trevligare sällskap än andra. Syme var filolog, specialist på nyspråk. Han var faktiskt en medlem i det väldiga expertlag som just nu höll på att sammanställa elfte upplagan av nyspråksordboken. Han var en oansenlig varelse, mindre till växten än Winston, med mörkt hår och stora utstående ögon som var sorgsna och hånfulla på samma gång och förefföll att utforska ansiktet noga på den han talade med.

”Jag tänkte fråga om du har några rakblad”, sade han.

”Inte ett enda!” sade Winston med en viss brådska på grund av dåligt samvete. ”Jag har själv sökt överallt. Det finns helt enkelt inga längre.”

Alla frågade om man hade rakblad. I själva verket hade han två oanvända i reserv. Det hade varit storbrist på dem i månadtal. Det fanns alltid någon nödvändighetsartikel som partiets butiker för ögonblicket inte kunde tillhandahålla. Ibland var det knappar, ibland var det stoppgarn, ibland var det skosnören; just nu var det rakblad. Enda möjligheten att över huvud taget få tag på dem var att snoka på den ”fria” marknaden, mer eller mindre i smyg.

”Jag har haft samma blad i sex veckor”, tillade han osanningsenligt.

Kön ryckte ett steg framåt. När den stannade vände han sig om mot Syme igen. De tog var sin flottig plåtbricka från en trave på diskkanten.

”Var du och tittade på när fångarna hängdes igår?” sade Syme.

Hans retsamma blick strövade över Winstons ansikte. ”Dig känner jag”, tycktes den säga, ”dig genomskådar jag. Jag vet mycket väl varför du inte gick och såg på fånghängningen.” Syme var ettrigt renlärig på ett intellektuellt vis. Han kunde tala med obehagligt njutningsfull belåtenhet om helikopterräder mot fiendebyar, och krimtänkarrättegångar och bekännelser, avrättningar i kärleksministeriets källare. När man pratade med honom gällde det oftast att avleda honom från sådana samtalsämnen och om möjligt förankra honom i nyspråkets tekniska finesser, där han var sakkunnig och fängslande. Winston vände bort huvudet en smula för att undgå de stora mörka ögonens granskning.

”Det var en bra hängning”, sade Syme eftersinnande. ”Det fördärvar det tycker jag när de binder ihop deras fötter. Jag tycker om när de sprattlar. Och framför allt, till sist, när tungan sticker rätt ut, och är blå – riktigt klarblå. Den detaljen gillar jag särskilt bra.”

”Nästa vassgo!” hojtade prolen med förläggare och vitt förklä.

Winston och Syme sköt fram sina brickor under gallret. Ransonlunchen slängdes hastigt ner på vardera – en plåtback med skär-grå soppa, en kloss bröd, en fyrkant ost, en mugg segerkaffe utan mjölk och ett sackarinpiller.

"Därborta finns ett bord under teleskärmen", sade Syme. "Vi tar med en gin på vägen."

Ginen ställdes fram åt dem i öronlösa porslinsmuggar. De banade sig väg genom trängseln i rummet och dukade av sina brickor på bordets plåtskiva, där en pöl soppa låg kvar på ena hörnet efter någon och liknade spyor. Winston lyfte sin ginmugg, väntade ett ögonblick för att samla sig, och klunkade ner drycken med oljesmaken. När han hade blinkat tårarna ur ögonen märkte han med ens att han var hungrig. Han började sleva i sig av soppan, som var allmänt slaskliknande med tärningar av någonting svampigt och skärt, antagligen en köttprodukt. Ingendera sade något mer förrän de hade tömt sina backar. Vid bordet till vänster om Winston, snett bakom honom, satt någon som pratade på snabbt och utan uppehåll, ett obehagligt pladder som påminde om anksnatter och skar rätt igenom det allmänna sorlet i salen.

"Hur går det med ordboken?" sade Winston och höjde rösten över oljudet.

"Så sakta", sade Syme. "Jag är inne på adjektiven. Det är fascinerande."

Han hade strax ljusnat då det blev tal om nyspråket. Han sköt undan sin back, tog brödbiten i sin ena smala hand och sin ost i den andra och lutade sig fram över bordet för att kunna tala utan att skrika.

"Elfte upplagan blir den definitiva", sade han. "Vi ger språket dess slutliga form – den form det kommer att ha när ingen talar något annat. När vi är klara med det kommer såna som du att få lära sej det på nytt från början. Antagligen tror du att vårt jobb huvudsakligen är att uppfinna nya ord. Men så är det inte alls! Vi plånar ut ord – tjogtals och hundratals om dagen. Vi tar fram språkets själva skelett. I elfte upplagan kommer det inte att stå ett enda ord som blir föråldrat före 2050."

Han bet hungrigt i sitt bröd och svalde ett par tuggor innan han fortsatte med ett slags pedantlidelse. Det magra mörka ansiktet hade fått liv, ögonen hade mist sitt retsamma uttryck och blivit nästan drömska.

”Det är underbart med ordutplåning. Den stora minskningen kommer ju i verb och adjektiv, men det finns hundratals substantiv som kan avskaffas lika bra. Det är inte bara synonymerna; det är också motsatserna. Vad finns det egentligen för berättigande för ett ord som helt enkelt bara betecknar en motsats till ett annat? Alla ord innehåller sin egen motsats ändå. 'Bra' till exempel. Om man har ordet 'bra', vad finns det då för behov av ett ord som 'dålig'? 'Obra' duger precis lika bra – eller bättre, för det är en exakt motsats som det andra inte är. Eller om man behöver en starkare form av 'bra', vad är det då för mening med att ha en hel radda obestämda onyttiga ord som 'förträfflig' och 'lysande' och allt sånt där? 'Plusbra' täcker innebörden; eller 'dubbelplusbra' om man behöver nånting ännu starkare. Såna former använder vi ju redan förstås, men i slutversionen av nyspråk kommet det inte att finnas annat. Till slut kommer hela begreppet bra-dåligt att täckas med bara sex uttryck – i själva verket ett enda ord. Ser du inte skönheten i det, Winston? Det är SB:s idé ursprungligen, förstås”, tillade han efter ett ögonblick.

Ett slags bleklagd iver skymtade i Winstons minspel då Storebror blev nämnd. Inte desto mindre upptäckte Syme genast en viss brist på entusiasm.

”Du uppskattar inte nyspråk riktigt på allvar, Winston”, sade han nästan sorgset. ”Också när du skriver på det tänker du fortfarande på gammalspråk. Jag har läst en del av bitarna du skriver i *Times* ibland. De är inte så illa, men de är översättningar. Innerst föredrar du att hålla dej kvar i gammalspråk med alla vagheter och de obehövliga små nyanserna. Du har inte insett skönheten med ordutplåningen. Vet du att nyspråk är det enda språk i världen vars ordförråd minskar för varje år?”

Det visste Winston naturligtvis. Han smålog, som han hoppades instämmande, utan att våga säga någonting högt.

Syme bet av lite till av det mörka brödet, tuggade hastigt och fortsatte:

”Förstår du inte att hela syftet med nyspråk är att inskränka tankemöjligheterna? Vi kommer till slut att kunna göra krimtänk bokstavligt omöjligt, för det kommer inte att finnas ord till att uttrycka det med. Varje begrepp som nånsin kommer att behövas ska kunna uttryckas med precis ett enda ord, som har en strikt definierad betydelse och har fått alla bibetydelser utplånade och glömda. I elfte upplagan står vi inte långt ifrån den punkten. Men processen kommer att fortsätta långt efter det du och jag är döda. Varje år allt färre ord och medvetenhetsmöjligheterna lite snävare. Inte heller nu, naturligtvis, finns det något skäl eller någon ursäkt för krimtänk. Det är bara en fråga om självdisciplin, verklighetskontroll. Men till slut kommer inte ens det att behövas. Revolutionen är fullbordad när språket är fulländat. Nyspråk är Engsoss och Engsoss är nyspråk”, tillade han med ett slags mystisk tillfredsställelse. ”Har du nånsin kommit att tänka på, Winston, att allra senast år 2050 kommer det inte att finnas en enda människa kvar i livet som kunde begripa ett samtal som det vi nu för med varandra?”

”Utom –”, började Winston tveksamt och hejdade sig.

Han hade haft på tungan att säga ”utom prolerna”, men han avbröt sig, eftersom han inte var helt säker på att ett sådant påpekande inte var på något vis icke-rättroget. Men Syme hade anat vad han tänkte säga.

”Prolerna är inga människor”, sade han likgiltigt. ”År 2050 – antagligen förr – kommer all verklig gammalspråkskunskap att ha försvunnit. Forntidens hela litteratur kommer att vara utplånad. Chaucer, Shakespeare, Milton, Byron – de kommer bara att finnas i nyspråksversion, inte bara förändrade till nånting som låter annorlunda, utan faktiskt förändrade till motsatser av vad de har varit. Till och med partiets litteratur blir annorlunda. Till och med slagorden blir annorlunda. Vad gör man med ett slagord som 'frihet är slaveri' när begreppet frihet är avskaffat? Hela tankeklimatet blir annorlunda. Det kommer i själva verket inte att *förekomma* något tänkande, i den mening vi nu fattar det. Renlärighet betyder att inte tänka – att inte behöva tänka. Renlärighet är omedvetenhet.”

En vacker dag, tänkte Winston plötsligt med övertygelse, kommer Syme att bli vaporiserad. Han är alltför intelligent. Han ser alltför klart och talar alltför tydligt. Partiet gillar inte såna. En dag är han försvunnen. Det står skrivet i hans ansikte.

Winston var färdig med brödet och osten. Han vände sig lite åt sidan på stolen när han skulle dricka upp sitt kaffe. Vid bordet till vänster höll mannen med den snattrande rösten obarmhärtigt igång. En ung kvinna som kanske var hans sekreterare och som satt med ryggen åt Winston, hörde på och tycktes ivrigt instämma i allt han sade. Då och då kunde Winston höra någon replik i stil med ”Ni har *så* rätt, jag tycker *precis* detsamma”, uttalad med ungdomlig och en smula enfaldig kvinnlig röst. Men den andra rösten hejdade sig aldrig för ett ögonblick, ens då flickan sade något. Winston kände mannen till utseendet, men visste ingenting annat om honom än att han var högt uppsatt någonstans på romanavdelningen. Han var i trettioårsåldern, hade senig hals och stor, rörlig mun. Han höll huvudet lite bakåtlutat, och på grund av vinkeln han satt i just nu reflekterade hans glasögon ljuset så att Winston såg två glänsande rundlar där hans ögon satt. En smula kusligt var att i den ljudström som utgick ur hans mun var det så gott som ogörligt att urskilja ett enda ord. En enda gång uppfångade Winston en fras – ”goldsteinismens fullständiga och slutliga utrotande” – som spottades fram med stor hastighet och liksom i ett enda stycke, som en gjuten rad i en sättmaskin. Det övriga var bara ett läte, ett snatter. Och ändå, också om man inte hörde var han egentligen sade, så kunde man inte missta sig på det allmänna innehållet. Han kanske fördömde Goldstein eller krävde strängare åtgärder mot krimtänkare och sabotörer, han kanske rasade över den eurasiska arméns skändligheter, han kanske lovprisade Storebror eller Malabarfrontens hjältar – det gjorde ingen skillnad. Vad det än var kunde man vara säker på att vartenda ord var rena renlärigheten, rena Engsoss. Medan Winston såg på det ögonlösa ansiktet med den snabbrörliga truten fick han ett egendomligt intryck av att detta inte var någon verklig människa utan en sorts docka. Det var inte mannens hjärna som talade utan hans struphuvud. Det som kom ut ur det bestod av ord men det var inte tal i egentlig mening: det var ett läte utan medvetenhet som liknade anksnatter.

Syme hade suttit tyst ett slag och ritade ett mönster i pölen av soppa med skedskaftet. Rösten vid grannbordet snattrade snabbt vidare och hördes med lätthet trots oväsendet omkring.

”Det finns ett nyspråksord”, sade Syme, ”som du kanske inte känner till: *anktal*, att snattra som en anka. Det är ett av de intressanta orden med två motsatta betydelser. Använt om en motståndare är det nedvärderande; använt om någon man instämmer med är det berömmande.”

Utan tvivel kommer Syme att bli vaporiserad, tänkte Winston igen. Han tänkte det med ett slags sorg, även om han gott visste att Syme såg ner på honom och tyckte en smula illa om honom, och avgjort vore i stånd att ange honom som krimtänkare om han fann något skäl till det. Det var någonting som var en aning fel med Syme. Det var någonting han saknade: återhållsamhet, kyla, något slag av räddande enfald. Man kunde inte påstå att han var icke-renlärig. Han trodde på Engsoss principer, han vördade Storebror, han jublade över segrar, han hatade kättare, inte bara uppriktigt utan med ett slags outtröttligt nit, med en dagsfärskhet i sina informationer som vanliga partimedlemmar inte kom i närheten av. Trots det häftade ständigt en svag aura av olämplighet vid honom. Han sade saker som hellre kunde varit osagda, han hade läst allför många böcker, han gick på Kafé Kastanjeträdet, som hemsöktes av målare och musiker. Det fanns ingen lag, inte ens någon oskriven lag som förbjöd någon att gå på Kafé Kastanjeträdet, men det var ändå på något vis ett illaberyktat ställe. Partiets forna, vanryktade ledare hade brukat samlas där innan de utrensades definitivt. Det hette att själve Goldstein hade visat sig där ibland, för åratal och decennier sedan. Det var inte svårt att förutse Symes öde. Och ändå var det ett faktum att om Syme bara i tre korta sekunder insåg arten av Winstons dolda åsikter skulle han omedelbart ange honom för tankepolisen. Det skulle för övrigt vem som helst; men Syme snarare än de flesta. Det räckte inte med nit. Renlärighet var omedvetenhet.

Syme såg upp. ”Där kommer Parsons”, sade han.

Någonting i hans tonfall tycktes tillägga ”den jävla fårskallen”. Parsons, Winstons granne i Segerhuset, höll på att tränga sig fram genom salen – en trind karl av medellängd med ljust hår och grodliknande ansikte. Trettiofem år gammal hade han redan fettvalkar kring hals och midja, men han rörde sig raskt och pojkaktigt. Hela hans utseende var en storvuxen småpojkes, till den grad att fastän han var klädd i standardblåställ så var det nästan omöjligt att inte föreställa sig honom i Spionernas blå shorts, grå skjorta och röda halsduk. Om man tänkte på honom fick man ett intryck av bara knän med gropar och uppkavlade ärmar över knubbiga underarmar. Parsons återgick i själva verket alltid till shortsklädsel när en fotvandringsutfärd eller någon annan motionsaktivitet gav honom ett skäl till det. Han hälsade dem båda med ett glatt ”Hejsan, hejsan!” och slog sig ner vid bordet utsändande en intensiv svettlukt. Hela hans skära ansikte var fullt av fuktpärlor. Han var en osedvanlig svettbegåvning. På Samhällscentret kunde man alltid veta om han hade spelat bordtennis, för då var ett rackethandtag vått. Syme hade tagit fram en pappersremsa med en lång rad ord och studerade den med en kulspetspenna i handen.

”Titta på honom som jobbar på lunchtimmen”, sade Parsons och knuffade Winston i sidan. ”Skärpt va? Va är det du har där du? Nånting som går över min horisont, tänker jag väl. Du Smith, jag ska säja varför jag är på jakt efter dej. Det var den där insamlingen du har glömt.”

”Vilken var det? sade Winston och trevade mekaniskt efter pengar. Ungefär fjärdedelen av lönen var det säkrast att lägga undan till frivilliga insamlingsbidrag. De var så många att det var svårt att hålla reda på dem.

”Hatveckan. Bostadshusens andel, du vet. Jag är kassör för

vårt kvarter. Vi lägger manken till – det ska bli alla tiders uppvisning. Det blir inte mitt fel ska jag säja dej om inte gamla Segerhuset har dom flesta flaggorna på hela gatan. Två dollar har du lovat."

Winston fick fram och överlämnade två skrynkliga och smutsiga sedlar som Parsons skrev upp i en liten anteckningsbok med den illitterates prydliga handstil.

"Förresten du", sade han. "Jag hörde att min knatte var i farten med slangbellan igår. Det har han fått ordentligt på huden för. Jag sa faktiskt att jag tänker ta slangbellan ifrån honom om han gör om det."

"Jag tror han var lite uppskärrad för att han inte fick gå på avrättningen", sade Winston.

"Jahadu – det är inget fel på andan, eller va? Dom är fulla i hyss båda knattarna, men på bettet det är dom! Inget annat har dom i huvet än Spionerna, och så kriget förstås. Vet du vad lillflickan tog sej för i lördags när hennes tropp var ute på fotvandring åt Berkhamsted till? Hon fick två andra jäntor med sej, och dom slank iväg från utfärden, och så följde dom efter en främmande karl hela eftermiddan. Dom skuggade honom i två timmar, tvärs genom skogen, och när dom kom till Amersham lämna dom över honom till patrullerna."

"Varför gjorde de det?" sade Winston en smula häpen. Parsons fortsatte triumfatoriskt:

"Min jänta fick klart för sej att det var nånslags fientlig agent – han kanske hade kommit med fallskärm till exempel. Men poängen du. Vet du vad som satte henne på spåret allra först? Hon la märke till hans underliga skor – hon sa hon aldrig hade sett nån med såna skor förr. Så det kunde gott va en utlänning. Bra smart av en liten sjuårstjej, va?"

"Hur gick det med honom då?" sade Winston.

"Ja, det vet jag ju inte förstås. Men alldeles förvånad skulle jag inta va om – " Parsons låtsades sikta med ett gevär och smackade med tungan för att markera skottet.

"Bra", sade Symes frånvarande utan att se upp från sitt papper.

"Klart att vi inte har råd att ta risker", instämde Winston

pliktskyldigast.

”Det är krig ju, va”, sade Parsons.

Som till en bekräftelse kom det en trumpetfanfar ur teleskärmen strax ovanför dem. Men det var inte någon militär segerbulletin den här gången utan bara ett meddelande från överflödsministeriet.

”Kamrater!” ropade en ungdomlig röst full av iver. ”Givakt, kamrater! Vi har lysande nyheter idag. Vi har segrat i produktionskampen! Statistiken är nu färdig för alla klasser av konsumtionsvaror, och den visar att levnadsstandarden har ökat med inte mindre än tjugo procent jämfört med ifjol. Överallt i Oceanien har man i morse fått uppleva ohejdbara spontana demonstrationer av arbetare som har tågat ut ur fabriker och kontor och paraderat genom gatorna med banderoller som uttrycker deras tacksamhet mot Storebror för det nya, lyckliga liv som hans visa ledarskap har skänkt oss. Här kommer några av de slutliga siffrorna. Livsmedel – ”

Uttrycket ”vårt nya, lyckliga liv” återkom flera gånger. Det hade varit omtyckt i överflödsministeriet på sista tiden. Parsons hade lystrat till av trumpetsignalen och satt nu och hörde på högtidligt gapande, utråkad men ändå uppbyggd. Han kunde inte följa med siffrorna men förstod att de var ett skäl till belåtenhet. Han hade halat fram en stor och smutsig pipa, halvstoppad med förkolnad tobak. Med en tobaksranson om hundra gram per vecka var det sällan man kunde stoppa en pipa full. Winston rökte en Segercigarrett som han var noga med att hålla vågrätt. Nästa ransoneringsperiod började först i morgon, och han hade bara fyra cigarretter kvar. För ögonblicket hade han kopplat av det avlägsnare oljudet och lyssnade på det som strömmade ur teleskärmen. Det tycktes rentav ha förekommit demonstrationer för att tacka Storebror för att han höjt chokladransonen till tjugo gram i veckan. Och det var bara igår, tänkte han, som det meddelades att ransonen skulle *sänkas* till tjugo gram per vecka. Var det möjligt att detta gick i folk bara tjugofyra timmar senare? Ja, det gjorde det. Parsons svalde det med lätthet, dumt som ett djur. Den ögonlöse varelsen vid grannbordet svalde det fanatiskt, lidelsefullt, med ett rasande begär att spåra upp, fördöma och vaporisera envar som kunde antyda att ransonen hade varit trettio gram veckan innan. Också Syme – på ett mera invecklat vis, med hjälp av dubbeltänk, svalde Syme det. Var det då *bara* han själv som ägde ett minne?

Fantasistatistiken fortsatte att strömma fram ur teleskärmen. Jämfört med året innan fanns det nu mera mat, mera kläder, mera hus, mera möbler, mera kastruller, mera bränsle, mera fartyg, mera helikoptrar, mera böcker, mera nyfödda – mer av allting utom sjukdom, kriminalitet och sinnesrubbning. År för år och minut för minut susade alla och allting uppåt med rasande fart. Liksom tidigare Syme hade Winston nu tagit sin sked och petade i den bleksiktiga vätskan som dröp omkring på bordet. Han drog ut en lång strimma av den till ett mönster och funderade harmset på tillvarons fysiska beskaffenhet. Hade det alltid varit som nu? Hade mat alltid smakat så här? Han såg sig omkring i kantinen. En låg, fullpackad sal med väggarna solkiga av kontakten med otaliga kroppar; nötta bord och stolar av plåt, ställda så tätt att man inte fick armbågsrum; krokiga skedar, buckliga brickor, grova vita muggar; alla ytor flottiga, smuts i alla sprickor, samt en syrlig lukt sammansatt av dålig gin och dåligt kaffe och plåtsmakande soppa och smutsiga kläder. I magen och huden bar man på en ständig protest, en känsla av att ha blivit lurad på någonting man hade rätt till. Det var sant att han inte kunde minnas någonting i högre grad annorlunda. Han kom egentligen inte ihåg någon tid då det skulle ha funnits mer att äta, aldrig hade man haft strumpor eller underkläder som inte var fulla med hål, möbler hade alltid varit nötta och rankiga, rummen dåligt uppvärmda, tunnelbanevagnarna fulla, husen fallfärdiga, brödet mörkt, te en sällsynthet, kaffet illasmakande, cigaretterna otillräckliga – ingenting hade någonsin varit billigt eller rikligt utom den syntetiska ginen. Och även om allting naturligtvis kändes värre i och med att kroppen åldrades, så var det väl ändå ett tecken på att detta *inte* var en naturens ordning, om man kväljdes in i märgen av vantrivseln och smutsen och knappheten, de oändliga vintrarna, de kletiga strumporna, hissarna som aldrig gick, kallvattnet, den sträva tvålen, cigaretterna som föll i smulor, maten som smakade underligt och illa? Varför skulle man känna det så outhärdligt om man inte hade något nedärvt minne att det en gång varit annorlunda?

Han såg sig omkring i kantinen igen. Nästan alla var fula och skulle ha varit fula också om de haft andra kläder än blåställsuniformen. På andra sidan av rummet, ensam vid ett bord, satt en liten, egendomligt småkrypsaktig karl och drack en kopp kaffe. Hans små ögon kastade misstänksamma blickar åt olika håll. Vad det var lätt, tänkte Winston, om man inte såg sig omkring, att tro att det utseende som partiet hade ställt upp som ideal – långa muskulösa ynglingar och högbröstade unga flickor, blonda, vitala, solbrända, sorglösa – verkligen existerade och rentav var det dominerande. I själva verket var de flesta människor i Flygbas Ett, såvitt han kunde se, småvuxna, mörka och oansenliga till utseendet. Det var egendomligt så den skalbaggsaktiga typen trivdes och förmerades i ministerierna: små knubbiga karlar, mycket tidigt tjocka, med korta ben, snabba kilande rörelser och feta outgrundliga ansikten med mycket små ögon. Det var den typen som tycktes blomstra bäst under partiets färla.

Meddelandet från överflödsministeriet avslutades med ytterligare en trumpetfanfar och avlöstes av skrällig musik. Parsons var rörd till obestämd entusiasm och tog pipan ur munnen.

"Överflödsministeriet har gjort ett fint jobb i år minsann", sade han och runkade sakkunnigt på huvudet. "Du Smith, förresten, inte har du händelsevis ett rakblad till övers?"

"Inte ett enda", sade Winston. "Jag har haft samma blad i sex veckor själv nu."

"Jahadu – ja, jag tänkte bara jag skulle fråga."

"Tyvärr", sade Winston.

Den snattrande rösten vid grannbordet, som tillfälligt hade förstummats under ministeriets bulletin, hade satt igång pånytt, lika ljudligt som förut. Av någon anledning kom Winston plötsligt att tänka på fru Parsons med hennes stripiga hår och dammet i ansiktsrynkorna. Inom ett par år skulle de ungarna ange henne för tankepolisen. Fru Parsons skulle vaporiseras. Syme skulle vaporiseras. Winston skulle vaporiseras. O'Brien skulle vaporiseras. Parsons däremot skulle aldrig vaporiseras. Den ögonlösa varelsen med snattret skulle aldrig vaporiseras. De små skalbaggsaktiga männen som så behändigt kilade omkring i ministeriernas labyrintiska korridorer – inte heller de skulle någonsin vaporiseras. Och den mörkhåriga flickan, hon från romanavdelningen – hon skulle heller aldrig vaporiseras. Han tyckte sig veta instinktivt just nu vem som skulle överleva och vilka som skulle gå under; men det var inte lätt att säga precis vad det var som medförde överlevnad.

Just då rycktes han häftigt ur drömmarna. Flickan vid grannbordet hade vänt sig om och såg nu på honom. Det var den mörkhåriga. Hon satt och sneglade på honom egendomligt intensivt. I samma stund hon fångade upp hans blick tittade hon bort igen.

Winston blev kallsvettig längs ryggraden. Han genomfors av en hemsk chock av fasa. Den gick över nästan genast, men efterlämnade ett slags gnagande oro. Varför iakttog hon honom? Varför följde hon efter honom? Olyckligtvis kunde han inte minnas om hon hade suttit vid sitt bord då han kom, eller om hon kommit efteråt. Men i varje fall igår, under tvåminutershatet, hade hon satt sig strax bakom honom utan att ha haft något uppenbart skäl till det. Helt antagligt hade hennes egentliga syfte varit att lyssna på honom och få reda på om han skrek tillräckligt högt.

En tidigare tanke återkom: troligen hörde hon ändå inte till tankepolisen, men å andra sidan var det just amatörspionerna som var de allra farligaste. Han visste inte hur länge hon hade suttit och sett på honom, men kanske var det i hela fem minuter, och det var möjligt att han inte haft ansiktet under perfekt kontroll. Det var ytterst farligt att låta tankarna irra om man befann sig på någon offentlig plats eller inom synhåll för en teleskärm. Helt små saker kunde förråda en. En nervös ryckning, en omedveten min av oro, en vana att tala för sig själv – vad som helst som antydde någonting avvikande, någonting som man behövde dölja. I varje fall var det straffbart att visa upp ett olämpligt ansiktsuttryck (till exempel se tvivlande ut inför en segerbulletin). Det fanns till och med ett nyspråksord för saken: *krimmin* hette det.

Flickan hade vänt ryggen till igen. Kanske att hon ändå inte följde efter honom; kanske var det en slump att hon hade suttit så nära honom två dagar i följd. Hans cigarrett hade slocknat och han lade den försiktigt på bordskanten. Han skulle röka slut den efter arbetet, om han kunde se till att tobaken satt kvar i den. Det kunde väl hända att någon vid ett grannbord var en av tankepolisens spioner, och det kunde väl hända att han befann sig i kärleksministeriets källare inom tre dagar, men en fimp fick inte gå förlorad. Syme hade vikt ihop sin pappersremsa och stuckit den i fickan. Parsons hade börjat prata igen.

”Du, har jag berättat för dej”, sade han och småskrattade med pipan i munnen, ”om den gången mina två knattar tände eld på kjolen på en gammal torgkäring för att dom hade sett henne slå in korv i en SB-affisch? Dom smög sig bakom henne, va, och hade tändstickorna klara. Jag tror hon blev helt bränd. Små satungar, va? Men på bettet som fan! Dom får prima utbildning i Spionerna nuförtiden – ännu bättre än på min tid. Vet du vad det nyaste är dom har fått med sej hem? Hörlurar att lyssna i nyckelhål med! Lillflickan kom hem med en sån i förrgår – hon prova den på vardagsrumsdörren och hon sa det hördes dubbelt så bra som med bara örat vid nyckelhålet. Det är ju bara en leksak förstås. Men det ger dom den rätta inställningen, va?”

Just då utsände teleskärmen en genomträngande vissling. Det var signalen att bege sig tillbaka till arbetet. Alla tre reste sig hastigt för att ta del i kampen kring hissarna, och resten av tobaken ramlade ur Winstons cigarrett.

6

Winston satt och skrev i dagboken:

Det var för tre år sen. Det var en mörk kväll, på en smal tvärgata nära en av de stora järnvägsstationerna. Hon stod bredvid en dörröppning i väggen, under en gatlykta som just inte lyste alls. Hennes ansikte var ungdomligt, mycket tjockt sminkat. Det var egentligen sminket som tilltalade mig, vitheten, som var som en mask, och hennes grannröda läppar. Kvinnorna i partiet målar sig aldrig. Det fanns ingen annan på gatan, och inga teleskärmar. Hon sade två dollar. Jag –

Just nu var det alltför svårt att fortsätta. Han slöt ögonen och tryckte fingertopparna mot dem, försökte klämma bort bilden som ständigt trängde sig på. Han kände en nästan övermäktig frestelse att skrika ut en radda oanständiga ord för full hals. Eller dunka huvudet i väggen, sparka omkull bordet och slänga bläckhornet genom fönstret – att göra vad som helst som var tillräckligt våldsamt eller högljutt eller smärtsamt för att plåna ut minnet som plågade honom.

Den värsta fienden, tänkte han, var ens eget nervsystem. När som helst kunde spänningarna man bar på transponera sig till något utåt synligt symtom. Han tänkte på en man han hade gått förbi på gatan för några veckor sedan: en karl av helt vanligt utseende, en partimedlem i trettifem- fyrtiårsåldern, rätt lång och mager, med portfölj i handen. Det var några få meter mellan dem när vänstra sidan av mannens ansikte med ens förvreds av något slags spasm. Det upprepades just då de gick förbi varann: det var bara en ryckning, en skälvning så snabb som slutaren på en kamera, men uppenbarligen vanemässig. Han mindes att han hade tänkt: Stackars fan, med honom är det ute. Det skrämmande var att ryckningen antagligen var omedveten. Den dödligaste fara som lurade på en var att tala i sömnen. Det kunde man omöjligt gardera sig mot, såvitt han förstod.

Han drog efter andan och skrev vidare:

Jag gick in genom porten med henne och tvärs över en bakgård till ett kök i källarvåningen. Där stod en säng vid väggen, och på bordet en lampa, mycket nerskruvad. Hon –

Det kändes som att bita i en citron. Han fick lust att spotta. På samma gång som kvinnan i källarköket kom Katharine, hans hustru, för honom i tankarna. Winston var gift – eller hade i alla fall varit gift: antagligen var han det fortfarande, såvitt han visste var hustrun inte död. Han tyckte sig om igen känna den varma kvava lukten i källarköket, en lukt sammansatt av vägglöss och smutsiga kläder och hemsk billig parfym, som ändå var lockande, för ingen partikvinna använde någonsin parfym eller kunde tänkas göra det. Det var bara proler som använde parfym. I hans föreställning var parfymdoft oupplösligt förbunden med otukt.

Då han följde med denna kvinna var det hans första felsteg på två år eller så. Umgänge med prostituerade var givetvis förbjudet, men det var en av de föreskrifter som man någon gång kunde få mod att bryta mot. Det var farligt, men det gällde inte livet. Att råka fast i sällskap med en prostituerad kunde betyda fem års arbetsläger: inte mer, om man inte hade begått någon annan förseelse. Och man kunde klara sig ganska lätt om man bara kunde undgå att råka fast under själva akten. De fattigare stadsdelarna vimlade av kvinnor som var beredda att sälja sig. Somliga kunde rentav köpas för en flaska gin, något som det inte var meningen att prolerna skulle dricka. Partiet tycktes till och med i tysthet uppmuntra prostitutionen, som en utloppskanal för instinkter som inte helt gick att undertrycka. Rena lösaktigheten hade inte så mycket att betyda, så länge den skedde i smyg och var glädjelös och endast gällde kvinnor av en förtryckt och ringaktad klass. Det oförlåtliga brottet var lösaktighet bland partimedlemmar. Men – även om detta hörde till de förbrytelser som de anklagade i de stora utrensningarna oföränderligt bekände – det var svårt att förställa sig att sådant verkligen kunde hända.

Partiet syftade inte bara till att hindra män och kvinnor att utbilda lojaliteter som kanske inte kunde kontrolleras. Dess verkliga, outtalade syfte var att avlägsna allt nöje ur könsakten. Inte så mycket kärleken som erotiken var fienden, inom äktenskapet såväl som utom det. Alla giftermål mellan partimedlemmar måste godkännas av en därtill utsedd kommitté, och – trots att principen aldrig deklarerades – inget par fick någonsin tillstånd om de såg ut att känna någon fysisk dragning till varandra. Äktenskapets enda erkända syfte var att avla barn till partiets tjänst. Könsumgänge skulle man betrakta som ett slags lätt äcklig vårdåtgärd, ett lavemang eller så. Inte heller detta sades någonsin ut, men på ett indirekt vis präntades det in i alla partimedlemmar ända från barndomen. Det fanns till och med organisationer som Ungdomens antisexförbund, som önskade fullständigt celibat för båda könen. Alla barn skulle avlas genom konstgjord befruktning (*insem* hette det på nyspråk) och uppfostras på allmänna anstalter. Winston visste att detta inte var alldeles allvarligt menat, men på något vis stod det i samklang med partiets allmänna ideologi. Partiet försökte utrota könsdriften, eller om den inte gick att utrota, åtminstone förvränga och smutsa ner den. Han visste inte varför det var så, men det föreföll naturligt att det var så. Och i den mån det gällde kvinnorna hade partiets ansträngningar lyckats i stor utsträckning.

Han tänkte på Katharine en gång till. Det var väl nio, tio – nästan elva år sedan de hade flyttat isär. Det var underligt så sällan han tänkte på henne. Det kunde gå dagar då han helt kunde glömma att han någonsin hade gift sig. De hade bott tillsammans i bara femton månader. Partiet tillät inte skilsmässa, men det snarast uppmuntrade boskillnad i barnlösa fall.

Katharine var en lång, blond flicka, mycket rak, med vackra rörelser. Ansiktet var djärvt, örnnäst, ett ansikte som man kunde ha kallat ädelt innan man kom underfund med att det fanns så gott som ingenting alls bakom det. Mycket tidigt i deras samliv hade han slagit fast, – även om det kanske bara berodde på att han kände henne närmare än han kände de flesta – att hon hade den utan undantag dummaste, vulgäraste, tommaste hjärna han någonsin hade träffat på. Hon hade inte en tanke i huvudet som inte var ett slagord, och det fanns ingen enfaldighet, absolut ingen, som inte hon kunde svälja om partiet bestod henne på den. ”Det levande ljudbandet” var ett öknamn han gav henne i tankarna. Ändå kunde han ha stått ut med att bo med henne om det inte hade varit för en enda sak – sex.

Han behövde bara röra vid henne så liksom ryckte hon till och stelnade. Att omfamna henne var som att omfamna en ledad trädocka. Och det underliga var att också när hon tryckte honom intill sig fick han känslan av att hon på samma gång sköt honom ifrån sig av alla krafter. Det var hennes stela muskler som lyckades få det att te sig så. Så låg hon där och blundade, varken spjärnade emot eller samarbetade, bara *underkastade sig*. Det var ytterligt besvärande, och efter en tid blev det förfärligt. Men också då kunde han ha stått ut med att leva med henne om de hade kommit överens om celibat. Egendomligt nog var det Katharine som vägrade detta. Hon sade att de måste producera barn om de kunde. Alltså fortsattes deras förehavanden, helt regelbundet en gång i veckan, om det bara var möjligt. Hon brukade till och med påminna honom om det samma morgon, som om något som måste uträttas på kvällen och inte fick bli bortglömt. Hon hade två benämningar på det. Den ena var ”göra ett barn”, och den andra ”fylla vår plikt mot partiet” (ja, hon hade verkligen använt det uttrycket). Rätt snart infann sig hos honom en känsla av rena fasan när den utsatta dagen var inne. Men till all lycka kom det aldrig något barn, och till slut gick hon med på att sluta försöka, och snart efteråt flyttade de åtskils.

Winston suckade ohörbart. Han tog pennan igen och skrev:

Hon slängde sig på sängen, och så, utan minsta inledning, på det grövsta, hemskaste sätt man kan föreställa sig, drog hon upp kjolen. Jag –

Han såg sig själv stå där i det svaga lampskenet, med lukten av vägglöss och billig parfym i näsan, och i hjärtat en känsla av nederlag och motvilja som till och med i det ögonblicket blandades med tanken på Katharines vita kropp, nedfrusen för alltid av partiets hypnotiska makt. Varför måste det alltid vara så här? Varför kunde inte han få ha en kvinna för sig själv i stället för dessa solkiga bök med år emellan? Men ett verkligt kärleksförhållande var någonting nära nog otänkbart. Kvinnorna i partiet var alla likadana. Avhållsamheten satt lika djupt inrotad i dem som partilojaliteten. Genom omsorgsfull tidig betingning, med sport och kallvatten, genom all smörja som proppades i dem i skolan och i Spionerna och i ungdomsförbundet, genom föreläsningar, parader, sånger, slagord och militärisk musik hade den naturliga känslan drivits ur dem. Hans förnuft sade honom att det måste finnas undantag, men hans hjärta trodde det inte. Alla var de ointagliga, som partiet avsåg att de skulle vara. Och vad han ville, till och med ännu mer än bli älskad, var att rasera denna dygdevall, om det så bara blev en enda gång i livet. Ett lyckligt samlag var uppror. Åtrå var krimtänk. Till och med om han kunde ha lyckats väcka Katharine skulle det ha varit ett slags förförelse, trots att hon var hans hustru.

Men historien måste skrivas till slut. Han skrev:

Jag skruvade upp lampan. När jag fick se henne i ljuset –

Efter mörkret hade oljelampans svaga sken förefallit mycket klart. För första gången kunde han se kvinnan ordentligt. Han hade tagit ett steg mot henne och så hejdat sig, fylld av begär och rädsla. Han var smärtsamt medveten om den risk han hade tagit med att komma hit. Det var helt möjligt att någon patrull fångade in honom när han gick ut: den kunde förresten stå på pass utanför just nu. Om han gick sin väg utan att ens ha gjort vad han hade kommit för att göra –!

Det måste skrivas ner, det måste bekännas. Vad han plötsligt hade fått se i lampskenet var att kvinnan var *gammal*. Sminket satt så tjockt smetat på hennes ansikte att det tycktes kunna spricka som en pappmask. Hon hade vita strimmor i håret; men det verkligt fasansfulla han såg var att hennes mun hade öppnat sig lite, och innanför läpparna fanns bara en svart grotta. Hon hade inga tänder alls.

När jag såg henne i ljuset var hon en gumma, minst femtio år. Men jag fortsatte och gjorde det i alla fall.

Han tryckte fingrarna mot ögonlocken igen. Nu hade han äntligen skrivit ner det, men det gjorde ingen skillnad. Lusten att ropa ut oanständiga ord för full hals var lika stark som någonsin.

7

Om det finns något hopp så består det i prolerna, skrev Winston.

Om det fanns något hopp, så *måste* det bestå i prolerna, för endast där, i den myllrande, föraktade massan, 85 procent av Oceaniens befolkning, kunde en kraft att förinta partiet någonsin alstras. Inifrån kunde partiet inte störtas. Dess fiender, om det hade några fiender, hade ingen möjlighet att mötas eller ens att lära känna varandra. Till och med om det legendariska Broderskapet fanns till, vilket var en avlägsen möjlighet, så var det otänkbart att dess medlemmar skulle kunna råkas i större antal än två eller tre åt gången. Uppror var en blick, ett tonfall, på sin höjd någon gång ett viskat ord. Men prolerna skulle inte behöva konspirera, om de bara på något vis kunde bli medvetna om sin egen styrka. De behövde bara stiga upp och ruska sig, som en häst ruskar av sig flugor. Om de ville kunde de spränga partiet i bitar i morgon dag. Förr eller senare måste det väl ändå falla dem in att göra det? Och ändå – !

Han mindes en gång när han hade kommit gående på en gata med mycket folk, och ett väldigt rop av hundratals röster – kvinnoröster – hade brutit fram ur en tvärgata ett stycke framför honom. Det var ett stort, fruktansvärt rop av vrede och förtvivlan, ett djupt, starkt ”O-å-å-åh!” som vibrerade som en klockas efterklang. Hans hjärta tog ett skutt. Det hade börjat! tänkte han. Ett upplopp! Prolerna slår sig äntligen fria! När han hann fram fick han se en hop på ett par hundra kvinnor som trängdes kring stånden på en gatumarknad med en uppsyn så tragisk som om de hade varit dödsdömda passagerare på ett sjunkande fartyg. Men just då brast den allmänna förtvivlan sönder i en mängd av enskilda trätor. Det visade sig att ett av torgstånden hade sålt plåtkastruller. Det var usla, tunna grejor, men det var alltid svårt att få tag på några som helst kokkärl. Nu hade förrådet oväntat tagit slut. De kvinnor som hade lyckats blev knuffade och trängda av de andra när de försökte gå sin väg med sina kastruller, medan tiotals andra skrek och ropade kring ståndet och beskyllde försäljaren för orättvisa och för att ha fler kastruller undanlagda någonstans. Det kom nya skrik. Två feta kvinnor, den ena med håret i testar, hade huggit tag i samma kastrull och försökte rycka den av varandra. Ett ögonblick drog de båda, så lossnade skaftet. Winston såg på dem med avsmak. Och ändå, bara under ett ögonblick, vilken nästan förfärande makt hade inte genljudit i det första ropet ur bara några hundra strupar! Vad berodde det på att de aldrig kunde stämma upp det ropet om någonting av betydelse?

Han skrev:

Innan de har blivit medvetna kommer de aldrig att göra uppror, och innan de har gjort uppror kan de inte bli medvetna.

Det, tänkte han, lät nästan som avskrivet ur någon av partiets kursböcker. Partiet hävdade, naturligtvis, att det hade befriat prolerna ur slaveri. Före Revolutionen hade de varit fruktansvärt förtryckta av kapitalisterna, de hade blivit utsvultna och pryglade, kvinnor hade tvingats arbeta i kolgruvorna (faktum var att kvinnor fortfarande arbetade i kolgruvorna), barn hade blivit sålda till fabrikerna vid sex års ålder. Men på samma gång lärde partiet, enligt dubbeltänkprincipen, att prolerna var mindervärdiga av naturen och måste hållas i styr, som djur, med hjälp av några enkla regler. I själva verket var det inte mycket man visste om prolerna. Det var inte behövligt att veta mycket. Så länge de fortsatte med att arbeta och föröka sig var deras övriga aktiviteter oviktiga. Då de lämnats åt sig själva, som boskap som vandrade fritt på Argentinas slätter, hade de återgått till ett levnadssätt som föreföll dem naturligt, till ett slags nedärvt mönster. De föddes, de växte upp i rännstenen, de började arbeta vid tolv år, de gick igenom en kort blomstringstid med skönhet och åtrå, de gifte sig vid tjugo, de var medelålders vid trettio, de dog för det mesta vid sextio. Tungt kroppsarbete, vård av hem och barn, smågräl med grannar, bio, fotboll, öl och framför allt spel om pengar begränsade deras andliga horisonter. Att hålla styr på dem var inte svårt. Några av tankepolisens agenter rörde sig alltid bland dem, spred falska rykten och lade märke till och eliminerade de få individer som bedömdes som kapabla att bli farliga; men man gjorde inga försök att indoktrinera dem med partiideologin. Det var inte önskvärt att prolerna hade starka politiska känslor. Allt som krävdes av dem var en primitiv patriotism som gick att vädja till närhelst det var nödvändigt att få dem att acceptera förlängd arbetsdag eller minskade ransoner. Och även när de blev missnöjda, som det hände ibland, ledde deras missnöje ingen vart, för i avsaknad av helhetsåskådning kunde de rikta in det bara på små enskilda olägenheter. Större missförhållanden undgick dem ofelbart. De allra flesta prolerna hade inte ens teleskärm hemma. Också civilpolisen lämnade dem mest i fred. Det fanns en vidsträckt brottslighet i London, en hel värld i världen av tjuvar, rånare, prostituerade, drogförsäljare och allehanda utpressare; men eftersom allt utspelades bland prolerna var det inte viktigt. I alla moraliska frågor hade de lov att följa sina nedärvda regler. Partiets sexualpuritanism påtvingades dem inte. Lösaktighet bestraffades inte, skilsmässa var tillåten. Förresten skulle till och med religionsutövning ha varit tillåten om prolerna hade visat något tecken till att behöva eller vilja ha det. De stod sänkta under alla misstankar. Som ett partislagord uttryckte det: Proler och djur är fria.

Winston sträckte sig ner och kliade försiktigt sitt bensår. Klådan hade kommit tillbaka igen. Vad man oföränderligt återkom till var att det var omöjligt att veta hur livet före Revolutionen egentligen hade sett ut. Han tog fram ur lådan ett exemplar av en skolbok i historia som han hade lånat av fru Parsons och började skriva av en bit i dagboken:

I gamla tider (stod där), *före den ärorika Revolutionen, var London inte den vackra stad vi känner idag. Det var ett mörkt, smutsigt, eländigt samhälle där nästan ingen hade mat tillräckligt och där hundratusentals fattiga människor varken hade skor på fötterna eller tak över huvudet. Barn som inte var äldre än du måste arbeta tolv timmar om dagen under grymma förmän som pryglade dem med piska om de arbetade för långsamt och gav dem bara gamla brödkanter och vatten att äta. Men mitt ibland all denna fattigdom fanns det några helt få stora vackra hus, där det bodde rika människor som kunde ha upp till trettio tjänare som passade upp dem. Dessa rika människor hette kapitalister. Det var tjocka, fula män med elakt utseende, som mannen på bilden härintill. Du ser att han är klädd i ett slags lång, svart rock som kallades bonjour, och en egendomlig, blank hatt som ett kaminrör, som kallades cylinder. Detta var kapitalisternas uniform, och andra fick inte klä sig så. Kapitalisterna ägde allting som fanns i världen, och alla andra var deras slavar. De ägde all jord, alla hus, alla fabriker och alla pengar. Om någon inte lydde dem kunde han kastas i fängelse, eller också kunde de ta arbetet från honom och låta honom svälta ihjäl. När någon vanlig människa talade med en kapitalist måste han buga och bocka sig och ta av sig mössan och titulera honom ”Sir”. Chefen för alla kapitalister kallades Kung, och –*

Resten av ramsan kunde han. Där skulle stå om biskoparna med sina vida linneärmar, domarna med sina hermelinkappor, om skampålen, stocken, trampkvarnen, den niosvansade katten, borgmästarbanketten och seden att kyssa påven på tårna. Så fanns det också någonting som hette *ius primae noctis* och som det antagligen inte stod något om i en skolbok. Det var en lag enligt vilken alla kapitalister hade rätt att ligga med varje kvinna som arbetade i deras fabriker.

Hur kunde man veta hur mycket som var lögn? Det *kunde* stämma att folk i genomsnitt hade det bättre nu än före Revolutionen. Det enda motbeviset var den stumma protest man kände i kroppen, den instinktiva känslan av att ens levnadsvillkor var outhärdliga och att sådant måste ha varit annorlunda en gång i tiden. Typiskt för nutidens tillvaro, tänkte han, var inte att den var så grym och otrygg, utan helt enkelt dess kalhet, dess solkighet och leda. Om man såg sig omkring så visade tillvaron ingen likhet med de lögner om den som strömmade ur teleskärmarna, och inte ens med de ideal som partiet försökte nå upp till. Stora delar av den var också för en partimedlem neutrala och opolitiska, en fråga om att knega sig igenom tråkiga jobb, kämpa om en plats i tunnelbanan, stoppa en utnött strumpa, tigga en sackarintablett, spara en fimp. Det ideal som partiet ställt upp var någonting väldigt, skrämmande och blänkande – en värld av stål och betong, av enorma maskiner och skräckinjagande vapen – en nation av krigare och fanatiker på marsch framåt i perfekt enighet, så att alla tänkte samma tankar och ropade samma slagord, och ständigt arbetade, kämpade, segrade, förföljde – trehundra miljoner människor, alla med samma ansikte. Verkligheten var nergångna, solkiga städer där undernärda människor hasade av och till i spruckna skor, i hoplappade artonhundratalshus som ständigt luktade kål och usla toaletter. Han tyckte sig ha en vision av London, en enorm och förfallen stad av en miljon soptunnor, och till den hörde oupplösligt ett porträtt av fru Parsons, en kvinna med rynkigt ansikte och stripigt hår, hjälplöst petande i ett avlopp med stopp.

Han sträckte sig ner och kliade vristen pånytt. Dag och natt örfilades man av teleskärmarna med statistik som bevisade att folk idag hade mer mat, mer kläder, bättre hus, bättre rekreationsmöjligheter – att de levde längre, arbetade kortare tid, var större, friskare, starkare, lyckligare, intelligentare, kunnigare än folk för femtio år sen. Inte ett ord av detta kunde nånsin bevisas eller motbevisas. Partiet påstod till exempel att 40 procent av de vuxna prolerna var läskunniga idag: före

Revolutionen, hette det, var det bara 15 procent. Partiet hävdade att barndödligheten nu bara var 160 promille, medan den före Revolutionen hade varit 300 – och så vidare. Allting var som en ekvation med två obekanta. Det kunde mycket väl hända att bokstavligen varje ord i historieböckerna, också det som man inte ifrågasatte, var rena fantasier. Såvitt han kunde veta hade det kanske aldrig funnits någon lag om *ius primae noctis* över huvud taget, eller någon varelse som en kapitalist, eller något sådant plagg som en cylinder.

Allting suddades ut i dimma. Det förflutna var utraderat, raderingen var glömd, lögnen blev sanning. En enda gång i sitt liv hade han ägt – *i efterhand*: det var vad som räknades – ett konkret, omisskännligt bevis på en förfalskning. Han hade hållit det i handen i hela trettio sekunder. Det måste ha varit 1973 – i varje fall ungefär den tiden då han hade skilts från Katharine. Men det datum saken gällde var sju eller åtta år tidigare.

Den historien började egentligen i mitten av sextiotalet, de stora utrensningarnas period då Revolutionens ursprungliga ledare sopades bort en gång för alla. År 1970 fanns ingen av dem kvar utom Storebror själv. Alla de andra var vid det laget avslöjade som förrädare och kontrarevolutionärer. Goldstein hade flytt och höll sig gömd på okänd ort, och av de övriga hade några helt enkelt försvunnit, medan de flesta var avrättade efter sensationella offentliga rättegångar vid vilka de hade bekänt sina brott. Bland de sista överlevande befann sig tre män vid namn Jones, Aaronson och Rutherford. Det måste ha varit 1965 som dessa tre arresterades. Som det ofta hände hade de varit försvunna i ett år eller mer, så att ingen visste om de levde eller var döda, och så hade de plötsligt visats upp för att anklaga sig själva på det brukliga viset. De hade bekänt samröre med fienden (också vid den tiden var fienden Eurasien), försnillning av allmänna medel, mord på olika förtroendepersoner i partiet, intriger mot Storebrors ledarskap, vilka hade inletts långt före Revolutionen, samt sabotagehandlingar som vållat hundratusentals människors död. Efter att ha bekänt dessa saker hade de blivit benådade, återupptagits i partiet och fått befattningar som i själva verket var sinekurer men såg betydelsefulla ut. Alla tre hade författat långa, krypande artiklar i *Times*, där de analyserade orsakerna till sitt svek och lovade bättring.

Någon tid efter deras frigivning hade Winston faktiskt sett dem alla tre på Kafé Kastanjeträdet. Han mindes med vilken skräckslagen fascination han hade suttit och sneglat på dem. De var långt äldre än han, relikt från forntiden, nära nog de sista stora gestalterna som fanns kvar från partiets heroiska tid. Ett svagt återsken vilade fortfarande över dem av glansen från den underjordiska kampen och inbördeskriget. Han hade en känsla av, även om fakta och data vid den tiden redan hade börjat te sig suddiga, att han hade känt till deras namn många år innan han hört talas om Storebror. Men också de var fågelfria, fiender, oberörbara, med fullkomlig visshet dömda att utplånas inom ett eller annat år. Ingen som en gång hade råkat i tankepolisens händer gick slutligen fri. De var lik som väntade på att skickas tillbaka till sina gravar.

Ingen satt vid något av borden närmast dem. Det var oklokt att ens synas i närheten av sådant folk. De satt tysta med sina glas med nejlikkryddad gin, som var kaféets specialitet. Av de tre var det Rutherford vars utseende hade gjort störst intryck på Winston. Rutherford hade en gång i tiden varit en berömd tidningstecknare, vars brutala teckningar hade hjälpt till att egga upp den allmänna opinionen före och under Revolutionen. Fortfarande, med långa mellanrum, publicerades teckningar av honom i *Times*. De var endast imitationer av hans forna stil och egendomligt livlösa och tama. De var alltid ett uppkok på gamla teman – slumbostäder, svältande barn, gatustrider, kapitalister i cylinder – till och med på barrikaderna tycktes kapitalisterna hålla fast vid sina cylindrar – ett ändlöst, hopplöst försök att vända tillbaka till det förflutna. Han var en enorm karl med yvigt, flottigt, grått hår, ett plussigt och fårat ansikte med tjocka negroida läppar. Han måste ha haft väldiga kroppskrafter i sina dar; nu var hans stora kropp hopsjunken, hängig, pösig, slapp i alla riktningar. Han såg ut att falla sönder inför ens ögon, som en klippa på väg att rasa.

Det var den ödsliga tiden omkring femton. Winston mindes inte nu varför han hade råkat komma till kafét en sådan tid på dagen. Där var så gott som tomt. Teleskärmarna släppte ut en rännil av skrällig musik. De tre männen satt i sin vrå nästan orörliga, utan att prata. Utan order kom kyparen med nya ginglas. På bordet bredvid dem låg ett schackbräde med färdigt uppställda pjäser till ett opåbörjat parti. Och så, under kanske en halv minut sammanlagt, hände det någonting med teleskärmarna. Melodin som spelades blev förändrad, och själva tonläget i musiken förändrades också. Den fick något – men det var svårt att beskriva. Den fick en egendomlig, sprucken, bräkande, hånfull ton: feg och fräck, kallade Winston den för sig själv. Och så kom en röst och sjöng på teleskärmen:

Under den stora kastanjen, hej,
svek jag dej och du svek mej:
ljuger man här så ljuger man ej
under den stora kastanjen, nej.

De tre männen rörde inte på sig. Men då Winston kastade en blick på Rutherfords förstörda ansikte igen, såg han att hans ögon stod fulla av tårar. Och för första gången märkte han, med ett slags invärtes rysning, utan att ändå veta varför han rös, att både Aaronson och Rutherford hade knäckta näsor.

En liten tid efteråt häktades de alla tre på nytt. Det visade sig att de hade gett sig in på nya stämplingar ända från den stund de hade släppts fria. Vid den andra rättegången mot dem erkände de på nytt alla sina forna brott plus en hel rad nya. De blev avrättade, och deras öde skrevs in i partihistorikerna, eftervärlden till varnagel. Ungefär fem år efter detta, år 1973 någon gång, vecklade Winston upp en packe dokument som nyss hade pluppat ner på hans skrivbord ur rörpostledningen och hittade då en papperslapp som uppenbarligen hade blivit lagd bland de övriga och blivit bortglömd. I samma stund han slätade ut den insåg han dess betydelse. Det var en lösriven halvsida ur *Times* från cirka tio år tillbaka – övre halvan med datum på – och där fanns ett foto av delegaterna vid något partimöte i New York. På framträdande plats mitt i gruppen stod Jones, Aaronson och Rutherford. Man kunde inte ta miste på dem; förresten fanns deras namn i bildtexten.

Poängen var att alla tre vid de båda rättegångarna hade bekänt att de den dagen hade befunnit sig på eurasisk mark. De hade flugit från en hemlig flygplats i Kanada till ett möte någonstans i Sibirien, där de hade sammanträtt med medlemmar av den eurasiska generalstaben och förrått viktiga militära hemligheter. Datum hade fastnat i Winstons minne därför att det råkade vara midsommardagen: men hela berättelsen måste ju finnas registrerad på otaliga ställen. Bara en slutsats var möjlig: bekännelserna var lögn.

Naturligtvis var inte detta någon upptäckt i och för sig. Inte ens dåförtiden hade Winston föreställt sig att de som blev utrensade verkligen hade begått de brott som de anklagades för. Men detta var konkret bevisning; det var ett fragment av det avskaffade förflutna, likt ett fossilt ben som dyker upp i fel skikt och kullkastar en geologisk teori. Det var tillräckligt att spränga partiet i bitar med, om det på något vis kunde ha gjorts offentligt och dess betydelse blivit tillkännagiven.

Han hade inte avbrutit sitt arbete. Så snart han hade förstått vad fotot föreställde och vad det betydde, täckte han över det med ett papper. Till all lycka hade det legat upp och ner i förhållande till teleskärmen när han först vek upp det.

Han tog sitt skrivblock i knät och sköt stolen bakåt så att han kom så långt bort från teleskärmen som möjligt. Att behålla en uttryckslös min var inte svårt, och till och med andhämtningen gick att behärska, med något besvär: men man hade ingen kontroll på hjärtklappningen, och teleskärmen var fullt tillräckligt känslig för att fånga upp den. Han lät vad han bedömde som tio minuter förflyta, hela tiden pinad av rädsla för att någon oväntad händelse – till exempel ett plötsligt tvärdrag över skrivbordet – skulle avslöja honom. Så tog han fotot, utan att täcka av det, och släppte ner det i minneshålet tillsammans med en del annat pappersavfall. Kanske en minut senare var det bränt till aska.

Det var för tio elva år sen. Idag skulle han antagligen ha behållit fotografiet. Det var egendomligt att det faktum att han en gång hade hållit det i handen tycktes honom göra skillnad också nu, då själva fotot lika väl som den händelse det återgav var bara ett minne. Partiets grepp om det förflutna var väl inte mindre starkt, tänkte han, bara för att bevismaterial som inte längre existerade en gång *hade* existerat?

Men idag vore fotot kanske inget bevismaterial alls, även om det på något vis kunde återuppstå ur sin aska. Redan vid den tiden han hade gjort upptäckten var Oceanien inte längre i krig med Eurasien, och det måste ha varit till ostasiatiska agenter som de tre döda männen hade förrått sitt land. Sedan dess hade andra sidbyten skett – två eller tre, han mindes inte riktigt. Med största sannolikhet hade bekännelserna blivit omarbetade flera gånger, så att de ursprungliga fakta och data inte längre var av ringaste betydelse. Det förflutna inte bara förändrades, utan det förändrades kontinuerligt. Vad som allra mest ingav honom känslan av mardröm var att han aldrig riktigt hade förstått *varför* det väldiga bedrägeriet hade igångsatts. Fördelarna på kort sikt med att förfalska det förflutna var lättbegripliga, men den yttersta orsaken var dunkel. Han tog pennan igen och skrev:

Jag förstår HUR: *jag förstår inte* VARFÖR.

Han undrade, som han många gånger förr hade undrat, om han själv var sinnesrubbad. En sinnesrubbad människa kanske helt enkelt var detsamma som en enpersonsminoritet. En gång i världen hade det varit ett tecken på galenskap att tro att jorden kretsade kring solen: idag var det att tro att det förflutna var oföränderligt. Han kanske var *den ende* som trodde så, och var han den ende så var han sinnesrubbad. Men tanken att han var det bekymrade honom mindre: det hemska låg i att han kanske också hade fel.

Han tog historieboken och tittade på porträttet av Storebror som ingick som försättsplansch. De hypnotiska ögonen såg in i hans egna. Det kändes som trycket av en väldig kraft – någonting som trängde in genom skallbenet, hamrade på hjärnan, skrämde en att lägga bort sina åsikter, övertalade en nära nog att förneka sina sinnens vittnesbörd. Till sist en dag skulle partiet tillkännage att två och två blev fem, och då fick man lov att tro det. Det var ofrånkomligt att det skulle påstå detta förr eller senare: logiken i dess inställning krävde det. Det var inte bara det giltiga i erfarenheten, utan själva existensen av en yttre verklighet, som underförstått förnekades av partiets filosofi. Sunt förnuft var höjden av all irrlärighet. Och det skrämmande var inte att de tog livet av en för att man tänkte annorlunda, utan att de möjligen hade rätt. För hur kan vi när allt kommer omkring veta att två och två är fyra? Eller att tyngdkraften verkar? Eller att det förflutna är oföränderligt? Om både det förflutna och yttervärlden finns till bara i tanken, och om tanken själv kan styras – hur går det då?

Men nej! Plötsligt tyckte han att hans mod skruvades upp av sig själv. O'Briens ansikte dök upp i hans tankar utan någon klar associationsanledning. Han visste säkrare än förr att O'Brien stod på hans sida. Det var för O'Brien han skrev sin dagbok – *till* O'Brien: den var som ett oändligt brev som ingen någonsin skulle läsa, men som var riktat till en bestämd person och fick sin färg av detta.

Partiet beordrade en att förkasta sina ögons och öróns vittnesmål. Det var dess slutliga och dess väsentliga befallning. Han greps av missmod när han tänkte på den enorma makt som stod stridsklar emot honom, den lätthet varmed vilken partiintellektuell som helst skulle kunna kullkasta honom i diskussion, alla de subtila argumenten han inte ens skulle kunna fatta, långt mindre svara på. Och ändå var det han som hade rätt! De hade fel och han hade rätt. Det uppenbara, det fåniga och det sanna måste försvaras. Truismer är sanna, det fick man klamra sig fast vid! Den påtagliga världen existerar, dess lagar förändrar sig inte. Sten är hårt, vatten är vått, föremål utan stöd faller mot jordens mittpunkt.

Med känslan av att tala till O'Brien, och också av att han lade fram ett viktigt axiom, skrev han:

Frihet är friheten att säga att två plus två är fyra. Om detta är givet, så följer allt annat därav.

8

Någonstans längst inifrån en korridor kom doften av nyrostat kaffe – riktigt kaffe, inte segerkaffe – svävande ut på gatan. Winston hejdade sig ofrivilligt. För ett par sekunder eller så var han tillbaka i sin barndoms halvt förglömda värld. Så smällde en dörr igen och tycktes klippa av doften lika plötsligt som om den varit ett ljud.

Han hade vandrat flera kilometer längs trottoarer och hade fått värk i bensåret. Nu var det andra gången på tre veckor han hade försummat en afton på Samhällscentret: obetänksamt, för man kunde vara säker på att besöken på centret blev noga bokförda. I princip hade ingen partimedlem någon ledig tid och var aldrig ensam annat än i sin säng. Det togs för givet att om han inte arbetade, åt eller sov skulle han ta del i någon sorts gemensamhetsnöje: att göra någonting som tydde på en smak för ensamhet, till och med att gå ut och gå ensam, var alltid en aning farligt. Det fanns ett nyspråksord för sådant: *egenliv* hette det, vilket betydde individualism och excentricitet. Men när han kom ut från ministeriet i eftermiddags hade den ljumma aprilluften frestat honom. Himlen var mildare blå än han dittills hade sett i år, och plötsligt hade det förefallit honom odrägligt med en lång stojig kväll på centret, de trista, tröttsamma spelen, föreläsningarna, den gnisslande gemytligheten som smordes med gin. Av en impuls vek han av vid busshållplatsen och strövade bort i det labyrintiska London, först åt söder, så österut, så norrut igen, och förirrade sig bland obekanta gator utan att mycket bekymra sig för åt vilket håll han gick.

"Om det finns något hopp", hade han skrivit i dagboken, "så består det i prolerna." Orden kom ständigt för honom på nytt, de innehöll en mystisk sanning och en påtaglig orimlighet. Han befann sig någonstans i de obestämt brunfärgade slumkvarteren norr och öster om det som en gång varit Saint Pancras-stationen. Han kom gående längs en smal stenlagd gata med små tvåvåningshus med nötta dörrar som vette direkt ut mot trottoaren och på något underligt vis erinrade om råtthål. Här och där bland gatstenarna låg pölar av smutsvatten. In genom och ut ur de mörka dörröppningarna, och i de smala gränderna som utgick åt båda sidor, vimlade en förvånansvärd massa människor – flickor i blomstringsåren, med slarvigt målade läppar, och ynglingar på jakt efter flickorna, och uppsvullna, vaggande kvinnor som visade hur flickorna skulle se ut om tio år, och gamla hopkrökta varelser som hasade sig fram på platta fötter, och trasiga barfotabarn som lekte i vattenpölarna och skingrades för ilskna tillrop från sina mödrar. Fjärdedelen eller så av fönstren mot gatan var trasiga och förspikade med bräder. De flesta människorna fäste sig inte vid Winston; några få såg på honom med ett slags försiktig nyfikenhet. Två väldiga kvinnor med eldröda underarmar i kors över förkläna stod utanför en dörr och pratade. Winston hörde litet av deras samtal när han kom närmare.

" 'Ja', sa ja då tena, 'de kan väl så vara', sa ja. 'Men var du i mina kläder så gjorde du pricis desamma som ja gör. Dä så lätt å kritesera', sa ja, 'men dina problem å mina ä två skilda saker.' "

"Just de ja", sade den andra, "dä just de. Dä just pricis så som de ä."

De gälla rösterna tystnade tvärt. Kvinnorna iakttog honom under fientlig tystnad medan han gick förbi. Men det var inte precis fientlighet; bara en sorts försiktighet, en tillfällig skärpning av vaksamheten, som i närheten av något obekant djur. Partiets blåställ kunde knappt vara någon vanlig syn på en gata som denna. Det var faktiskt oklokt att visa sig på sådana platser, om man inte hade något bestämt ärende där. Man kunde bli hejdad av patrullerna om man stötte på dem. "Får jag se dina papper, kamrat? Vad gör du här i trakten? När gick du från jobbet? Är det här din vanliga hemväg?" – och så vidare. Inte för att det rådde något förbud mot att ta en ovanlig väg hem: men det räckte till för att väcka uppmärksamhet om tankepolisen fick höra talas om det.

Med ens blev det rörelse på hela gatan. Varningshojtanden hördes från alla håll. Folk kilade in i dörröppningarna som kaniner. En ung kvinna störtade ut genom en dörr strax framför Winston, rev till sig ett litet barn som lekte i en pöl, slog förklät omkring det och skuttade tillbaka in igen, allt i en enda fart. I samma ögonblick kom en karl i dragspelsrynkig svart kostym ut från en tvärgränd och sprang fram mot Winston medan han upphetsat pekade mot himlen.

"Ångbåt!" skrek han. "Se opp herrn! Mitt över! Kvickt omkull, vetja!"

"Ångbåt" var ett öknamn som prolerna av någon anledning begagnade om raketbomber. Winston slängde sig ögonblickligen framstupa. Prolerna hade nästan alltid rätt i den sortens varningar. De tycktes ha något slags instinkt som sade dem flera sekunder i förväg att en raket var på väg, trots att raketerna antogs gå fortare än ljudet. Winston låste underarmarna över huvudet till skydd. Så kom ett brak som tycktes få trottoaren att lätta; en skur av spillror regnade över hans rygg. När han reste sig fann han att han var översållad med glassplitter från det närmaste fönstret.

Han gick vidare. Bomben hade förstört en husgrupp tvåhundra meter längre bort. Ett svart rökmoln svävade ovanför, och under det ett moln av murbruksdamm, i vilket en folkhop redan höll på att samlas bland ruinerna. Det låg en liten hög murbruk på trottoaren framför honom, och mitt på den kunde han se en klarröd strimma. När han kom fram till den såg han att det var en människohand som var avklippt vid handloven. Frånsett den blodiga stumpen var handen så totalt vitmenad att den liknade gips.

Han sparkade föremålet i rännstenen och för att undvika folksamlingen slog han in på en tvärgata åt höger. Inom tre fyra minuter befann han sig utanför det område som hade berörts av bomben, och gatornas smutsiga myller av liv gick vidare som om ingenting hade hänt. Klockan var nära tjugonollnoll, och krogarna som prolerna brukade besöka (pubar kallade de dem) var fyllda till trängsel av kunder. Ut genom deras lortiga svängdörrar som oupphörligt öppnades och stängdes, kom en lukt av urin, sågspån och surt öl. I en vinkel vid en framskjutande fasad stod tre karlar tätt ihop. Den mittersta av dem höll upp en hopvikt tidning som de båda andra studerade över hans axlar. Redan innan Winston var tillräckligt nära för att se deras miner, kunde han på varje kontur av deras hållning se hur intensivt upptagna de var. Uppenbarligen höll de på att läsa någon viktig nyhet. Han var några steg ifrån dem då gruppen plötsligt skingrades och två av männen råkade i häftigt gräl. Ett ögonblick såg de ut att börja slåss.

"Kanteru för fan höra på va ja säjer dej? Ja vet väl att inge nummer på sju har vunne på minst fjorton månar!"

"Jo, men de hare visst vunne!"

"Å de hare så fan heller! För ja harom vartenda ett från mera än två år hemma på ett papper. Ja skriver opp dom pricis varje vecka vetja. Å ja säjer dej att inget som slutar på sju – "

"Jo, men en sjua *har* vunne! Nästan att ja kommer ihåg hela numret. Fyra nolla sjua slutare på. Å de va i februari – annra veckan i februari."

"Vicket skitprat va! För ja hare svart på vitt alltihop. Å ja säjer dej att inge – "

"Äh, lägg av!" sade den tredje mannen.

De talade om Lotteriet. När Winston hade gått trettio meter till såg han sig om. De disputerade fortfarande, med lidelsefulla, häftiga miner. Lotteriet med dess dragning av väldiga vinster varje vecka var den enda offentliga tilldragelse som prolerna ägnade något allvarligt intresse. Det var sannolikt att det fanns några miljoner proler för vilka Lotteriet var om inte det enda så åtminstone huvudskälet till att leva vidare. Det var deras nöje, deras lyx, deras bedövningsmedel, deras intellektuella stimulans. I samband med Lotteriet tycktes till och med folk som knappt var skriv- och läskunniga ha förmåga till invecklade kalkyler och häpnadsväckande minnesprestationer. Det fanns en hel yrkesgrupp av personer som försörjde sig enbart på att sälja system, prognoser och amuletter som gav tur i spel. Winston hade ingenting att skaffa med Lotteriet, som sköttes av överflödsministeriet, men han visste (det visste faktiskt alla i partiet) att vinsterna till stor del var imaginära. Det var bara småsummor som verkligen betalades ut, och storvinnarna var obefintliga personer. Eftersom det inte fanns några verkliga kommunikationer mellan olika delar av Oceanien var detta inte svårt att ordna.

Men om det fanns något hopp så bestod det i prolerna. Det måste man klamra sig fast vid. Uttryckt i ord lät det rimligt: det var när man såg på människorna man mötte på gatan som det måste tro till. Gatan han hade slagit in på gick nerförsbacke. Han tyckte sig minnas att han varit här någonstans förr, och att det gick en huvudgata i närheten. Någonstans framför honom hördes ett larm av ropande röster. Gatan gjorde en tvär krök och slutade i en trappa som ledde ner till en inklämd gränd där några stånd sålde slokande grönsaker. Nu erinrade sig Winston var han befann sig. Gränden ledde vidare till huvudgatan, och vid följande tvärgata, mindre än fem minuters väg framåt, låg lumpboden där han hade köpt boken med de tomma bladen som nu var hans dagbok. Och i en liten pappershandel i närheten hade han köpt pennskaftet och bläckflaskan.

Han stannade ett tag ovanför trappan. Mittemot i gränden låg en grisig liten pub vars fönster såg ut som matt glas men i själva verket bara var dammtäckta. En mycket gammal gubbe, krokig men rörlig, med räkaktigt spretiga vita mustascher, sköt just upp svängdörren och gick in. Winston kom plötsligt att tänka på att gubben, som såg ut att vara minst åttio, måste ha hunnit upp i medelåldern när Revolutionen kom. Han och några få återstående med honom var de sista kvarlevande länkarna till kapitalismens försvunna värld. I själva partiet fanns inte många kvar som fått sin begreppsvärld utformad före Revolutionen. Största delen av den äldre partigenerationen hade sopats bort i femtio- och sextiotalens stora utrensningar, och de få överlevande hade för länge sedan skrämts till total intellektuell kapitulation. Om det fortfarande fanns någon i livet som kunde ge någon sanningsenlig bild av förhållandena under förra hälften av seklet, så kunde det bara vara en prol. Med ens kom Winston ihåg stycket han hade skrivit av ur skolhistorieboken, och han fick ett vanvettigt infall. Han skulle gå in på puben, han skulle göra sig bekant med gubben och fråga ut honom. Han skulle säga till honom: "Berätta om ert liv den tiden ni var pojke. Hur var det på den tiden? Var det bättre än det är nuförtiden, eller var det sämre?"

Hastigt, för att inte ge sig tid att bli rädd, gick han utför trappan och tvärs över den smala gatan. Naturligtvis var det galenskap. Det fanns som vanligt inget direkt förbud mot att prata med proler och besöka deras pubar, men det var ett alldeles för ovanligt företag för att passera obemärkt. Om det dök upp någon patrull kunde han försöka skylla på ett plötsligt illamående, men knappast skulle han bli trodd. Han sköt upp dörren, och en hemsk ostaktig stank av surt öl drämde honom i ansiktet. När han steg in sjönk larmet av röster till ungefär halv styrka. Bakom ryggen kunde han känna hur alla tittade på hans blåställ. Ett pilkastningsparti som pågick i andra ändan av rummet avbröts för nära nog en halv minut. Gubben som han hade följt efter stod framme vid baren och tycktes gräla om någonting med bartendern, en storvuxen, grov, örnnäst ung man med väldiga underarmar. En klunga andra stod där med glas i händerna och tittade på.

"Frågan är välan fri om den är hövli?" sade gubben och rätade stridslystet på ryggen. "Å du säjer att du har inte en enda pintsejdel på hela jävla krogen?"

"Å vaffan är en pint för någe?" sade barmannen, framåtlutad med fingertopparna stödda mot disken.

"Hör på den? Låss va barman å vet inte va en pint ä! En pint ä hälften åv en quart förstås, å de går fyra quarts på en gallon. Måste ja lära dej alfabete också?"

"Allri hört talas om dom", sade barmannen kort. "Vi har en liter å en halv liter å inge mer. Där ser du glasen på hyllan."

”Ja gillar en pint”, envisades gubben. ”Du kunde ha tappat opp en pint hur lätt som helst. När ja var ung fanns det inga jävla litrar.”

”När du va ung bodde vi i träna allihop”, sade barmannen med en blick på de andra kunderna.

Det hördes ett vrål av skratt, och olusten som Winstons ankomst hade vållat tycktes försvinna. Gubbens vitskäggstubbiga ansikte hade rodnat. Han muttrade någonting för sig själv och vände sig bort så att han stötte till Winston. Winston tog honom mjukt om armen.

”Får jag bjuda på ett glas?” sade han.

”Ni är en fin karl”, sade gubben och rätade på sig på nytt. Han tycktes inte lägga märke till Winstons blåställ. ”En pint!” tillade han stridslystet till barmannen. ”En pint pilare.”

Barmannen skvätte en halvliter mörkbrunt öl i två tjocka glas som han hade sköljt av i en hink under disken. Öl var den enda drink som stod att få på prolpubarna. Det var inte meningen att prolerna skulle dricka gin, även om de i praktiken inte hade svårt att komma över det. Pilkastningen var i full gång på nytt, och klungan av karlar vid baren hade börjat prata om lottnummer. Winstons närvaro var glömd för tillfället. Framför fönstret stod ett plankbord där han och gubben kunde talas vid utan risk att bli avlyssnad. Det var fruktansvärt farligt, men rummet hade åtminstone ingen teleskärm, något han strax hade kontrollerat då han kom in.

”Han kunde väl ha tappat i en pint”, knotade gubben då han slog sig ner med glaset. ”En halvliter är för lite. De blir man inte nöjd me. Å en hel liter är för mycke. De trycker strax på blåsan. Å dyrt ä de dessutom.”

”Ni har nog sett mycket bli annorlunda sen ni var ung”, sade Winston prövande.

Gubbens blekblå blick flyttade sig från pilkastningen till baren och från baren till dörren till Herrar, som om det varit härinne förändringarna kunde väntas ha skett.

”Ölet va bättre förr”, sade han till slut. ”Å billigare! När ja va ung kosta fatöle – de kalla vi för pilare – fyra pence pinten. De va före krige förstås.”

”Vilket krig var det?” sade Winston.

”Alla krigena”, sade gubben vagt. Han lyfte glaset och rätade igen på ryggen. ”Hälsa å välgång i alla era levandes dar!”

Det spetsiga adamsäpplet i hans magra hals utförde några överraskande snabba rörelser upp och ner, och ölet försvann. Winston gick till baren och kom tillbaka med ett par halvlitrar till. Gubben föreföll ha glömt sina fördomar mot att dricka en hel liter.

”Ni är väldigt mycket äldre än jag”, sade Winston. ”Ni måste ha varit vuxen karl innan jag var född. Ni kan komma ihåg hur det var i gamla tider, före Revolutionen. Folk i min ålder vet egentligen ingenting om de tiderna. Vi kan bara läsa om dem i böcker, och det som står i dem kanske inte stämmer. Jag vill gärna höra vad ni tycker i det fallet. I historieböckerna står det att livet före Revolutionen var alldeles annorlunda än livet idag. Det rådde ett förfärligt förtryck, orättvisa, fattigdom – värre än vi kan tänka oss. Här i London hade de allra flesta aldrig tillräckligt att äta, från det de föddes tills de dog. Hälften hade inte ens skor på fötterna. De arbetade tolv timmar om dan, de slutade skolan när de var nio år, de sov tio i samma rum. Och samtidigt fanns det några få människor, bara några tusen – de kallades kapitalisterna – som var rika och mäktiga. De ägde allt man kunde äga. De bodde i stora ståtliga hus med tretti tjänare, de åkte omkring i bilar och fyrspann, de drack champagne, de gick i cylinderhatt – ”

Gubben lyste plötsligt upp.

”Cylinder!” sade han. ”Så tokigt att ni säjer de. Ja tänkte på desamma så sent som igår, av nån anledning. Ja tänkte bara att en cylinder har ja inte sett på många många år. Dom är helt borta, dom. Sist ja hade en sån på huvet var på svägerskans begravning. Å de var – ja, inte minns ja datum förstås, men nog ä de femti år sen. Den va hyrd för tillfället natvis.”

”Det är mera en bisak, det där med cylindrarna”, sade Winston tålmodigt. ”Vad jag menar är att de här kapitalisterna – plus en del advokater och präster och så vidare som levde på dem – var världens herrar. Allting fanns till för dem. Ni –

alla vanliga människor, arbetarna – var slavar under dem. De kunde göra vad de ville med er. De kunde skeppa iväg er till Kanada som kreatur. De kunde ligga med era döttrar om de ville. De kunde låta piska er med nånting som hette den niosvansade katten. Ni måste ta av er mössan när ni mötte dem. Alla kapitalister hade ett gäng lakejer omkring sej som –"

Gubben lyste upp igen.

"Lakejer!" sade han. "Nämen de va också ett ord som ja inte har hört på åratal. Lakejer! De är allt från gångna tider de. Ja minns – å de va inte i går de – hur man gick te Hyde Park ibland på söndagseftermiddagarna för å höra på talarna. De va Frälsningsarmén, å katoliker, judar, indier – alla sorters. Å där bruka finnas en kille – ja, inte vet ja va han hette, men de va en verkli talare de. Som han kunde ösa på! 'Lakejer!' san, 'borgerskapets lakejer! Härskarklassens rövslickare!' Parasiter – de san också. Å hyener – jo, hyener kalla han dom absolut. Han mena labourpartiet så klart."

Winston fick en känsla av att de talade förbi varandra.

"Vad jag egentligen ville veta är det här", sade han. "Tycker ni att ni har mera frihet nu än ni hade på den tiden? Blir ni bemött som en människa i högre grad nu än förr? På den tiden var de rika, överheten –"

"Överhuse", insköt gubben tankfullt.

"Överhuset, om ni så vill. Jag menar, kunde såna människor behandla en som en underlydande, bara för att de var rika och ni var fattiga? Stämmer det till exempel att man måste kalla dem sir och lyfta på mössan när man mötte dem?"

Gubben föreföll att tänka efter grundligt. Han drack upp en fjärdedel av sitt öl innan han svarade.

"Jarå", sade han. "Dom gilla att man tog åt mössan. De skulle visas respekt liksom. Ja gilla de inte själv precis, men visst gjorde ja de många gånger. Var tvungen, de kan man väl säja."

"Och var det vanligt – jag säjer bara vad som står i historieböckerna – var det vanligt att de där människorna och deras tjänstefolk knuffade andra i rännstenen från trottoarerna?"

”De va en som knuffa mej en gång”, sade gubben. ”De minns ja som igår. De va på kapproddsnatten – dom blev allti gräslit bråkiga på kapproddsnatten – å då törna ja emot en ung kille på Shaftesbury Avenue. De va en fin herre riktit – stärkskjorta, cylinder, svart överrock. Han kom liksom kors å tvärs över trottoaren å ja råka stöta ten. Då säjer han: ’Se er för vetja’, säjer han. Ja svarar: ’Troru du har köpt hela trottoaren för fan?’ Då så säjer han: ’Dej ska ja vrida nacken av om du tänker jävlas.’ Ja säjer: ’Du är full. Ja tror ja tar hit en byling.’ Å tro mej om du vill, men då sätter han hann för bröste på mej å knuffar till så ja håller på å flyga rätt under en buss. Ja, man var ju ung på den tiden, så ja skulle ju ha getten en omgång, men så –”

Winston greps av hjälplöshet. Den gamle mannens minne var inte mer än en sophög av detaljer. Man skulle kunna fråga ut honom en hel dag utan att få någon verklig information. Partiets historieböcker kunde trots allt vara sanna, på sätt och vis, kanske till och med helt och hållet sanna. Han gjorde ett sista försök.

”Jag har kanske frågat otydligt”, sade han. ”Jag menar så här. Ni har levat mycket länge; halva ert liv har ni levat före Revolutionen. Till exempel 1925 var ni redan fullvuxen. Skulle ni nu säga, efter vad ni minns, att man levde bättre år 1925 än nu, eller var det sämre? Om ni kunde få välja, skulle ni då hellre leva då än nu?”

Gubben tittade eftertänksamt bort mot pilkastningstavlan. Han drack ur sitt öl, långsammare än förut. När han svarade var det med tolerant, filosofisk uppsyn, som om ölet stämt honom mildare.

”Ja vet va ni tror ja ska svara”, sade han. ”Ni tror ja säjer att ja hellre ville va ung pånytt. De ä va dom flesta säjer om man frågar dom. Man ä frisk å stark när man ä ung. När man kommer opp i min ålder mår man aldri bra. Ja har de jävlit me mina fötter, å blåsan ä rent förskräckli. Sex sju gånger får ja gå opp om nätterna. Å andra sidan ä de stora fördelar me å va gammal. Man har inte samma bekymmer. Inge bråk me fruntimmer, å de ä en stor sak de. Ja har inte haft ett fruntimmer på nära tretti år, om ni tror de eller inte. Å inte har ja önskat mej de heller."

Winston lutade sig bakåt mot fönsterbrädet. Det var ingen idé att fortsätta. Han tänkte just gå efter mera öl då gubben plötsligt steg upp och hastigt hasade iväg till den stinkande pissoaren på sidan om. Den extra halvlitern gjorde effekt. Winston satt kvar en liten stund och tittade på sitt tomma glas, och märkte knappt själv att hans ben förflyttade honom tillbaka ut på gatan. Inom högst tjugo år, tänkte han, skulle det en gång för alla bli omöjligt att svara på den väldiga och enkla frågan: "Var det bättre att leva före Revolutionen än idag?" Men i praktiken var den obesvarbar redan nu, eftersom de få spridda överlevande från den gamla världen inte var förmögna att jämföra den ena tidsåldern med den andra. De mindes miljoner onödigheter, ett gräl med en arbetskamrat, en borttappad cykelpump som de letat efter, ett ansiktsuttryck hos en syster som var död sedan långa tider, dammvirvlar en blåsig morgon sjutti år tillbaka: men alla relevanta fakta låg utanför deras synfält. De var som myran, som kan se små föremål men inte stora. Och när minnet svek dem och alla skrivna vittnesmål var förfalskade – när den tiden var inne, måste partiets anspråk på att ha förbättrat den mänskliga tillvaron godtas, därför att det inte fanns och aldrig mera skulle finnas någon standard att jämföra med.

Just då blev det ett tvärt slut på hans tankegång. Han stannade och tittade upp. Han stod på en smal gata med några få små mörka butiker inströdda i bostadshusen. Alldeles ovanför huvudet på honom hängde tre avfärgade metallkulor som tycktes ha varit förgyllda en gång. Han tyckte sig känna igen stället. Jovisst! Han stod utanför lumpboden där han hade köpt dagboken.

Han kände en ilning av rädsla. Det hade varit alldeles tillräckligt dumdristigt att över huvud taget köpa boken, och han hade svurit att aldrig komma tillbaka hit igen. Och ändå hade hans fötter, i samma stund han låtit tankarna gå sina egna vägar, på egen hand fört honom till platsen. Det var precis den sortens livsfarliga impulser han hade hoppats kunna skydda sig mot genom att börja föra dagbok. Nu lade han märke till att butiken fortfarande höll öppet fastän klockan var när tjugoettnollnoll. Med en känsla av att han skulle väcka mindre uppmärksamhet därinne än om han hängde kvar utanför steg han in genom dörren. Vid ett förhör kunde han med anspråk på att bli trodd säga att han försökte hitta rakblad att köpa.

Butiksinnehavaren hade nyss tänt en oljelampa som avgav en däven men trivsam lukt. Det var en man i sextioårsåldern, bräcklig och böjd, med en lång snäll näsa och milda ögon som förvanskades av tjocka glasögon. Håret var nästan vitt, men hans ögonbryn var buskiga och fortfarande svarta. Glasögonen, hans mjuka, beskäftiga rörelser och att han var klädd i en ålderstigen svart sammetskavaj gav honom en obestämd intellektuell atmosfär, som om han varit något slags litteratör, eller möjligen musiker. Hans röst var mjuk, liksom borttonad, och uttalet mindre förvanskat än de flesta prolernas.

"Jag kände igen er när ni stod därute", sade han strax. "Ni är herrn som köpte ungflicksminnesalbumet. Det var fint papper det, ja. Vergerat ton, hette det förr. Sånt papper har nog inte tillverkats på – ja, på femti år, tänker jag." Han kisade på Winston över kanten på glasögonen. "Är det nåt särskilt jag kan stå till tjänst med? Eller ville ni bara titta er omkring ett tag?"

"Jag kom förbi här", sade Winston obestämt. "Jag bara tittade in. Det är ingenting särskilt jag söker."

"Lika gott är det", sade mannen, "för jag hade väl inte haft det ändå." Han gjorde en ursäktande åtbörd med sin mjuka hand. "Ni ser ju här, butiken är tom, kan man säja. Oss emellan, så är det så gott som slut med antikbranschen. Ingen efterfrågan längre, och ingen tillgång heller. Möbler, porslin, glas – det har alltsammans gått sönder så småningom. Och metallsaker har blivit nersmälta för det mesta ju. En mässingsljusstake har jag inte sett till på flera år."

Den trånga lilla butiken var i själva verket obekvämt fullbelamrad, men där fanns så gott som ingenting av något värde. Golvutrymmet var mycket begränsat, för utmed alla väggar stod otaliga dammiga tavelramar staplade. I fönstret låg fat med muttrar och bultar, utslitna mejslar, pennknivar med brutna blad, medfarna klockor som inte ens låtsades vara i skick, och annat blandat skrot. Bara på ett litet bord i en vrå låg en röra av diverse föremål – lackerade snusdosor, agatbroscher och sådant – som möjligen såg ut att innehålla någonting av intresse. När Winston närmade sig bordet fick han syn på ett runt, slätt föremål som glänste svagt i lampskenet, och han tog det i handen.

Det var en tjock klump av glas, rundad ovanpå, platt undertill, så gott som halvklotformad. Både färgen och själva glasmassan hade en egendomlig mjukhet, som regnvatten. Mitt inne i glaset, förstorat genom den kupiga ytan, fanns ett egendomligt, skärt, snirklat föremål som erinrade om en ros eller en havsanemon.

”Vad är det?” frågade Winston fascinerad.

”Det är korall, det”, sade den gamle mannen. ”Det är nog från Indiska oceanen. Dom brukade smälta in sånt i glas. Den där saken är nog inte gjord för mindre än hundra år sen. Snarare mera av utseendet att döma.”

”Det är en vacker sak”, sade Winston.

”Det är en vacker sak”, sade den andre uppskattande. ”Men det är inte så många som säjer så nuförtiden.” Han hostade till. ”Ja, om det är nånting ni har lust och köpa så är priset fyra dollar. Jag kan komma ihåg när en sån där skulle gett åtta pund, och åtta pund det var – ja, det går inte att räkna ut, men det var en massa pengar. Men vem bryr sej om äkta antikviteter numera – ens om dom få som finns kvar?”

Winston betalade fyra dollar på fläcken och lät dyrgripen glida ner i fickan. Det som tilltalade honom hos den var inte så mycket att den var vacker som att den tycktes ha en atmosfär av att härstamma från en alldeles annorlunda tid än nuet. Det mjuka, regnvattengrå glaset liknade inget glas han hade sett i sitt liv. Föremålet var dubbelt tilltalande genom att se så onyttigt ut, även om han kunde gissa att det varit avsett som brevpress. Det tyngde mycket i fickan, men lyckligtvis putade det inte ut så mycket. Det var ett egendomligt föremål, till och med ett komprometterande föremål i en partimedlems besittning. Allting gammalt, och för den delen också allting vackert, var alltid en smula misstänkt. Den gamle mannen hade blivit märkbart upplivad av de fyra dollarna. Winston insåg att han skulle ha accepterat tre eller rentav två.

"Det finns ett rum ovanpå om ni vill titta", sade han. "Inte för att där finns så mycke. Några pjäser bara. Vi får lov och ta en lampa med oss om vi går dit upp."

Han tände en lampa till och gick kutryggig före uppför den branta och nötta trappan samt längs en liten korridor till ett rum som inte låg mot gatan utan vette åt en stenlagd gård och en skog av skorstenspipor. Winston såg att möblerna fortfarande stod kvar som om rummet skulle bebos. Det fanns en bit matta på golvet, en och annan tavla på väggarna, och en djup, nersutten länstol stod framme vid den öppna spisen. En gammaldags pendyl med tolvtimmarsurtavla stod och tickade på kaminfrisen. Framför fönstret stod en kolossal säng med madrassen kvar och fyllde nästan en fjärdedel av rummet.

"Min fru och jag bodde här tills hon dog", sade den gamle mannen halvt ursäktande. "Jag säljer undan möblerna så småningom. Det där är allt en snygg mahognysäng, eller i alla fall om man kunde få vägglössen ur den. Men den är väl lite för otymplig för er."

Han höll lampan högt i vädret för att lysa upp rummet, och i det varma svaga ljuset såg det underligt inbjudande ut. Genom Winstons huvud for tanken att det antagligen vore lätt att få hyra rummet för några dollar i veckan, om han vågade ta en sådan risk. Det var en vild, omöjlig idé som bara kunde överges så snart den var tänkt; men rummet hade väckt något slags nostalgi hos honom, ett slags nedärvt minne. Han tyckte sig veta precis hur det kändes att sitta i ett sådant rum, i en länstol vid en brasa med fötterna på spisgallret och en kittel på spiskanten; fullkomligt för sig själv, fullkomligt trygg, utan någon som iakttog en, ingen röst som förföljde en, inget ljud utom kittelns sus och klockans vänliga ticktack.

"Här finns ingen teleskärm!" kunde han inte låta bli att mumla.

”Nja”, sade den gamle mannen, ”jag har aldrig haft nån såndär. För dyra. Och på nåt vis har jag aldrig tyckt jag behövde nån. Därborta i vrån står ett riktigt bra klaffbord. Fast gångjärnen måste nog förnyas om man ska kunna fälla opp det.”

I en annan vrå stod ett litet bokskåp, och Winston hade redan dragits åt det hållet. Det innehöll en del skräp. Jakten på och förstörelsen av böcker hade genomförts lika grundligt i prolstadsdelarna som överallt annanstans. Det var högst osannolikt att det någonstans i Oceanien existerade någon bok tryckt före 1960. Den gamle mannen stod, fortfarande med lampan i handen, framför en bild i rosenträram som hängde mittemot sängen på andra sidan spisen.

”Ja, om ni alls råkar intressera er för gamla stick–”, började han försiktigt.

Winston kom fram och tittade på tavlan. Det var ett stålstick som föreställde en oval byggnad med rektangulära fönster och ett litet torn framtill. Runt byggnaden gick ett staket och längst bort stod något som såg ut som en staty. Winston tittade en stund på bilden. Den verkade obestämt bekant, fastän han inte kunde erinra sig statyn.

”Ramen sitter fast i väggen”, sade den gamle mannen, ”men jag skulle nog kunna skruva loss den för er räkning, tänker jag.”

”Jag känner igen huset”, sade Winston slutligen. ”Det är en ruin nu. Det står mitt i gatan utanför Rättvisans palats.”

”Precis. Utanför domstolarna. Det blev bombskadat år – ja, för länge sen. Det har varit en kyrka en gång. St Clement Danes, hette den.” Han smålog ursäktande, liksom medveten om att han sagt någonting smått löjligt, och tillade: *”Oranges and lemons, say the bells of St Clement's!”*

”Vadå?” sade Winston.

”Ja – *Oranges and lemons, say the bells of St Clement's*. Det är från en ramsa som vi kunde när jag var liten. Jag kommer inte ihåg fortsättningen, men jag minns att den slutade med 'Här har du ett ljus till att lysa dej väg, här har du en yxa att nacka dej med'. Det var en sorts danslek. Dom andra sträckte ut armarna och man skulle gå under dom, och sen när dom kom till 'Här har du en yxa att nacka dej med', då stängde dom vägen och fångade en. Det var namn på kyrkor alltsammans. Det var om alla Londons kyrkor – alla dom viktigaste i alla fall."

Winston undrade obestämt från vilket århundrade kyrkan var. Det var alltid svårt att bestämma åldern på en byggnad i London. Allting som var stort och imponerande och såg någorlunda nytt ut påstods automatiskt vara byggt efter Revolutionen, medan allt som uppenbart var äldre hänfördes till en dunkel tidsålder vid namn medeltiden. Kapitalismens århundraden ansågs inte ha producerat någonting av värde. Det gick inte att lära sig historia av arkitekturen mer än det gick att göra det ur böcker. Statyer, inskrifter, minnesmärken, gatunamn – allt som möjligen kunde belysa det förflutna hade systematiskt ändrats.

"Jag har aldrig vetat att det var en kyrka", sade han.

"Det finns många av dom kvar faktiskt", sade den gamle mannen, "fast dom används till annat. Hur var den där ramsan sen? Jo! Jag vet!

Oranges and lemons, say the bells of St Clement's.
You owe me three farthings, say the bells of St Martin's –

ja mera kommer jag inte ihåg. En *farthing*, det var en liten kopparslant, såg ut som en cent ungefär."

"Var låg St Martin's?" frågade Winston.

"St Martin's? Den står kvar. Den finns vid Segertorget, bredvid tavelgalleriet. Ett hus med trekantigt tak över ingången liksom, och pelare framför, och en stor trappa."

Winston kände till huset mycket väl. Det var ett museum avsett för diverse propagandautställningar – miniatyrmodeller av raketbomber och flytande fästningar, vaxfigurgrupper som föreställde fiendens grymheter och så vidare.

"Det hette St Martin's-in-the-Fields förr", tillade den gamle mannen, "fast några åkrar kan jag inte minnas där i trakten."

Winston köpte inte tavlan. Den skulle ha varit en ännu mer avvikande ägodel än brevpressen av glas, och omöjlig att smuggla hem om den inte togs ur ramen. Men han dröjde kvar en liten stund till och pratade med den gamle, som han upptäckte inte alls hette Weeks – vilket man kunde ha trott av texten ovanför butiksingången – utan Charrington. Herr Charrington tycktes vara änkling, sextitre år gammal, och hade bott i denna butikslägenhet i trettio år. Under hela den tiden hade han haft för avsikt att ändra namnet på skylten, men hade aldrig kommit sig riktigt för. Allt medan de pratade sysslade Winstons tankar med den halvt glömda barnramsan. *Oranges and lemons, say the bells of St Clement's, You owe me three farthings, say the bells of St Martin's!* Det var underligt att när man läste den för sig själv fick man en illusion av verkliga kyrkklockor, klockorna i ett förlorat London som fortfarande fanns till någonstans, förklätt och förglömt. Från det ena spökkyrktornet efter det andra tyckte han sig höra dem ringa. Ändå hade han aldrig så vitt han mindes hört någon klockringning i verkligheten.

Han slet sig loss från herr Charrington och gick ensam utför trappan, för att inte den gamle skulle få se honom speja ut på gatan innan han steg ut genom dörren. Han hade redan bestämt sig för att efter en lagom lång tid – en månad eller så – ta risken att besöka butiken pånytt. Kanske var det inte farligare än att skolka en kväll från centret. Det verkligt dåraktiga hade varit att över huvud taget komma tillbaka hit, efter att ha köpt dagboken och utan att veta om butiksägaren var att lita på. Men som det nu var – !

Ja, tänkte han igen, han skulle komma tillbaka. Han skulle köpa mera vackert gammalt skräp. Han skulle köpa sticket av St Clement Danes, ta det ur ramen och bära hem det dolt under blåstället. Han skulle lirka loss resten av versen ur herr Charringtons minne. Till och med den vanvettiga idén att hyra rummet i övre våningen blixtrade som hastigast genom hans huvud pånytt. Under kanske fem sekunder gjorde hänförelsen honom oförsiktig, och han steg ut på trottoaren utan att ens titta ut genom fönstret först.

Han hade till och med börjat gnola på en improviserad melodi –

Oranges and lemons, say the bells of St Clement's,
You owe me three farthings, say the –

Med ens tycktes hans hjärta förvandlas till is och hans mage till vatten. En gestalt i blåställ var på väg längs trottoaren, inte tio meter ifrån honom en gång. Det var flickan från romanavdelningen, den mörkhåriga flickan. Belysningen var dålig, men det var ingen konst att känna igen henne. Hon tittade honom rätt i ansiktet, och så gick hon snabbt vidare som om hon inte sett honom.

Under några sekunder var Winston så förlamad att han inte kunde röra sig. Så vände han åt höger och vandrade tungt därifrån, utan att för ögonblicket ens märka att han gick åt fel håll. En sak var nu klar i alla fall. Det gick inte längre att betvivla att flickan spionerade på honom. Hon måste ha följt efter honom hit, för det var inte troligt att hon av en ren slump skulle ha råkat promenera samma kväll som han på samma avsides mörka gata, flera kilometer från någon stadsdel där partimedlemmar bodde. Det var ett alltför egendomligt sammanträffande. Det gjorde knappast någon skillnad om hon verkligen var en av tankepolisens agenter eller bara en amatörspion med beskäftighet som drivkraft. Det räckte gott med att hon bevakade honom. Antagligen hade hon också sett honom gå in på puben.

Det var en ansträngning att gå. Glasklumpen i hans ficka dunsade mot hans lår vid varje steg, och han hade god lust att ta fram den och kasta bort den. Det värsta var krampen i magen. Under ett par minuter trodde han att han var dödens om han inte snart hittade en toalett. Men det fanns inga allmänna toaletter i en stadsdel som denna. Så gick krampen över och efterlämnade en dov värk.

Gatan var en återvändsgränd. Winston stannade, stod flera sekunder och undrade vad han skulle göra, vände sedan om och började gå tillbaka. Han kom att tänka på att det inte var mer än tre minuter sedan flickan gick förbi honom och att om han sprang kunde han antagligen hinna ifatt henne. Han kunde skugga henne tills de kom till något folktomt ställe, och sedan krossa skallen på henne med en gatsten. Också glasklumpen i hans ficka skulle vara tillräckligt tung. Men han övergav omedelbart idén, därför att blotta tanken på någon fysisk anspänning nu var olidlig. Han kunde inte springa, han kunde inte slå till. Förresten var hon ung och kraftig och skulle försvara sig. Han tänkte också på möjligheten att skynda till gemenskapscentret och stanna där tills det stängdes och därmed skaffa sig ett partiellt alibi för kvällen. Men också det var ogörligt. Han hade gripits av en utmattning till döds. Det enda han ville var att komma fort hem och sätta sig ner och sitta tyst och stilla.

Klockan var över tjugotvånollnoll när han kom hem till lägenheten. Tjugotretrettio skulle belysningsströmmen slås av. Han gick ut i köket och drack bortåt en tekopp segergin. Så gick han till bordet i alkoven, satte sig och tog fram dagboken ur lådan. Från teleskärmen skränade en rivig kvinnoröst fram en patriotisk sång. Han satt och stirrade på bokens marmorerade pärm och försökte utan framgång stänga rösten ute från sitt medvetande.

Det var om nätterna de hämtade folk, alltid om natten. Vad man borde göra var att ta livet av sig innan de fick tag på en. Otvivelaktigt fanns det folk som gjorde så. Många försvinnanden var i själva verket självmord. Men det krävdes ett förtvivlans mod att begå självmord i en värld där skjutvapen eller varje snabbt och säkert gift var fullständigt oöverkomliga. Han grubblade med en viss förvåning över smärtans och rädslans biologiska onyttighet, människokroppens förräderi då den stelnar i handlingslöshet just då särskild ansträngning skulle behövas. Han kunde ha tystat den mörka flickan om han bara hade handlat tillräckligt snabbt: men just då faran var som störst hade han mist kraften att handla. Han tänkte att i krisögonblick är det aldrig en yttre fiende man slåss emot, utan alltid sin egen kropp. Också nu, trots ginen, satt det kvar en dov värk i hans mage som gjorde sammanhängande tankeverksamhet omöjlig. Och det är samma sak, insåg han, i alla till synes heroiska eller tragiska situationer. På slagfältet, i tortyrkammaren, på ett fartyg som går under blir den sak man kämpar för alltid bortglömd, därför att kroppen sväller upp så att den fyller hela världen, och också om man inte är lamslagen av rädsla eller vrålar av smärta så är tillvaron en kamp från stund till stund mot hunger eller köld eller sömnlöshet, mot för mycket magsyra eller värk i en tand.

Han slog upp dagboken. Det var viktigt att få någonting nerskrivet. Kvinnan på teleskärmen hade börjat på en ny sång. Hennes röst tycktes fastna i hjärnan på honom som glassplitter. Han försökte tänka på O'Brien, som dagboken var skriven för, eller till, men istället började han tänka på sådant som skulle hända honom efter det att tankepolisen hade hämtat honom. Det gjorde ingenting om man blev dödad genast. Att bli dödad var vad man väntade sig. Men före döden (det var ingen som talade om sådant, men alla kände till det) måste bekännelserutinen gås igenom: att kräla på golvet och skrika på nåd, att få benen knäckta, tänderna inslagna, håret avslitet i blodiga testar. Varför måste man tvingas uthärda det, eftersom utgången alltid var densamma? Varför var det inte möjligt att kapa några få dagar eller veckor av sitt liv? Ingen undgick någonsin att bli uppdagad, och ingen lät någonsin bli att bekänna. Hade man en gång gett efter för krimtänk så var det säkert att man ett givet datum skulle vara död. Varför måste denna fasa, som inte ändrade på någonting, finnas inbakad i framtiden?

Han försökte med lite större framgång än förut båda upp bilden av O'Brien. "Vi ska träffas där det inget mörker finns", hade O'Brien sagt till honom. Han visste vad det betydde, eller trodde att han visste. Stället där inget mörker finns var framtiden i ens föreställning, den som man aldrig skulle få se, men som man genom förhandsvetskap kunde äga mystisk del i. Men så länge rösten från teleskärmen tjatade honom i öronen kunde han inte följa tankegången vidare. Han stack en cigarrett i munnen. Hälften av tobaken fick han strax lös i munnen, ett beskt damm som det var svårt att spotta ut.

Storebrors ansikte dök upp i hans tankar och ersatte O'Briens. Precis som för några dagar sedan tog han upp ett mynt ur fickan och tittade på det. Ansiktet såg upp på honom, tungt, lugnt, beskyddande: men vad var det för slags leende som doldes bakom den mörka mustaschen? Som dova klämtningar träffade honom orden igen:

KRIG ÄR FRED
FRIHET ÄR SLAVERI
OKUNNIGHET ÄR STYRKA

ANDRA DELEN

1

Det var mitt på förmiddagen, och Winston hade lämnat sitt bås för att gå på toaletten.

En ensam gestalt var på väg mot honom från andra änden av den långa, klart upplysta korridoren. Det var flickan med det mörka håret. Fyra dagar hade gått sedan kvällen då han hade stött på henne utanför lumpboden. När hon kom närmare såg han att hon bar ena armen i stödförband vilket inte syntes på avstånd för att det hade samma färg som blåstället. Antagligen hade hon fått handen i kläm då hon svängde runt ett av de stora kalejdoskopen med vilka romanintrigerna ritades upp. Det var ett vanligt olycksfall på romanavdelningen.

Det var fyra fem meter kvar mellan dem när flickan snavade och föll framstupa nästan raklång. Hon gav till ett häftigt rop av smärta. Tydligen hade hon ramlat rätt över sin skadade arm. Winston tvärstannade. Flickan hade rest sig på knä. Hon hade blivit gräddblek i ansiktet, och munnen avtecknade sig rödare än annars. Hon såg honom rätt i ögonen, med ett vädjande uttryck som snarare liknade fruktan än smärta.

En egendomlig känsla rörde på sig i Winstons bröst. Framför sig hade han en fiende som stod efter hans liv: framför sig hade han, samtidigt, en människa som kände smärta och kanske hade brutit armen. Instinktivt hade han strax rusat fram för att hjälpa henne. I samma stund han hade sett henne falla på sin ombundna arm var det som om det hade gjort ont i honom själv.

”Slog ni er?” frågade han.

”Inget farligt. Armen. Det blir strax bra.”

Rösten lät som om hon haft hjärtbesvär. Hon hade verkligen blivit helt blek.

”Ni har väl inte brutit någonting?”

”Nej, allt är väl. Det bara gjorde ont ett tag.”

Hon räckte fram sin lediga hand mot honom, och han hjälpte henne på fötter. Nu hade hon fått lite färg tillbaka och tycktes ha hämtat sig betydligt.

”Inget farligt”, upprepade hon kort. ”Det skrällde till i handleden bara. Tack, kamrat!”

Och därmed gick hon vidare åt sitt håll, så raskt som om det faktiskt inte varit något farligt. Hela händelsen kunde inte ha tagit mer än en halv minut. Att inte låta sitt ansikte visa några känslor var en vana som nästan fått rangen av instinkt, och de hade förresten befunnit sig rakt framför en teleskärm när allt hände. Hur som helst hade det varit mycket svårt att inte visa ett ögonblicks överraskning, för under de två tre sekunder det tog att hjälpa flickan upp hade hon smusslat någonting i handen på honom. Det rådde inget tvivel om att hon hade gjort det med flit. Det var någonting litet och platt. När han gick in genom dörren till toaletten stack han det i fickan och kände på det med fingertopparna. Det var en pappersbit hopvikt till en fyrkant.

Medan han stod i pissoaren lyckade han så småningom veckla upp pappret i fickan. Det måste uppenbarligen stå någonting skrivet på det. Ett ögonblick frestades han att ta det med in i ett av WC-båsen och läsa det medsamma. Men det hade varit rena vanvettet, visste han mycket väl. Det fanns inga andra ställen där man kunde vara lika säker på att teleskärmarna stod under ständig bevakning.

Han gick tillbaka till sitt arbetsbås, satte sig, slängde vårdslöst pappersbiten bland andra papper på bordet, satte på sig glasögonen och drog talskrivaren till sig. ”Fem minuter”, sade han sig själv, ”allra minst fem minuter!” Hjärtat dunkade skrämmande ljudligt i hans bröst. Till all lycka var hans arbetsuppgift rena rutinen, en översyn av en lång rad siffror som inte fordrade skärpt uppmärksamhet.

Vad som än stod skrivet på pappret måste det ha något slags politisk innebörd. Såvitt han kunde se fanns det två möjligheter. Den ena, och allra sannolikaste, var att flickan var tankepolisagent, alldeles som han hade fruktat. Han visste inte varför tankepolisen skulle vilja meddela sig på detta sätt, men de hade kanske sina skäl. Det som stod på pappret kunde vara en hotelse, en kallelse, en order att begå självmord, en fälla av något slag. Men det fanns en annan, vanvettigare möjlighet som ständigt stack upp huvudet, trots att han försökte undertrycka den. Det var den att budskapet inte alls kom från tankepolisen, utan från något slags underjordisk organisation. Kanske Broderskapet verkligen existerade! Kanske hörde flickan dit! Utan tvivel var det en absurd tanke, men den hade fallit honom in i själva det ögonblick han kände papperslappen i sin hand. Det var först ett par minuter senare han hade tänkt på den andra, troligare förklaringen. Och till och med nu, fastän hans förnuft sade honom att budskapet antagligen betydde döden för honom – ja, så var det ändå inte vad han trodde, utan det orimliga hoppet envisades, och hans hjärta dunkade, och det var svårt för honom att låta bli att darra på rösten när han mumlade sina siffror i talskrivaren.

Han rullade ihop den färdiga arbetsuppgiften och stack den i rörposten. Det hade gått åtta minuter. Han rättade till glasögonen över näsan, suckade och drog till sig nästa jobb, med pappersbiten överst. Han slätade ut den. Där stod, med stor spretig stil:

Jag älskar dej.

I flera sekunder var han alltför lamslagen för att ens kunna slänga den graverande papperslappen i minneshålet. När han sedan gjorde det kunde han inte låta bli att läsa orden en gång till, bara för att övertyga sig om att de faktiskt stod där, trots att han mycket väl visste hur farligt det var att visa för starkt intresse.

Resten av förmiddagen var det mycket svårt att få något

gjort. Ännu värre än att koncentrera sig på en rad petjobb var tvånget att dölja sin upprördhet för teleskärmen. Han kände som en brasa i magen. Lunchen i den heta, fullpackade, bullriga kantinen var rena pinan. Han hade hoppats på att få sitta ensam någon liten stund under lunchtimmen, men oturen ville att den imbecille Parsons damp ner bredvid honom, så att hans svettodör nästan besegrade stuvningens konservlukt, och pratade på om förberedelserna för Hatveckan. Med särskild entusiasm berättade han om ett papiermachéhuvud av Storebror, två meter brett, som tillverkades för ändamålet av hans dotters spionpatrull. Det irriterande var att Winston i allt stimmet hade svårt att uppfatta vad Parsons sade, så att han oupphörligt måste be honom upprepa något av sina enfaldiga yttranden. En enda gång såg han en skymt av flickan, vid ett bord med två andra flickor i andra änden av rummet. Hon föreföll inte ha sett honom, och han såg inte åt hennes håll någon mer gång.

Eftermiddagen var uthärdligare. Genast efter lunchen anlände en ömtålig, svår arbetsuppgift som skulle ta flera timmar i anspråk och sköt allt annat åt sidan. Den bestod i att förfalska en rad produktionsrapporter från i förfjol på ett sådant sätt att de misskrediterade en framträdande inrepartimedlem, som hade fallit i onåd. Det var sådana saker Winston var bra på, och i över två timmar lyckades han utestänga flickan ur sina tankar helt och hållet. Så kom minnet av hennes ansikte tillbaka, och med det följde ett rasande, outhärdligt behov att vara ensam. Innan han blev ensam för sig själv kunde han omöjligt tänka igenom detta nya. Han hade gemenskapskväll på Samhällscentret i kväll. Han slukade ännu ett smaklöst mål mat på kantinen, skyndade iväg till centret, deltog i det högtidliga fåneri som kallades gruppdiskussion, spelade två partier bordtennis, svalde flera glas gin och hörde på en halvtimmes föreläsning med titeln ”Engsoss i förhållande till schackspelet”. Hans själ vred sig av uttråkning, men för en gångs skull kände han ingen spontan lust att skolka från sin centerkväll. Den stund han läste orden *Jag älskar dej* hade ett begär att bevara livet gripit tag om honom, och det föreföll honom plötsligt enfaldigt att ta minsta risk. Först klockan tjugotrenollnoll, när han var hemma igen och låg i sin säng – i mörkret, där man var trygg för teleskärmen så länge man höll tyst – kunde han samla sina tankar.

Det var ett rent fysiskt problem som måste lösas: hur han skulle få kontakt med flickan och ordna en träff. Han tänkte sig inte längre möjligheten att hon kunde ha lagt ut något slags fälla för honom. Han visste att det inte var så, därför att hon hade varit så omisskännligt upprörd när hon stack lappen i hans hand. Tydligen hade hon varit vettskrämd, och det med allt skäl. Inte heller föll det honom ens in att avvisa hennes närmande. Det var bara fem kvällar sedan han hade undrat om han skulle krossa skallen på henne med en gatsten, men det betydde ingenting. Han tänkte på hennes nakna, unga kropp, sådan han hade sett den i drömmen. Han hade föreställt sig henne som en likadan idiot som alla de andra, fullproppad med lögner och hatkänslor, och kall som is. Han greps av ett slags feber vid tanken på att han kanske kunde förlora henne, att den vita unga kroppen kunde glida ifrån honom! Mest av allt var han rädd för att hon helt enkelt skulle ändra sig om han inte fick kontakt med henne snabbt nog. Men det stötte på enorma praktiska svårigheter att mötas. Det var som att söka ett schackdrag när man redan stod mattställd. Vart man än vände sig fanns det en teleskärm. I själva verket hade alla tänkbara sätt att meddela sig med henne stått klara för honom inom fem minuter efter det han läst hennes lapp; men nu, när han hade tid att tänka efter, gick han igenom dem ett efter ett, som om han radat upp verktyg på ett bord.

Det var klart att samma slags möte som i förmiddags inte kunde upprepas. Hade hon tjänstgjort på arkivavdelningen kunde det ha gått relativt lätt, men han visste bara på ett ungefär var någonstans i huset romanavdelningen fanns, och han hade ingen förevändning att söka upp den. Om han hade vetat var hon bodde och vilken tid hon slutade jobbet kunde han ha försökt möta henne någonstans på hemvägen; men att försöka följa henne hem var inte tillrådligt, för det krävde att han väntade sysslolös någonstans utanför ministeriet, vilket inte kunde undgå att märkas. Att skicka henne ett brev med posten kunde inte komma i fråga. Alla brev öppnades på vägen, och denna rutin var inte ens hemlig. Det var i själva verket sällan som någon skrev ett brev. För sådana meddelanden som emellanåt måste sändas fanns det färdigtryckta postkort med långa fraslistor, där man kunde stryka vad som inte passade. Förresten visste han inte vad flickan hette, och ännu mindre var hon bodde. Till slut bestämde han sig för att kantinen var det tryggaste stället. Om han kunde få henne på tu man hand vid ett bord, någonstans mitt i salen, inte för nära teleskärmarna och med tillräckligt mycket pratsorl omkring – om de kunde få trettio sekunder eller så under sådana omständigheter, skulle de kanske kunna växla några ord.

En hel vecka framöver blev tillvaron som en orolig dröm. Den första dagen dök hon inte upp i kantinen förrän han redan var på väg ut och visslan hade ljudit. Tydligen hade hon flyttats till ett senare skift. De gick förbi varandra utan en blick. Följande dag satt hon i kantinen den vanliga tiden, men tillsammans med tre andra flickor och direkt under en teleskärm. Sedan kom tre förfärliga dagar då hon inte visade sig över huvud taget. Hela hans hjärna och kropp föreföll drabbade av en outhärdlig känslighet, en sorts genomsläpplighet som gjorde varje rörelse, varje ljud, varje kontakt, varje ord han var tvungen att yttra eller lyssna på till en plåga. Inte ens i sömnen kunde han slippa bilden av henne helt och hållet. Dagboken vågade han inte röra dessa dagar. Fanns det någon lättnad så låg den i hans arbete, där han ibland kunde glömma sig själv tio minuter i sträck. Han hade inte den minsta aning om vad som kunde ha hänt henne. Det gick inte att göra någon förfrågan. Hon kunde ha blivit vaporiserad, hon kunde ha begått självmord, hon kunde ha blivit förflyttad till andra änden av Oceanien: det värsta och sannolikaste var att hon helt enkelt kunde ha ändrat sig och beslutat att undvika honom.

Följande dag dök hon upp på nytt. Stödförbandet var borta och hennes handled var tejpad istället. Det var en sådan lättnad att få se henne igen att han inte kunde låta bli att stirra rätt på henne i flera sekunder. Dagen därpå var det helt nära att han lyckats tala med henne. När han kom in på kantinen satt hon vid ett bord en bra bit från väggen, helt för sig själv. Det var tidigt och inte särskilt fullsatt därinne. Kön makade sig framåt och Winston hade nästan hunnit till disken, då han hejdades för ett par minuter av att någon framför honom klagade på att han inte fått sin sackarintablett. Men flickan satt fortfarande ensam då Winston fick sin bricka och började ta sig fram mot hennes bord. Han gick förstrött och letade med blicken efter en plats någonstans bortom henne. Han var kanske tre meter ifrån henne. Två sekunder till och han hade klarat det. Då ropade en röst bakom honom ”Smith!” Han låtsades inte ha hört. ”Smith!” upprepade rösten högre. Det gick inte mera. Han vände sig om. Det var Wilsher, en ljushårig yngling med enfaldigt utseende, som han knappt kände, som log och erbjöd honom en tom plats vid sitt bord. Det var inte tryggt att vägra. Efter det att någon känt igen honom kunde han inte gå och sätta sig vid ett bord hos en flicka utan sällskap. Det hade varit alltför uppseendeväckande. Han slog sig ner med ett vänligt leende. Det ljuslätta ansiktet lyste av enfald mot honom. Winston såg för sin inre syn hur han drämde till det med en spetshacka mitt i. Flickans bord blev fullsatt strax efteråt.

Men hon måste ha sett att han varit på väg till henne, och kanske skulle hon fatta vinken. Nästa dag såg han till att komma tidigt. Javisst, hon satt där vid ett bord på ungefär samma plats, och ensam igen. Den som stod strax före honom i kön var en kortväxt, kvick, insektslik karl med platt ansikte och små misstänksamma ögon. Då Winston gick från disken med sin bricka såg han att den lille styrde kurs rätt på flickans bord. Hans hopp dog bort på nytt. Det fanns en plats ledig vid ett bord längre bort, men någonting hos den lille mannen antydde att han skulle vara tillräckligt mån om sin egen bekvämlighet att välja det bord som var tommast. Med is om hjärtat följde Winston efter. Han måste få vara ensam med flickan, annars var det ingen idé. Just då kom ett väldigt brak. Den lille mannen låg där på alla fyra, hans bricka hade flugit all världens väg, två bäckar av soppa och kaffe strömmade över golvet. Han klev på fötter med en ondskefull blick på Winston, som han tydligen misstänkte för att ha lagt krokben. Men saken var klar. Inom fem sekunder satt Winston, med åskdundrande hjärta, vid flickans bord.

Han såg inte på henne. Han lastade av sin bricka och satte strax igång med att äta. Det var av högsta vikt att tala till henne medsamma, innan någon annan kom dit, men nu var han gripen av en förfärande rädsla. Det hade gått en vecka sedan hon först närmade sig. Hon hade nog ändrat sig, hon måste ju ha ändrat sig! Det var inte möjligt att detta kunde sluta lyckligt; sådant hände helt enkelt inte i verkliga livet. Han kanske aldrig hade vågat säga någonting om han inte just då hade fått syn på Ampleforth, poeten med de ludna öronen, som vandrade omkring på måfå med sin bricka och tittade efter en sittplats. På sitt vaga vis gillade Ampleforth Winston och skulle säkerligen slå sig ner hos honom om han fick syn på honom. Det fanns kanske en minut att handla på. Både Winston och flickan satt och åt. Maten var en tunn stuvning, faktiskt en soppa, på gröna bönor. Winston började mumla lågt. Ingendera av dem tittade upp; utan något uppehåll slevade de i sig den vattniga maten, och mellan skedbladen växlade de sina få nödvändiga repliker lågt och uttryckslöst.

”När slutar du jobbet?”

”Artontrettio.”

”Var kan vi träffas?”

”Segertorget, nära monumentet.”

”Det är fullt med teleskärmar.”

”Gör ingenting om där är folk.”

”Något tecken?”

”Nej. Kom inte fram till mej förrän du ser folk omkring mej. Och titta inte på mej. Håll dej bara i närheten.”

”Vilken tid?”

”Nittonnollnoll.”

”Bra.”

Ampleforth hade inte fått syn på Winston och satte sig vid ett annat bord. De sade ingenting mer, och i den mån det var möjligt för två personer på var sin sida om samma bord, såg de inte heller på varandra. Flickan åt snabbt upp och gick, medan Winston satt kvar och rökte en cigarrett.

Winston befann sig på Segertorget före utsatt tid. Han strövade ett varv runt den väldiga kannelerade kolonnen, på vilken Storebrors staty stod och tittade upp mot söderhimlen, där han hade besegrat Eurasiens luftflotta (Ostasiens luftflotta hette det några år tidigare) i slaget om Flygbas Ett. På gatan framför kolonnen stod en ryttarstaty som antogs föreställa Oliver Cromwell. Fem minuter över tiden hade flickan fortfarande inte visat sig. Om igen greps Winston av sin förfärliga fruktan. Hon skulle inte komma, hon hade ändrat sig! Han gick långsamt över till norra sidan av torget och kände ett slags bleksiktig belåtenhet över att känna igen St Martins kyrka, vars klockor, den tiden den hade klockor, brukade ringa *You owe me three farthings*. Då fick han se flickan stå vid foten av monumentet, där hon läste eller låtsades läsa på en banderoll som löpte uppåt i spiral runt kolonnen. Det var inte klokt att gå nära henne innan där hade samlats mer folk. Det fanns teleskärmar runt hela sockeln. Men just då hördes någonstans till vänster ett larm av röster och muller av tunga fordon. Med ens tycktes alla människor vara på språng tvärs över torget. Flickan slank behändigt runt lejonen vid monumentets fot och följde med i rusningen. Winston följde efter. Medan han sprang begrep han av en del rop att det var en konvoj med eurasiska krigsfångar som kom förbi.

Det stod redan en tät folkhop som fyllde hela södra delen av torget. Winston som normalt var det slags person som drar sig utåt kanterna av alla sorters trängsel, knuffade, trängde och slingrade sig nu framåt mitt i massan. Snart befann han sig på armslängds håll från flickan, men vägen spärrades av en väldig prol och en nästan lika kolossal kvinna, antagligen hans hustru, som tycktes bilda en ogenomtränglig mur av kött. Winston vred sidan till och lyckades med en häftig stöt kila in ena axeln mellan dem. Ett ögonblick tyckte han att hans inälvor maldes till gröt mellan två muskulösa höfter, men så var han igenom, något svettig. Han stod bredvid flickan. De stod axel vid axel och stirrade båda envetet rätt framför sig.

En lång rad lastbilar, med uttryckslösa, kpistbeväpnade vakter stående i vart hörn av flaken, rullade sakta gatan fram. På lastflaken hukade små gula män i nötta grönaktiga uniformer, tätt packade. Deras vemodiga mongolansikten tittade ut över flakväggarna utan all nyfikenhet. Då och då guppade en bil till så att det hördes ett klirr av metall: alla fångarna hade fotbojor. Billast efter billast av de vemodiga ansiktena rullade förbi. Winston visste av dem men såg dem bara stundtals. Flickans axel, och hennes arm ända ner till armbågen, trycktes mot hans. Hans ena kind var så nära hennes att han nästan kände värmen. Hon hade strax tagit situationen om hand, alldeles som hon gjort i kantinen. Hon började tala med samma uttryckslösa röst som förut, rörde knappt på läpparna, med bara ett mummel som lätt drunknade i stimmet och lastbilsbrummandet.

"Kan du höra?"

"Ja."

"Kan du bli ledig söndag eftermiddag?"

"Ja."

"Hör noga på då. Du måste komma ihåg det här. Gå till Paddingtonstationen –"

Med ett slags militärisk precision som gjorde honom häpen beskrev hon den väg han skulle ta. En halvtimmes tågresa; ta av till vänster vid stationen; två kilometer längs vägen; en grind med översta slån borta; en stig över en äng; en gräsbevuxen led; en gångstig mellan buskarna; ett torrt träd med mossa på. Det var som om hon haft en karta i huvudet. "Kan du komma ihåg det allt?" mumlade hon till sist.

"Ja."

"Du tar av till vänster, så till höger, så vänster igen. Och grinden har översta slån borta."

"Ja. Vilken tid?"

"Cirka femton. Du kanske får vänta. Jag kommer dit en annan väg. Kommer du säkert ihåg allt?"

"Ja."

"Gå då ifrån mej så fort som möjligt."

Det behövde hon inte ha sagt honom. Men just för ögonblicket kunde de inte göra sig fria från folkhopen. Lastbilarna rullade fortfarande förbi, folk gapade fortfarande omättligt. I början hade det hörts några tillrop och buanden, men de kom endast från partimedlemmar i hopen och upphörde snart. Den dominerande känslan var ren nyfikenhet. Utlänningar, om de så kom från Eurasien eller Ostasien, var en sorts märkvärdiga djur. Man såg dem bokstavligen aldrig annat än som krigsfångar, och också då bara i tillfälliga glimtar. Ingen visste vad det blev av dem, frånsett de få som blev hängda som krigsförbrytare: de övriga försvann helt enkelt, antagligen till arbetsläger. De runda mongoliska ansiktena hade nu efterträtts av ansikten av mer europeisk typ, smutsiga, skäggiga och utmattade. Över risiga kinder mötte blickar Winstons blick, ibland med sällsam intensitet, och flög bort igen. Konvojen började ebba ut. På det sista flaket kunde han se en gammal man, vars ansikte var en buske grått hår, som stod med handlederna i kors framför sig, som om han varit van att ha dem bundna. Det var strax hög tid för Winston och flickan att skiljas. Men i sista ögonblicket, medan folkhopen ännu trängde dem intill varandra, trevade hennes hand efter hans och tryckte den hastigt.

Det kunde inte ha varat ens tio sekunder, och ändå föreföll det som en lång handtryckning. Han hann lära känna hennes hand i varje detalj. Han utforskade hennes långa fingrar, de välformade naglarna, den arbetssträva handflatan med raden av valkar, den lena huden på handledens undersida. Bara av vad han kände skulle han känt igen den om han fått se den. I detsamma kom han att tänka på att han inte visste vad flickan hade för färg på ögonen. Antagligen var de bruna, men mörka människor har blå ögon ibland. Att vända sig om och se på henne skulle ha varit en ofattbar dumhet. Med händerna hopknäppta, utom synhåll bland trängseln av kroppar, stod de och stirrade rätt framför sig, och i stället för flickans ögon var det den gamle krigsfången som sorgset såg på Winston ur tovor av hår.

2

Winston tog sig fram längs vägen mellan häckarna genom fläckar av sol och skugga, så att han steg in i pölar av guld överallt där grenverket glipade. Under träden till vänster var marken skir av blå klockhyacinter. Luften kändes som kyssar. Det var den andra maj. Någonstans länge inåt skogen hördes kuttret av ringduvor.

Han var lite tidig. Resan hade gått utan alla svårigheter, och flickan var så uppenbart erfaren att han var mindre orolig än han normalt skulle ha varit. Sannolikt kunde man lita på att hon visste om ett säkert ställe. I det stora hela kunde man inte tro sig vara så mycket tryggare på landet än i London. Det fanns inga teleskärmar där, förstås, men alltid faran av dolda mikrofoner som tillät någon att avlyssna och känna igen ens röst; förresten var det inte så lätt att fara någonstans på egen hand utan att det väckte uppmärksamhet. För sträckor under hundra kilometer behövde man ingen anteckning i passet, men ibland förekom det patruller på järnvägsstationerna som ville se partimedlemmars papper och ställde besvärliga frågor. Men han hade inte sett till någon patrull, och under promenaden från stationen hade han försiktigt sett sig om och försäkrat sig om att ingen följde efter honom. Tåget var fullt av proler i semesterstämning på grund av det sommarlika vädret. Träbänkarna i kupén där han satt var fyllda ända ut över kanterna av en enda väldig familj, allt från en tandlös mormorsmor till ett månadsgammalt spädbarn, som alla skulle ut och tillbringa en eftermiddag med svågersläkt på landet och, som de öppenhjärtigt förklarade för Winston, få tag på lite svartabörssmör.

Häckarna vek undan, och lite senare var han framme vid den gångstig hon hade talat om, inte mer än kostig som ledde rätt in i buskarna. Han hade ingen klocka, men den kunde omöjligt vara femton än. Det var så tätt med klockhyacinter på marken att man omöjligt kunde undvika att trampa på dem. Han hukade sig ner och började plocka några, dels för att fördriva tiden, men dels också av en dunkel föreställning om att han gärna ville ha en blombukett att ge flickan när de råkades. Han hade fått ihop ett stort knippe och andades in den svaga unkna doften när han stelnade till av ett ljud bakom sig, det omisskännliga knastret av steg på torra kvistar. Han fortsatte att plocka klockhyacinter. Det var det bästa han kunde ta sig till. Det kanske var flickan som kom, eller också var han skuggad i alla fall. Att se sig om var att uppträda skuldmedvetet. Han plockade en blomma till, och en till. En hand lades lätt på hans axel.

Han såg upp. Det var flickan. Hon skakade på huvudet, tydligen för att varna honom för att säga något, och så sköt hon ett par buskar åt ömse sidor och begav sig snabbt inåt skogen längs den smala stigen. Uppenbarligen hade hon gått den vägen förr, eftersom hon klev runt sumpiga ställen som av gammal vana. Winston följde efter med sin blombukett i handen. Hans första känsla var lättnad, men medan han såg den spänstiga slanka kroppen röra sig framför honom, med det röda skärpet som satt precis så stramt att hennes höftkurva trädde fram, tyngdes han ner av känslan av sin egen underlägsenhet. Också nu föreföll det helt sannolikt att när hon vände sig om och såg på honom skulle hon dra sig undan trots allt. Den milda luften och lövgrönskan skrämde honom. Redan på vägen från stationen hade majsolen kommit honom att känna sig smutsig och bleksiktig, en inomhusvarelse med Londons sotdamm i skinnet. Han kom att tänka på att hon ända hittills antagligen inte hade sett honom i fullt dagsljus och fria luften. De kom till det kullfallna trädet hon hade talat om. Flickan tog ett hopp över stammen och bände isär ett buskage som inte tycktes ha någon öppning. När Winston följde efter henne såg han att de befann sig i en naturlig glänta, en liten gräsbevuxen kulle omgiven av högt sly som skärmade av den på alla sidor. Flickan stannade och vände sig om.

”Nu är vi framme”, sade hon.

Han stod och såg på henne på flera stegs avstånd. Ännu vågade han inte gå närmare.

”Jag ville inte säja nånting ute vid vägen”, fortsatte hon, ”ifall det skulle finnas en mikrofon där. Jag tror inte det, men det kan hända. Det finns alltid en möjlighet att någon av dom svinen känner igen ens röst. Här går vi klara."

Han vågade fortfarande inte gå närmare henne. "Här går vi klara?" upprepade han enfaldigt.

"Ja. Se på träna." Det var unga askar, en skog av skott från forna stubbar, ingen tjockare än en handlov. "Det går inte att gömma en mikrofon här nånstans. Förresten har jag varit här förr."

Det var idel kallprat. Nu hade han lyckats flytta sig närmare henne. Hon stod framför honom mycket rak i ryggen, med ett leende som verkade lätt ironiskt, som om hon undrade varför han var så trög. Klockhyacinterna hade fallit i en hög på marken, liksom av sig själva. Han tog hennes hand.

"Kan du tro", sade han, "att ända tills nu har jag inte vetat vad du har för färg på ögonen?" De var bruna, såg han nu, en ganska ljus brun nyans, med mörka ögonfransar. "Nu när du har sett hur jag verkligen ser ut, tål du ännu se på mej?"

"Ja, gärna."

"Jag är trettinie år. Jag har en fru som jag inte kan bli av med. Jag har åderbråck. Jag har fem löständer."

"Det bryr jag mej inte om ett skvatt", sade flickan.

Nästa stund var hon i hans famn, och vem som åstadkom det var svårt att avgöra. Till en början var klentrogenhet det enda han över huvud taget kände. Den unga kroppen tryckte sig mot hans, det stora mörka håret mot hans ansikte, och ja! nu vände hon verkligen ansiktet uppåt och han kysste den stora röda munnen. Hon hade slagit armarna om hans hals, hon kallade honom älskling, gullevän, käraste min. Han hade dragit henne med sig ner på marken, hon spjärnade inte emot det minsta, han kunde få göra vad han ville med henne. Men sanningen var den att han inte erfor någon annan känsla i kroppen än blotta kontakten. I övrigt kände han bara klentrogen stolthet. Han var förtjust över att detta hände, men han kände ingen fysisk åtrå. Det kom för tidigt, han hade blivit skrämd av hur ung och nätt hon var, han var alltför van att leva utan kvinnor – nej, orsaken var han inte säker på. Flickan satte sig upp och plockade en klockhyacint ur håret. Hon lutade sig mot honom och lade ena armen om hans liv.

"Det ska du inte bry dej om, gulle. Vi har inte bråttom. Vi har hela eftermiddan på oss. Är det inte ett prima gömställe? Jag hittade det en gång när jag gick vilse på en gemenskapsutfärd. Om det kommer nån hit hörs det på hundra meters håll."

"Vad heter du?" frågade Winston.

"Julia. Jag vet vad du heter. Winston – Winston Smith."

"Hur har du fått reda på det?"

"Jag tror jag är bättre på att ta reda på saker än du är, gulle. Säj, vad trodde du jag var för en före den gången jag gav dej papperslappen?"

Han kände ingen frestelse att narras för henne. Det var rentav ett slags kärleksgåva att tala om det värsta strax i början.

"Jag nästan inte stod ut med att se dej", sade han. "Jag ville våldta dej och sedan mörda dej. För två veckor sen tänkte jag på allvar på att krossa skallen på dej med en gatsten. Om jag ska säja som det verkligen är, så trodde jag att du hade nånting med tankepolisen att skaffa."

Flickan skrattade förtjust och tog tydligen hans ord som ett gott betyg för hennes förklädnad.

"Inte tankepolisen väl! Trodde du faktiskt det?"

"Ja, kanske inte alldeles precis. Men av hur du ser ut – bara för att du är ung och fräsch och sund, förstår du – så tänkte jag att du troligen –"

"Du tänkte jag måste vara en bra partimedlen. Ren i ord och gärning. Flaggor, demonstrationståg, slagord, sport, gemenskapsutfärder – allt det där. Och du tänkte att fick jag minsta chans kunde jag ange dej för krimtänk och få dej avlivad?"

"Ja, nånting sånt. Det finns väldigt många såna unga flickor, vet du väl."

"Det beror på det här jävelskapet", sade hon och ryckte av sig Antisexförbundets röda skärp. Hon slängde upp det på en trädgren. Så letade hon i ena blåställsfickan, som om hon med ens kommit ihåg någonting då hon rörde vid sin midja, och fick fram en liten chokladkaka. Hon bröt den itu och gav ena hälften åt Winston. Redan innan han tog emot den förstod han av doften att det var en mycket ovanlig sorts choklad. Den var mörk och blank och inslagen i silverpapper. Normalchoklad var ett gråbrunt, smuligt ämne som smakade, i den mån det gick att beskriva, som rök från en avfallsbrasa. Men en eller annan gång i tiden hade han smakat choklad av den sort hon gav honom. Den första fläkten av dess doft hade väckt ett minne, som var oklart men starkt oroande.

”Var har du fått den ifrån?” frågade han.

”Svarta börsen”, sade hon likgiltigt. ”Och det är just den slags flicka jag är, till det yttre. Jag är bra på sport. Jag var patrulledare i Spionerna. Jag jobbar frivilligt tre kvällar i veckan för Ungdomens antisexförbund. Jag har sysslat i timtal varje vecka med att klistra upp deras jävla smörja överallt i London. I demonstrationerna är jag alltid med och bär banderoller. Jag ser alltid uppåt ut och jag maskar aldrig. Man ska tjuta med hopen, det är min åsikt. Det är enda sättet att gå säker.”

Den första biten choklad hade smält på Winstons tunga. Smaken var härlig. Men fortfarande rörde ett minne på sig i ytterkanten av hans medvetande, någonting han tydligt kände av men inte kunde få fason på, likt någonting man skymtar ur ögonvrån. Han sköt undan det, visste bara att det var minnet av någon handling som han gärna hade velat sona men inte kunde.

”Du är så ung”, sade han. ”Du är tio eller femton år yngre än jag. Vad kunde du se för tilldragande hos en karl som jag?”

”Det var nånting i ditt ansikte. Jag tänkte jag skulle pröva. Jag är bra på att få korn på folk som inte passar in. Medsamma jag såg dej visste jag att du var mot *dom*.”

Dom, framgick det, betydde partiet, och framför allt Inre partiet, som hon talade om med ett öppet, hånfullt hat som kom Winston att känna sig illa till mods, även om han insåg att de var säkra här om de över huvud taget kunde vara säkra någonstans. En sak som förvånade honom var att hon uttryckte sig så grovt. Partimedlemmar förutsattes inte svära, och själv svor Winston mycket sällan, åtminstone inte högt. Men

Julia tycktes inte kunna nämna partiet, och särskilt inte Inre partiet, utan att använda det slags ord som man såg kritade på väggarna i unkna bakgator. Han tyckte inte illa om det. Det var bara ett av symtomen på hennes uppror mot partiet och allt vad det stod för, och på något vis verkade det naturligt och sunt, som då en häst vädrar unket hö och frustar. De hade lämnat gläntan och vandrade igen i skuggan med solfläckarna, med armarna om varandras liv så snart de fick plats att gå i bredd. Han märkte att hennes midja kändes mycket mjukare nu då skärpet var borta. De talade endast viskande. Utanför gläntan, sade Julia, var det bäst att gå tyst. Snart var de framme vid brynet av den lilla skogsdungen. Hon hejdade honom.

”Gå inte dit ut. Det kan finnas nån som ser dej. Om vi håller oss bakom buskarna är det ingen fara.”

De stod i skuggan av hasselsnår. Solskenet som silade ner mellan otaliga löv hettade i deras ansikten. Winston tittade ut på ängen utanför och erfor en egendomlig, långsam chock då han kände igen det. En gammal kaningnagd betesmark med en stig slingrande tvärs över och här och där en mullvadshög. Bakom den ojämna häcken på andra sidan ängen gungade almarnas grenar helt sakta för vinden, inte mer än att löven rörde sig i täta flockar som kvinnohår. Någonstans i närheten, fast utom synhåll, måste det väl finnas en å med gröna höljor och mörtstim?

”Finns det inte en å här nånstans?” viskade han.

”Jovisst, det finns det. Den rinner bortom nästa äng faktiskt. Där finns det fisk, stora baddare. Det finns dammar under pilarna där man kan se dom ligga och vifta på stjärten.”

”Det är Gyllenlandet – nästan”, mumlade han.

”Gyllenlandet?”

”Nej, ingenting. Ett landskap som jag brukar se i drömmen ibland.”

”Titta!” viskade Julia.

En trast hade slagit ner på en kvist knappt fem meter ifrån dem, nästan i jämnhöjd med deras ansikten. Kanske hade den inte sett dem. Den satt i solen, de stod i skuggan. Den bredde ut vingarna, lade dem omsorgsfullt samman igen, sänkte huvudet ett ögonblick, som med ett slags bugning för solen, och så började den avge en ström av sång. I eftermiddagsstillheten hade ljudet en häpnadsväckande mäktighet. Winston och Julia tryckte sig fascinerade intill varandra. Musiken fortsatte, fortsatte, minut efter minut, med förvånande variation, utan en enda upprepning, nästan som om fågeln avsiktligt ville visa upp sin virtuositet. Ibland tystnade den för några sekunder, bredde ut och lade ihop vingarna, blåste upp sitt spräckliga bröst pånytt och brast ut i ny sång. Winston såg på den med ett slags obestämd vördnad. För vem och varför sjöng fågeln? Ingen partner, ingen rival såg på. Vad var det som kom den att sitta i ett ensamt skogsbryn och låta sin musik strömma ut i tomheten? Han undrade om det trots allt kunde finnas någon mikrofon gömd i närheten. Han och Julia hade bara viskat sakta, och den kunde inte fånga upp vad de hade sagt, men trasten skulle den avlyssna. Kanske satt det i mottagaränden just nu någon liten, insektslik man och lyssnade noga – lyssnade på *detta*. Men småningom tystade fågelsången alla hans funderingar. Den var som någonting flytande som rann över honom och blandades med solskenet som silade mellan löven. Han slutade tänka och bara kände. Flickans midja var mjuk och varm under hans arm. Han drog henne till sig så att de stod bröst mot bröst; hennes kropp liksom smälte in i hans. Var än hans händer rörde sig gav allting efter som vatten. Deras munnar ville inte släppa varandra; det var alldeles olikt de hårda kyssar de hade utväxlat tidigare. När de drog sina ansikten isär igen suckade de båda djupt. Trasten blev skrämd och flög vingsmattrande sin väg.

Winston satte läpparna intill hennes öra. *”Nu”*, viskade han.

”Inte här” viskade hon till svar. ”Kom tillbaka till gömman. Det är säkrast.”

Hastigt, över då och då knastrande kvistar, banade de sig väg tillbaka till gläntan. Väl innanför ringen av sly vände hon sig om mot honom. De flämtade båda, men hon hade fått leendet tillbaka vid munvinklarna. Hon stod ett ögonblick och såg på honom, så trevade hon efter blåställets blixtlås. Och, ja! det var nästan som i hans dröm. Nära nog lika snabbt som han hade föreställt sig det slet hon av sig kläderna, och när hon kastade undan dem var det med samma storslagna åtbörd som tycktes plåna ut en hel civilisation. Hennes kropp lyste vit i solen. Men för ett ögonblick såg han inte på hennes kropp; hans ögon var fängslade vid det fräkniga ansiktet med dess lätta, djärva leende. Han föll på knä framför henne och tog hennes händer i sina.

"Har du gjort det här förut?"

"Naturligtvis. Hundratals gånger – eller, tjogtals i alla fall."

"Med partimedlemmar."

"Ja, alltid med partimedlemmar."

"Med medlemmar av Inre partiet?"

"Inte med dom svinen inte. Fast det är många som skulle vilja om de fick minsta chans. Dom är inte så heliga som dom låtsas."

Hans hjärta tog ett skutt. Tjogtals gånger hade hon gjort det: han önskade att det hade varit hundratals – tusentals. Allt som tydde på förfall fyllde honom alltid med ett förtvivlat hopp. Vem visste, kanske var partiet ruttet under ytan, kanske var dess kult av strävsamhet och försakelse helt enkelt en mask som dolde orättfärdigheten. Om han kunde ha smittat ner dem alla med spetälska eller syfilis, hur gärna skulle han inte ha gjort det! Vad som helst som kunde ge dem röta, försvaga dem, underminera dem! Han drog henne ner så att de låg på knä ansikte mot ansikte.

"Hör på. Ju fler karlar du har haft, desto mera älskar jag dej. Fattar du det?"

"Ja, fullkomligt."

"Jag avskyr renhet, jag avskyr godhet! Jag vill inte att det ska finnas nån dygd nånstans. Jag vill att alla ska vara lastbara in i märgen."

"Ja, då passar väl jag dej, gulle. Jag är lastbar in i märgen."

"Gillar du det här? Jag menar inte bara mej: jag menar att göra sånt här?"

”Jag älskar det.”

Det var vad han över allt annat ville höra. Inte bara kärleken till någon person utan den djuriska instinkten, den enkla urskillningslösa åtrån: det var den makt som skulle slita partiet i trasor. Han tryckte henne ner i gräset, bland de fallna klockhyacinterna. Denna gång var det inga svårigheter. Snart återfick deras andhämtning sin normala hastighet, och de gled åtskils i ett slags angenäm maktlöshet. Solen tycktes värma mera. Båda var de sömniga. Han sträckte sig efter det bortslängda blåstället och täckte över henne med det så gott det gick. Nästan genast somnade de och sov omkring en halvtimme.

Winston vaknade först. Han satte sig upp och såg på det fräkniga ansiktet, fortfarande i fridfull sömn, vilande på hennes ena öppna hand. Så när som på munnen kunde hon inte kallas vacker. Hon hade en och annan rynka kring ögonen, om man såg närmare efter. Det korta mörka håret var osedvanligt tjockt och mjukt. Han märkte att han fortfarande inte visste hennes tillnamn eller var hon bodde.

Den unga starka kroppen, skyddslös i sömn, väckte en beskyddande medkänsla hos honom. Men den oreflekterade ömhet han hade känt under hasslarna, medan trasten sjöng, hade inte riktigt infunnit sig på nytt. Han drog blåstället åt sidan och tittade på hennes lena vita höft. Förr i världen, tänkte han, såg en man på en flickas kropp och fann den begärlig, och så var det med det. Men nuförtiden kunde man inte få ren kärlek eller ren åtrå. Det fanns ingen ren känsla, därför att allting var uppblandat med fruktan och hat. Deras omfamning hade varit en kamp, orgasmen en seger. Den var ett slag mot partiet. Den var en politisk handling.

3

”Vi kan komma hit engång till”, sade Julia. ”I allmänhet är det ingen risk att använda ett gömställe två gånger. Men inte på en månad eller två, förstås."

Så snart hon vaknade hade hon ändrat sätt. Hon blev påpasslig och strikt, tog på sig kläderna, knöt det röda skärpet om midjan och började ordna hemfärden i detalj. Det föreföll naturligt att överlåta detta åt henne. Hon besatt uppenbart en praktisk förslagenhet som Winston saknade, och hon tycktes också noga känna till landsbygden omkring London, kunskaper lagrade under otaliga gemenskapsutfärder. Den väg hon gav honom skilde sig helt och hållet från den han hade kommit och ledde till en annan järnvägsstation. "Ta aldrig samma väg hem som bort", sade hon, som om hon förkunnat en viktig allmängiltig regel. Nu skulle hon bryta upp först, och Winston skulle vänta en halvtimme innan han följde efter.

Hon hade angett en plats där de kunde mötas efter arbetstiden, fyra kvällar senare. Det var en gata i en av de fattigare stadsdelarna, där det fanns en öppen marknad med folkträngsel och larm. Hon skulle hålla till bland stånden och låtsas leta efter skosnören eller sytråd. Om hon bedömde att kusten var klar skulle hon snyta sig när han närmade sig: i annat fall skulle han gå förbi henne utan att ge sig tillkänna. Men med god tur skulle de kunna samtala en kvart i folkträngseln och stämma nytt möte.

"Och nu måste jag gå", sade hon så snart han hade lärt sig instruktionerna. "Jag ska vara tillbaka nittontretti. Jag har två timmars jobb för Ungdomens antisexförbund, dela ut broschyrer tror jag. Är inte det för jävligt? Borsta av mej är du snäll. Har jag nånting i håret? Säkert inte? Adjö då, min älskade, adjö!"

Hon kastade sig i hans famn, kysste honom nästan våldsamt, och ett ögonblick senare var hon på väg genom slyet och försvann i skogen tämligen ljudlöst. Inte ens än hade han fått reda på hennes tillnamn eller adress. Hur som helst, det gjorde ingen skillnad, för det var otänkbart att de någonsin skulle kunna råkas inomhus eller utväxla något skriftligt meddelande.

Det föll sig så att de aldrig kom tillbaka till gläntan i skogen. Under maj månad fick de bara ett enda ytterligare tillfälle att ligga med varandra. Det var i ett annat gömställe som Julia kände till, tornet till en kyrkruin i ett nästan obebott område utanför staden, där en atombomb hade fallit för trettio år sen. Det var ett bra gömställe när man väl var framme, men att ta sig dit var mycket farligt. I övrigt kunde de råkas bara någon kväll på gatorna, varje gång på olika ställen och aldrig för mer än en halv timme åt gången. På gatan gick det vanligen att samtala, på något sätt. Under det de släntrade längs de trängselfyllda trottoarerna, inte helt i bredd och utan att någonsin se på varandra, upprätthöll de en egendomlig, avbruten konversation som slogs på och av som klippen av en fyrbåk, med plötsliga tystnader på grund av någon partiuniform eller teleskärm i närheten, återknuten igen flera minuter senare mitt i en mening, sedan tvärt bruten då de skildes på ett förutbestämt ställe, så fortsatt nästan utan inledning nästa dag. Julia verkade helt van vid detta slags samtal, som hon kallade följetongprat. Hon var också överraskande skicklig i att tala utan att röra läpparna. En enda gång på närapå en månad av möten varje kväll lyckades de kyssas. De gick tysta på en sidogata (Julia talade aldrig annat än på huvudgator) då det kom ett öronbedövande brak, marken skakade och luften förmörkades, och Winston fann sig liggande på sidan, blåslagen och skrämd. En raketbomb måste ha fallit helt nära. Plötsligt blev han medveten om Julias ansikte några få centimeter från sitt eget, likblekt, vitt som krita. Till och med läpparna var vita. Hon var död! Han tryckte henne intill sig och märkte att det var ett levande, varmt ansikte han kysste. Men det var något vitt pulver i vägen för hans läppar. De hade tjockt med murbruksdamm i ansiktet båda två.

Det fanns kvällar då de kom till sin mötesplats och måste gå förbi varandra utan något tecken, för att en patrull just hade vikit om hörnet eller en helikopter svävade ovanför. Också med mindre risker skulle de ändå ha fått det svårt att hinna träffas. Winstons arbetsvecka var sextio timmar, Julias var ännu längre, och deras lediga dagar varierade i enlighet med arbetets krav och sammanföll inte ofta. Julia hade i varje fall sällan någon kväll helt ledig. Hon tillbringade förvånansvärt mycket tid med att gå på föredrag och demonstrationer, distribuera skrifter för Ungdomens antisexförbund, tillverka plakat för Hatveckan, samla in pengar under sparkampanjen och liknande aktiviteter. Det lönade sig, sade hon, det var kamouflage. Om man följde de små reglerna kunde man bryta mot de stora. Hon till och med fick Winston att låsa ännu en av sina kvällar genom att anmäla sig till ammunitionstillverkning på deltid, en frivillig verksamhet för nitiska partimedlemmar. En kväll i veckan tillbringade Winston sålunda i förlamande tråkighet med att skruva ihop små metallbitar, som antagligen var delar av tändmekanismer i bomber, i en dragig, illa upplyst fabrik där dunket av hammare dystert blandades med teleskärmsmusiken.

Då de möttes i kyrktornet kunde de fylla i luckorna i sina fragmentariska samtal. Det var en solhet eftermiddag. Luften i den lilla kubiska kammaren ovanför klockorna var het och stillastående och luktade bedövande av duvlort. De satt i timmar på det dammiga, skräpiga golvet och pratade, allt medan någondera då och då steg upp för att titta ut genom gluggspringorna och se till att ingen kom.

Julia var tjugosex år. Hon bodde på ett härbärge med trettio andra flickor (”Jämt i kvinnostank! Vad jag avskyr kvinnor!” sade hon i förbigående), och hon arbetade, som han hade gissat, med författarmaskinerna på romanavdelningen. Hon tyckte om sitt arbete, som främst bestod i att sköta och underhålla en stark men nyckfull elektromotor. Hon var ”inte så duktig”, men tyckte om att arbeta med händerna och var hemmastadd med maskiner. Hon kunde beskriva hela romantillverkningsprocessen, från planeringskommitténs allmänna direktiv till den sista finputsningen av skrivlaget. Men den färdiga produkten intresserade henne inte. Hon ”var inte mycket för att läsa”, sade hon. Böcker var bara en vara som måste produceras, som marmelad eller skosnören.

Hon hade inga minnen av någonting före början av sextiotalet, och den enda människa hon någonsin hade känt som brukade tala om tiderna före Revolutionen var hennes farfar som försvann då hon var åtta år. I skolan hade hon varit kapten för hockeylaget och vunnit vandringspriset i gymnastik två år i rad. Hon hade varit patrulledare i Spionerna och avdelningssekreterare i Ungdomsförbundet innan hon gick med i Ungdomens antisexförbund. Hon hade alltid haft utomordenligt gott rykte. Hon hade till och med (ett osvikligt tecken på anseende) blivit uttagen till Pornosek, den sektion av romanavdelningen som tillverkade enkel pornografi för distribution bland prolerna. Den öknämndes Skithuset av dem som jobbade där, sade hon. Där hade hon suttit ett år och hjälpt till med småskrifter i förseglade paket som hette "Smisk på stjärten" eller "En natt i flickskolan" och liknande, vilka köptes i smyg av prolynglingar som hade för sig att de gjorde någonting olagligt.

"Vad står det i såna böcker?" frågade Winston nyfiket.

"Asch, en hemsk smörja. Dom är faktiskt urtråkiga. Det finns bara sex olika intriger, men dom kan kombineras lite. Jag var förstås bara kalejdoskopare. Jag var aldrig ens med i skrivlaget. Jag har inga skrivtalanger, gulle – inte ens så mycket."

Han erfor med förvåning att alla som arbetade på Pornosek, utom cheferna, var flickor. Teorin var den, att män, vilkas sexinstinkter var mera svårbemästrade än kvinnornas, löpte större fara att fördärvas av den smuts de handskades med.

"Dom ville inte ens gärna ha gifta kvinnor där", tillade hon. "Flickor är alltid så rena antas det. Här har du en som är annorlunda i alla fall."

Sin första kärlekshistoria hade hon haft vid sexton år, med en sextioåring i partiet som senare begick självmord för att undgå arrestering. "Och det gjorde han rätt i", sade Julia, "för annars hade dom fått ur honom mitt namn när han bekände." Efter det hade det varit diverse andra. Livet var enkelt som hon såg saken. Man ville ha trevligt; "dom", det vill säga partiet, ville hindra en, så man bröt mot reglerna så gott det gick. Hon tycktes anse det precis lika naturligt att "dom" ville ta ens nöjen ifrån en som att man ville undvika att råka fast. Hon avskydde partiet och sade det på grövsta vis, men hon riktade ingen allmän kritik mot det. Förutom där partidoktrinen tangerade hennes eget liv intresserade den henne inte. Han märkte att hon aldrig använde nyspråksord, utom sådana som hade blivit allmängods. Hon hade aldrig hört talas om Broderskapet och vägrade tro att det fanns något sådant. Varje slag av organiserat uppror mot partiet, något som nödtvunget måste misslyckas, menade hon var enfaldigt. Det fiffiga var att bryta mot reglerna och klara livhanken ändå. Han undrade obestämt hur många andra som hon det kunde finnas bland de unga – folk som var uppvuxna i Revolutionens värld, som inte kände till annat, som accepterade partiet som någonting oföränderligt, liksom himlen, och inte gjorde uppror mot dess myndighet utan helt enkelt undvek den, som en kanin håller sig undan för en hund.

De diskuterade inte möjligheten att gifta sig. Den var alltför avlägsen för att vara värd att tänka på. Det fanns ingen tänkbar kommitté som någonsin skulle ge tillstånd till ett sådan äktenskap, ens om Katharine, Winstons hustru, på något sätt gick att bli av med. Det var hopplöst till och med som dagdröm.

”Hurdan var hon, din fru?” frågade Julia.

”Hon var – känner du till nyspråksordet *bratänkig*? Som betyder rättrogen av naturen, oförmögen att tänka en dålig tanke?”

”Nej, jag har inte hört det ordet, men den sortens personer känner jag nog till.”

Han började berätta historien om sitt äktenskap för henne, men egendomligt nog tycktes hon redan känna till de väsentliga dragen i den. Hon beskrev för honom, nästan som om hon själv hade sett eller känt det, hur Katharine stelnade till i kroppen så snart han rörde vid henne, hur hon föreföll att skjuta honom ifrån sig av alla krafter också när hon höll armarna tätt omkring honom. Med Julia fann han inga svårigheter i att tala om sådant: Katharine hade i varje fall för länge sen upphört att vara ett smärtsamt minne och blivit endast ett obehagligt.

”Det kunde jag ha stått ut med om det inte var för en sak”, sade han. Han berättade om den kyliga lilla ceremoni som

Katharine hade tvingat honom att gå igenom en bestämd kväll varje vecka. ”Hon avskydde det, men ingenting kunde få henne att låta bli. Hon brukade kalla det – men det kan du aldrig gissa.”

”Vår plikt mot partiet”, sade Julia genast.

”Hur visste du det?”

”Jag har också gått i skola, gulle. Sexföredrag en gång i månaden för alla sextonåringar. Och i ungdomsrörelsen. Dom idisslar det i åratal. Och det gör nog verkan i bra många fall. Men det vet man ju aldrig säkert, folk är såna hycklare.”

Hon gav sig närmare in på ämnet. Julia satte allting i relation till sin egen sexulitet. Så snart den berördes på något vis var hon förmögen till stort skarpsinne. Till skillnad från Winston hade hon fattat den innersta betydelsen av partiets sexualpuritanism. Det var inte bara det att könsdriften skapade en privatvärld som stod utanför partiets kontroll och som därför måste förintas om möjligt. Viktigare var att sexuell försakelse var en grogrund för hysteri, vilket var önskvärt därför att den kunde omformas till krigsfeber och ledardyrkan. Hon uttryckte det på följande vis:

”När man älskar förbrukar man energi, och efteråt är man glad och nöjd och ger fan i allting annat. Dom kan inte tåla att man känner sej sån. Dom vill att man ska vara sprickfärdig av energi hela tiden. Allt det här marscherandet och tågandet och flaggviftandet är bara härsknat sex. Om man känner sej lycklig invärtes, så varför skulle man då bli så till sej över Storebror och treårsplanerna och tvåminutershatet och all den andra jävla skiten?”

Det var mycket sant, tänkte han. Det fanns ett direkt intimt samband mellan avhållsamhet och politisk renlärighet. För hur kunde den skräck, det hat och den vanvettiga lättrogenhet som partiet behövde hos sina medlemmar upprätthållas på rätt nivå, om man inte kunde konservera någon mäktig drift och begagna den som drivkraft? Seximpulsen var farlig för partiet, och partiet hade vänt den till nytta för sig. De hade gjort ett liknande knep med föräldrainstinkten. Familjen kunde inte avskaffas i egentlig mening, och folk uppmuntrades faktiskt att tycka om sina barn, nästan på det gammaldags viset. Barnen vändes däremot systematiskt mot sina föräldrar och lärdes att spionera på dem och rapportera deras avvikelser. Familjen blev i praktiken en förlängning av tankepolisen. Den var en metod att omge envar dygnet runt med angivare som kände honom nära.

Han tänkte plötsligt på Katharine igen. Katharine skulle utan minsta tvivel ha angett honom för tankepolisen om hon inte hade råkat vara alltför dum för att upptäcka irrläriheten i hans åsikter. Men det som egentligen kom honom att tänka på henne just då var den kvava eftermiddagshettan som fick honom att svettas om pannan. Han började berätta för Julia om en sak som hade hänt, eller snarare inte hänt, en annan kvav sommareftermiddag för elva år sen.

Det var tre eller fyra månader sedan de gift sig. De hade tappat bort sig någonstans i Kent under en gemenskapsutfärd. De hade sackat bara ett par minuter efter de övriga, men slagit in på fel väg och ganska snart funnit sig hejdade vid kanten av ett gammalt kritbrott. Det var ett bråddjup om tio tjugo meter, med stenblock nere på bottnen. Det fanns ingen de kunde fråga om vägen. Så snart Katharine insåg att de hade gått vilse blev hon mycket orolig. Att vara skild från det larmande utfärdsgänget för bara ett ögonblick ingav henne en känsla av att handla orätt. Hon ville skynda tillbaka samma väg de hade kommit och börja leta efter en väg åt andra hållet. Men just då lade Winston märke till några stånd av fackelblomster som växte i klippskrevorna nedanför dem. Ett stånd var tvåfärgat, i anilinrött och tegelrött, uppenbarligen från samma rot. Han hade aldrig sett någonting liknande och ropade på Katharine att komma och titta.

”Titta, Katharine! Ser du de där blommorna. Tuvan därnere vid bottnen. Ser du att den har två olika färger?”

Hon hade redan börjat ge sig av tillbaka men vände tämligen irriterat om för ett ögonblick. Hon till och med böjde sig ut över klippkanten för att titta dit han pekade. Han stod lite bakom henne och lade ena handen på hennes midja för att stödja henne. I det ögonblicket märkte han med ens hur totalt ensamma de var. Ingenstans syntes en människa till, inte ett löv rördes, inte ens någon fågel hördes av. På ett ställe som detta var faran av en dold mikrofon ytterst liten, och också om det fanns en så tog den bara upp ljud. Det var den hetaste, sömnigaste tiden på eftermiddagen. Solen gassade på dem, svetten kittlade honom i ansiktet. Och han slogs av tanken att ...

”Varför gav du henne inte en rejäl knuff?” sade Julia. ”Det skulle jag.”

”Ja, käraste, det skulle du. Det skulle jag själv om jag hade varit samma människa då som jag är nu. Eller kanske inte – jag vet inte säkert.”

”Tycker du det var synd att du inte gjorde det?”

”Ja. På det hela taget tycker jag det.”

De satt bredvid varandra på det dammiga golvet. Han drog henne närmare intill sig. Hennes huvud vilade mot hans axel, och den behagliga doften av hennes hår övervann duvlorten. Hon var mycket ung, tänkte han, hon väntade sig fortfarande någonting av livet, hon fattade inte att det inte löser några problem om man knuffar en obekväm person i en avgrund.

”Det skulle faktiskt inte ha gjort någon skillnad”, sade han.

”Varför tycker du då att det var synd att du inte gjorde det?”

”Bara för att jag föredrar positivt framför negativt. I det här spelet vi spelar kan vi inte vinna. En del sorts förluster är bättre än andra, det är bara det.”

Han kände att hennes axlar ruskade på sig i protest. Hon brukade alltid säga emot honom i sådana saker. Hon ville inte erkänna det som en naturlag att individen alltid förlorade. På ett sätt insåg hon att hon själv var dömd, att tankepolisen förr eller senare skulle fånga in henne och döda henne, men med en annan del av sin hjärna trodde hon att det på något vis kunde vara möjligt att bygga upp en hemlig värld där man kunde leva som man ville. Allt man behövde var tur och list och djärvhet. Hon fattade inte att det inte fanns någonting sådant som lycka, att den enda segern låg någonstans i en avlägsen framtid, långt efter det man själv var död, att från det ögonblick man förklarade partiet krig var det bäst att betrakta sig själv som ett lik.

”Vi är de döda”, sade han.

”Vi är inte döda än”, sade Julia prosaiskt.

”Inte kroppsligen. Sex månader, ett år – till och med fem år är tänkbart. Jag är inte rädd för döden. Du är så ung, så antagligen är du mera rädd än jag för den. Det är klart att vi ska uppskjuta den så länge det går. Men det gör väldigt liten skillnad. Så länge människor fortsätter att vara människor är döden och livet samma sak.”

”Äh, prat! Vilket ligger du hellre med, mej eller ett skelett? Tycker du inte om att vara vid liv? Tycker du inte om att känna: det här är jag, det här är min hand, det här är mitt ben, jag är verklig, jag är till, jag lever! Tycker du inte om *det här*?”

Hon vred sig runt och tryckte barmen mot honom. Han kunde känna hennes bröst, mogna och fasta, tvärs genom blåstället. Hennes kropp tycktes gjuta in någonting av sin ungdom och styrka i hans.

”Jo, det tycker jag om”, sade han.

”Låt bli då och prata om döden. Och hör på nu, gulle, vi måste ordna med nästa träff. Vi kan lika så gärna gå till stället i skogen en gång till. Det har fått vila ordentligt. Men du måste fara dit en annan väg den här gången. Jag har räknat ut det. Du tar tåget – vänta, jag ska rita det åt dej.”

Och på sitt praktiska vis skrapade hon ihop en liten fyrkant av damm, och med en kvist från ett duvrede började hon rita en karta på govet.

4

Winston såg sig omkring i det sjaskiga lilla rummet ovanför herr Charringtons butik. Invid fönstret stod den enorma sängen bäddad med trasiga filtar och en långkudde utan var. Den gammalmodiga klockan med sin tolvtimmarsurtavla stod och tickade på kaminfrisen. På slagbordet i vrån låg glasbrevpressen som han hade köpt vid sitt förra besök och glänste milt.

I eldstaden stod en bucklig fotogenkamin av plåt, en kastrull och två koppar, tillhandahållna av herr Charrington. Winston tände veken och satte på en kastrull med vatten. Han hade med sig ett kuvert med segerkaffe och några sackarintabletter. Klockan visade sjutjugo: egentligen var det nittontjugo. Hon skulle komma nittontrettio.

Vanvett, vanvett, envisades hans hjärta: medvetet, opåkallat självmordsvanvett. Av alla brott en partimedlem kunde begå var detta det omöjligaste att dölja. Själva tanken hade allra först fallit honom in i form av en vision, synen av glasbrevpressen som speglade sig i slagbordets blanka skiva. Precis som han tänkt sig hade herr Charrington inte haft någonting emot att hyra ut rummet. Han var uppenbart nöjd över de få dollar det inbringade honom. Inte heller verkade han chockerad eller blev han påträngande förståelsefull när det stod klart att Winston ville ha rummet för en kärleksförbindelse. Istället tittade han ut i rymden och yttrade sig i allmänna ordalag, med en så finkänslig uppsyn att han föreföll halvt osynlig. Avskildhet, sade han, var någonting mycket värdefullt. Alla behövde något ställe där de kunde vara ensamma ibland. Och när de hade ett sådant var det inte mer än vanlig hövlighet att någon annan som visste om det höll saken för sig själv. Han tillade till och med, och tycktes nära nog försvinna ur sinnevärlden när han sade det, att huset faktiskt hade två ingångar, den ena av dem från bakgården och en gränd.

Nedanför fönstret var det någon som sjöng. Winston kikade ut, trygg bakom tyllgardinen. Junisolen stod fortfarande högt på himlen, och på den soliga gården nedanför såg han en kolossal kvinna, solid som en normandisk pelare, med köttiga röda armar och ett säckvävsförkläde knutet om midjan, som stultade av och an mellan en bykbalja och ett klädstreck, där hon nöp fast en rad fyrkantiga vita lappar som Winston igenkände som blöjor. Så snart hon inte hade munnen täppt av klädnypor sjöng hon med mäktig kontraalt:

De var allri nånting å hoppas på,
de försvann som en da i aprill,
för vi va inte två som drömde de så!
Men mitt hjätta minns va de vill!

Melodin hade hemsökt London i veckor. Det var en av otaliga liknande visor som musikavdelningen gav ut för prolernas räkning. Orden till dem sattes ihop utan mänsklig inblandning, av en apparat som kallades versifikator. Men kvinnan sjöng så melodiskt att den förfärliga smörjan lät nästan angenäm. Han kunde höra henne sjunga, och hennes steg på stenläggningen, och ropen från barn på gatan, och någonstans långt borta bullret av trafik, men ändå föreföll rummet egendomligt tyst, tack vare frånvaron av teleskärm.

Vanvett, vanvett, vanvett! tänkte han om igen. Det var otänkbart att de skulle kunna besöka det här stället i mer än några veckor utan att råka fast. Men frestelsen att ha ett gömställe som var helt deras eget, inomhus och närbeläget, hade varit för stark för dem båda. Under någon tid efter deras besök i kyrktornet hade det varit omöjligt att ordna några träffar. Arbetstiden hade förlängts kännbart inför Hatveckan. Det var ännu över en månad dit, men de enorma, invecklade förberedelserna som hörde till gav alla extraarbete. Äntligen lyckades de skaffa sig en ledig eftermiddag på samma gång. De hade kommit överens om att fara tillbaka till skogsgläntan. Kvällen före möttes de som hastigast på gatan. Som vanligt tittade Winston knappt på Julia när de drev närmare varandra i folkträngseln, men en hastig blick visade honom att hon verkade blekare än vanligt.

”Det blir ingenting av”, mumlade hon så snart hon bedömde det som säkert att säga något. ”I morron, menar jag.”

”Vadå?”

”I morron eftermiddag. Jag kan inte komma.”

”Varför inte?”

”Ja, det vanliga. Det kom tidigt.”

Ett ögonblick var han rasande. Under den månad han hade känt henne hade arten av hans begär förändrat sig. I början hade där funnits ganska lite av äkta sensualitet. Den första gången de älskade var det rena viljehandlingen. Men efter andra gången var det annorlunda. Doften av hennes hår, smaken av hennes mun, lenheten hos hennes hud hade liksom flyttat sig in i honom själv, eller i luften som omgav honom. Hon hade blivit ett fysiskt behov, någonting som han inte bara ville ha utan tyckte sig ha rätt till. När hon sade att hon inte kunde komma kändes det som om hon lurade honom på något. Men just då föstes de ihop av trängseln och deras händer råkade mötas. Hon gav hans fingertoppar en hastig tryckning som föreföll att vädja till hans tillgivenhet mer än till hans begär. Det slog honom att om man bodde tillsammans med en kvinna måste denna speciella besvikelse vara någonting normalt och återkommande; och plötsligt greps han av en djup ömhet, någonting som han dittills inte hade känt för henne. Han önskade sig att de hade varit gifta sedan tio år. Han önskade sig att få gå med henne på gatorna som just nu, men öppet och utan rädsla, allt medan de pratade om vardagligheter och köpte ett eller annat till hushållet. Han önskade sig framför allting annat att de hade något ställe där de kunde vara tillsammans för sig själva utan att känna sig nödda att älska varje gång de råkades. Det var inte just då, utan någon gång dagen därpå, som han hade kommit på idén att hyra rummet av herr Charrington. När han föreslog det för Julia var hon oväntat gärna med om det. De visste båda att det var galenskap. Det var som att avsiktligt ta ett steg mot graven. Där han satt på sängkanten och väntade tänkte han än en gång på kärleksministeriets källare. Det var egendomligt hur denna förutbestämda fasa hemsökte ens tankar och försvann igen. Där fanns den, fastlagd någonstans i framtiden, ett förstadium till döden lika säkert som 99 kom före 100. Det gick inte att undvika, men kanske kunde man skjuta på det: och ändå valde man istället då och då, medvetet och avsiktligt, att förkorta tiden till dess.

Just då hördes hastiga steg i trappan. Julia rusade in. Hon bar på en verktygsväska av grov brun smärting, något som han ibland hade sett henne ha med sig på ministeriet. Han tog ett steg framåt för att ta henne i famn, men hon gjorde sig lös med en viss brådska, delvis för att hon fortfarande höll i verktygsväskan.

”Vänta ett litet tag”, sade hon. ”Så får jag visa dej vad jag har här. Tog du med dej det där gräsliga segerkaffet? Jag tänkte väl det. Det kan du slänga, för det kommer vi inte att behöva. Titta här.”

Hon lade sig på knä, slet upp väskan och hällde ut några skruvnycklar och en skruvmejsel som låg överst. Under dem fanns några prydliga papperspaket. Det första av dem som hon räckte Winston kändes egendomligt och ändå underligt bekant. Det var fyllt av någonting tungt och sandliknande som gav efter när man tryckte på det.

”Det är väl inte socker?” sade han.

”Äkta socker. Inte sackarin, socker. Och här är ett bröd – riktigt vitt bröd, inte vår jävla sort – och en liten burk marmelad. Och så en burk mjölk – men titta här! Det här är jag verkligen stolt över. Jag måste linda en bit säckväv omkring det, för – ”

Men hon behövde inte tala om varför hon hade lindat in det. Doften fyllde redan rummet, en fyllig varm doft som tycktes strömma ut från hans tidiga barndom, men som man någon gång kunde träffa på också nu, i ett drag genom en korridor innan en dörr smällde igen, eller hemlighetsfullt spridd i gatutrafiken, i en hastig fläkt som försvann igen.

”Det är kaffe”, mumlade han, ”äkta kaffe.”

”Det är Inre partikaffe. Jag har ett helt kilo här”, sade hon.

”Hur har du fått tag på allt det här?”

”Alltsammans är Inre partivaror. Det finns ingenting som inte dom svinen har, ingenting. Men kypare och tjänstefolk och andra knycker en del förstås, och – titta, jag har ett litet paket te också.”

Winston hade hukat sig ner bredvid henne. Han rev upp ett hörn av paketet.

”Det är riktigt te. Inte björnbärsblad.”

”Det har förekommit en hel del te på sista tiden. Dom har erövrat Indien, eller vad det är”, sade hon obestämt. ”Men du, gulle. Nu vill jag att du vänder ryggen åt mej i tre minuter. Gå och sätt dej på andra sängkanten. Gå inte för nära fönstret. Och vänd dej inte om förrän jag säjer till."

Winston tittade tankspritt ut genom tyllgardinen. Nere på gården vandrade kvinnan med de röda armarna fortfarande av och an mellan tvättbaljan och klädstrecket. Hon tog två nypor till ur munnen och sjöng med djup känsla:

> De heter att allting går över,
> å att allting kan glömmas igen;
> men årena går å ja har samma sår
> som blöder i hjättat än!

Hon tycktes kunna hela den gråtmilda visan. Rösten svävade uppåt i den sköna sommarluften, mycket melodisk, laddad med ett slags lycklig melankoli. Man hade känslan av att hon skulle ha varit fullkomligt belåten, om junikvällen hade varat oändligt och förrådet av klädnypor varit outtömligt, med att stanna där i tusen år och hänga upp blöjor och sjunga smörja. Det slog honom som ett egendomligt faktum att han aldrig hade hört någon partimedlem sjunga för sig själv och spontant. Det skulle rentav ha tett sig en aning olämpligt, som en farlig avvikelse, som att tala för sig själv. Kanske var det bara när folk befann sig någonstans nära svältgränsen som de hade någonting att sjunga om.

"Nu får du vända dej om", sade Julia.

Han gjorde det, och ett ögonblick kände han nästan inte igen henne. Det han faktiskt hade väntat sig var att få se henne naken. Men hon var inte naken. Det var en mycket mer överraskande förvandling. Hon hade sminkat ansiktet.

Hon måste ha slunkit in i någon butik i prolstadsdelarna och köpt sig en fullständig omgång makeuptillbehör. Hennes läppar var djupröda, kinderna rougade, näsan pudrad; hon hade till och med strukit någonting kring ögonen för att göra dem klarare. Det var inte särskilt skickligt gjort, men Winstons standard var inte hög i dessa ting. Han hade aldrig förr sett eller föreställt sig en kvinna av partiet med kosmetika i ansiktet. Hon såg häpnadsväckande mycket bättre ut. Bara några få färgklickar på rätta ställen gjorde henne inte endast mycket sötare utan framför allt långt mera kvinnlig. Hennes korta hår och pojkoverall endast förhöjde effekten. När han tog henne i famn fylldes hans näsborrar av syntetisk violdoft. Han mindes halvmörkret i källarköket och en kvinnas gapande mun. Det var precis samma parfym som hon hade haft; men just nu tycktes det inte spela någon roll.

”Och parfym!” sade han.

”Ja, gulle, och parfym. Och vet du vad jag tänker göra härnäst? Jag tänker få tag på en riktig klänning nånstans och ha den på istället för dom här jävla byxorna. Jag tänker ha silkesstrumpor och höga klackar! I det här rummet tänker jag vara en kvinna och inte en partikamrat.”

De kastade av sig kläderna och klev upp i den väldiga mahognysängen. Det var första gången han hade klätt av sig i hennes närvaro. Ända hittills hade han skämts för sin bleka och klena kropp, vadorna med åderbråcken och den missfärgade fläcken ovanför vristen. Sängen hade inga lakan, men filten som de låg på var sliten och slät, och de häpnade över sängens format och spänst. ”Den är säkert full med vägglöss, men än sen?” sade Julia. Man såg aldrig någon dubbelsäng numera, utom hos prolerna. Winston hade sovit i en ibland i barndomen: Julia hade aldrig legat i någon såvitt hon mindes.

Snart somnade de för en kort stund. När Winston vaknade gick klockans visare långa vägar på nio. Han rörde sig inte, för Julia sov med huvudet i hans armveck. Det mesta av hennes makeup hade förflyttats till hans eget ansikte eller till kudden, men en lätt rougerodnad tog fortfarande fram en vacker linje på hennes kind. Ett gult sken från den dalande solen föll över sängens fotände och lyste också på eldstaden, där vattnet i kastrullen stormkokade. Nere på gården hade kvinnan slutat sjunga, men svaga barnrop hördes från gatan. Han undrade obestämt om det i det avskaffade förflutna hade varit en normal upplevelse att ligga i en säng på detta vis, en sval sommarkväll, en man och en kvinna utan kläder, som älskade när de ville, talade om vad de ville, inte kände något tvång att stiga upp, bara låg där och lyssnade till fridfulla ljud utifrån. Det kunde väl aldrig någonsin ha funnits en tid när sådant föreföll vanligt? Julia vaknade, gnuggade sig i ögonen och reste sig på armbågen för att titta på fotogenkaminen.

"Hälften av vattnet har kokat bort", sade hon. "Jag stiger strax upp och lagar lite kaffe. Vi har en timme på oss. Vilken tid stänger dom av ljuset i ditt hus?"

"Tjugotretretti."

"På härbärget är det tjugotre. Men man måste vara inne tidigare, för – Hej! Iväg med dej ditt kräk!"

Hon vred sig plötsligt runt i sängen, grep en sko på golvet och slängde den i en vrå med en pojkaktig knyck på handloven, alldeles som då han sett henne slänga en ordbok på Goldstein under tvåminutershatet.

"Vad var det?" frågade han förvånat.

"En råtta. Jag såg honom sticka fram sin fula nos vid golvpanelen. Där finns ett hål. Skrämde honom gjorde jag åtminstone."

"Råttor!" mumlade Winston. "Härinne!"

"Dom finns överallt", sade Julia likgiltigt här hon lade sig tillrätta igen. "Vi har dom till och med i köket på härbärget. Somliga delar av London vimlar av dem. Vet du att dom anfaller småbarn? Jo, det är sant. Det finns gator här där inga kvinnor vågar lämna en unge ensam i två minuter. Det är dom stora tjocka bruna som gör det. Och det jävliga är att dom odjuren alltid brukar –"

"Låt bli!" sade Winston och blundade hårt.

"Älskade! Du blev alldeles blek. Vad är det? Mår du illa av dom?"

"Av alla fasor som finns i världen – en råtta!"

Hon tryckte sig intill honom och lindade armar och ben om honom som för att lugna honom med sin kroppsvärme. Han slog inte genast upp ögonen igen. Under flera sekunder erfor han känslan av att befinna sig pånytt inne i en mardröm som då och då hade återkommit under hans liv. Den var alltid någorlunda likadan. Han stod framför en vägg av mörker, och på dess andra sida fanns någonting outhärdligt, någonting som var alltför fasansfullt för att kunna mötas. Hans innersta känsla i drömmen var alltid en upplevelse av självbedrägeri, för i själva verket visste han vad som fanns bakom mörkerväggen. Om han hade ansträngt sig till döds, som med att slita ut ett stycke av sin egen hjärna, skulle han till och med ha kunnat släpa fram det i dagsljus. Han vaknade alltid utan att ha kommit underfund med vad det var för något: men på något vis hängde det ihop med vad Julia nyss hade sagt då han avbröt henne.

”Förlåt”, sade han, ”det var ingenting. Det är bara det att jag inte kan med råttor.”

”Var inte orolig, gulle, vi ska inte få in dom odjuren hit. Jag ska stoppa till hålet med lite säckväv innan vi går. Och nästa gång tar jag med mej lite cement och täpper till det ordentligt.”

Han hade redan nästan glömt den svarta sekunden av panik. Han kände sig en smula skamsen och satte sig upp mot sänggaveln. Julia klev ur sängen, satte på sig blåstället och lagade kaffet. Doften som steg upp ur kastrullen var så stark och upphetsande att de stängde fönstret för att ingen därute skulle märka den och bli nyfiken. Ännu bättre än kaffesmaken var den lenhet som sockret gav, någonting som Winston nästan hade glömt efter många år av sackarin. Med ena handen i fickan och en bit bröd med marmelad i den andra strövade Julia omkring i rummet, tittade likgiltigt på bokskåpet, påpekade bästa sättet att laga slagbordet, dunsade ner i den slitna länstolen för att känna efter om den var bekväm, och beskådade den absurda tolvtimmarsklockan med roat överseende. Hon tog brevpressen med till sängen för att se på den i bättre belysning. Han tog den ur hennes hand, fascinerad som alltid av glasets mjuka, regnvattenliknande skimmer.

”Vad tror du det är för nånting?” frågade Julia.

”Jag tror inte det är nånting alls – jag menar jag tror inte den har haft någon användning. Det är därför jag tycker om den. Den är en liten klump historia som de har glömt att ändra. Den är ett budskap från hundra år tillbaka, om man bara visste hur det ska tolkas.”

”Och bilden där” – hon nickade mot sticket på väggen mittemot – ”är den också hundra år gammal?”

”Äldre. Snarare tvåhundra. Svårt att veta. Det är omöjligt att komma underfund med sakers ålder nuförtiden.”

Hon gick bort och såg närmare på det. ”Här var det som odjuret stack fram nosen”, sade hon och gav panelen en spark rakt nedanför sticket. ”Vad är det för ett ställe? Jag har sett det förut nånstans.”

”Det är en kyrka, eller var det åtminstone förr. Den hette St Clement Danes.” Rimmet som herr Charrington hade lärt honom kom för honom igen, och han tillade halvnostalgiskt: *Oranges and lemons, say the bells of St Clement's!*”

Till hans överraskning fortsatte hon:

”You owe me three farthings, say the bells of St Martin's,
When will you pay me? say the the bells of Old Bailey –

Jag minns inte hur fortsättningen är. Men slutet kommer jag ihåg: 'Här har du ett ljus till att lysa dej väg, här har du en yxa att nacka dej med!' ”

Det var som de två satserna i en lösen. Men det måste komma en rad till efter *the bells of Old Bailey*. Kanske gick den att rota fram ur herr Charringtons minne, om han fick lämplig sufflering.

”Vem har lärt dej det där?” frågade han.

”Farfar. Han brukade läsa det för mej när jag var liten. Han blev vaporiserad när jag var åtta år – eller han försvann i varje fall. Jag undrar vad en citron var för nånting”, tillade hon oförmedlat. ”Apelsiner har jag sett. Dom är en sorts runda gula frukter med tjockt skal.”

”Jag kommer ihåg citroner”, sade Winston. ”Det fanns såna på femtitalet. De var så sura att man drog ner mungiporna av blotta lukten.”

”Jag slår vad om att det finns vägglöss bakom tavlan”, sade Julia. ”Den ska jag ta ner och ge en uppsnyggning någon dag. Nu tror jag nästan vi måste ge oss iväg. Jag måste tvätta av mej den här målarfärgen. Så besvärligt! Jag ska putsa läppstiftsmärkena av dej sen."

Winston låg kvar några minuter till. Det skymde i rummet. Han vände sig mot ljuset och låg och tittade in i brevpressen. Det outsinligt intressanta med den var inte den insmälta korallbiten utan själva glasmassans inre. Det hade ett sådant djup, och ändå var det nästan genomskinligt som luft. Det var som om glasytan hade varit en himlakupa som slöt sig omkring en liten värld med en fullständig egen atmosfär. Han fick en känsla av att han kunde stiga in i den, och att han i själva verket befann sig inne i den, tillsammans med mahognysängen och slagbordet, med klockan och stålsticket och brevpressen själv. Brevpressen var det rum där han befann sig, och korallen var Julias liv och hans eget liv, fästa i ett slags evighet i kristallens mitt.

5

Syme hade försvunnit. Det kom en morgon när han saknades på arbetsplatsen: en eller annan tanklös person kommenterade hans frånvaro. Dagen därpå var det ingen som talade om honom. Den tredje dagen gick Winston till ingångshallen på arkivavdelningen för att se på anslagstavlan. Ett av anslagen var en tryckt förteckning på medlemmar av schackkommissionen, dit Syme hade hört. Den såg nästan precis likadan ut som förut – ingenting var överstruket – men den var ett namn kortare. Det var nog. Syme hade upphört att existera: han hade aldrig existerat.

Vädret var stekhett. I det labyrintiska ministeriet var rummen fönsterlösa och luftkonditionerade och höll sin normala temperatur, men utanför brände trottoarerna under fötterna, och stanken i tunnelbanan under rusningstiden var fasansfull. Förberedelserna för Hatveckan pågick för fullt, och på alla ministerier arbetade personalen övertid. Demonstrationståg, massmöten, militärparader, föredrag, vaxkabinett, utställningar, filmförevisningar, teleskärmsprogram måste alla organiseras; stånd skulle sättas upp, hatbilder byggas, slagord uppfinnas, sånger skrivas, rykten spridas, foton förfalskas. Julias arbetsgrupp i romanavdelningen hade blivit förflyttad och snabbproducerade nu en rad pamfletter om fiendegrymheter. Winston hade långa övertidsperioder varje dag då han gick igenom gamla årgångar av *Times* och ändrade och förbättrade notiser som skulle citeras i tal. Sent om kvällarna, då bråkiga proler strövade i skaror på gatorna, fick staden en egendomligt febrig atmosfär. Raketbomberna brakade oftare än förr, och någonstans långt borta hördes väldiga explosioner som ingen hade någon förklaring på och som gav upphov till vilda rykten.

Den nya melodi som skulle bli Hatveckans signatur (Hatsången hette den) var redan komponerad och kördes på teleskärmarna i oändlighet. Den hade en brutal, skällande rytm som inte precis kunde kallas musik men liknade trumdunk. Framvrålad av hundratals röster till ackompanjemang av taktfast stöveltramp var den skrämmande. Prolerna hade fattat smak för den, och nattetid på gatorna tävlade den med den fortfarande populära "Det var aldrig nånting att hoppas på". Barnen Parsons spelade den vid alla tider dag och natt, outhärdligt, på kam och toalettpapper. Winstons kvällar var mer upptagna än någonsin. Frivilliga patruller, som Parsons organiserade, gjorde gatan i ordning för Hatveckan med att sy ihop banderoller, måla affischer, sätta upp flaggstänger på taken och med fara för liv och lem dra ståltrådar tvärs över gatan att fånga upp serpentiner på. Parsons skröt med att Segerhuset ensamt för sig skulle flagga med fyrahundra meter tyg. Han var i sitt esse och glad som en speleman. Värmen och kroppsarbetet hade till och med gett honom en förevändning att gå i shorts och öppen skjorta igen om kvällarna. Han fanns överallt på en gång, sköt på, högg i, sågade, spikade, improviserade, hejade på alla med muntra kamratliga tillrop och utsände från varje skrymsle av sin kropp en tydligen outtömlig mängd fränt luktande svett.

En ny affisch hade plötsligt dykt upp överallt i London. Den hade ingen text och avbildade helt enkelt en eurasisk soldat i jätteformat, tre eller fyra meter lång, som kom marscherande med uttryckslöst mongoliskt ansikte, kolossala stövlar och en kpist pekande framåt från höften. I vilken vinkel man än såg på affischen tycktes vapnets mynning, förstorad av perspektivet, sikta rakt på en. Affischen satt klistrad på alla tomma ytor på alla väggar och var till och med fler än porträtten av Storebror. Prolerna, som normalt var likgiltiga för kriget, höll på att piskas i gång till en av sina återkommande patriotiska extaser. Liksom i samklang med den allmänna stämningen hade raketbomberna dödat fler människor än vanligt på sista tiden. En föll på en fullsatt biograf i Stepney och begravde flera hundra offer i ruinerna. Grannskapets hela befolkning ställde upp i en lång, slingrande begravningsprocession som varade i timmar och i själva verket var ett protestmöte. En annan bomb föll på en tomt som begagnades som lekplats och sprängde flera tiotal barn i stycken. Det blev fler vredgade demonstrationer, Goldstein brändes in effigie, hundratals affischer med den eurasiska soldaten revs ner och kastades på elden, och ett antal butiker plundrades under upploppet; så spred sig ett rykte att det fanns spioner som styrde bomberna med hjälp av radiovågor, och ett gammalt par som misstänktes för utländsk härkomst fick sitt hus påtänt och omkom genom kvävning.

I rummet ovanför herr Charringtons butik låg Julia och Winston, när de kunde ta sig dit, bredvid varandra på den kala sängen under öppet fönster, nakna för svalkans skull. Råttan hade inte återkommit, men vägglössen hade förökat sig fruktansvärt i värmen. Det tycktes inte göra något. Smutsigt eller rent var rummet ett paradis. Så snart de kom beströdde de allting med peppar, köpt på svarta börsen, slet av sig kläderna och älskade med svettiga kroppar, föll så i sömn och vaknade upp till vägglössen som hade samlat sig och ordnat sina skaror till motanfall.

Fyra, fem, sex – sju gånger möttes de under juni. Winston hade slutat med sin vana att dricka gin vid alla tider på dygnet. Han tycktes inte ha behov av det längre. Han hade blivit rundare, hans bensår hade gett med sig och var nu bara en brun fläck på huden ovanför vristen, sina hostattacker tidigt om morgnarna hade han sluppit. Livsprocessen hade upphört att var outhärdlig, han kände inte längre någon impuls att göra miner åt teleskärmen eller skrika ut förbannelser. Nu då de hade ett tryggt gömställe, nästan ett hem, föreföll det inte ens som någon prövning att de kunde råkas bara sällan och för ett par timmar i sänder. Det som betydde något var att rummet ovanför den gamla butiken fanns till. Att veta att det fanns där, orört, var nära nog detsamma som att vara där själv. Rummet var en värld, en ficka av det förflutna där utdöda djur kunde röra sig. Herr Charrington var själv en utdöd art, tänkte Winston. Han brukade stanna och prata med Charrington en liten stund på väg upp. Den gamle tycktes sällan eller aldrig gå ut, och inte heller tycktes han just ha några kunder. Han förde en spöklik tillvaro i den lilla, mörka butiken, eller i det ännu mindre köket bakom den, där han lagade sin mat och där det bland annat fanns en otroligt åldrig grammofon med en kolossal tratt. Han föreföll glad över att få prata med någon. Där han irrade omkring bland sina värdelösa varor, med sin långa näsa, sina tjocka glasögon och sin böjda rygg i sammetskavajen, liknade han något slags samlare mer än en butiksägare. Med lite bleklagd entusiasm kunde han tumma det ena eller andra skräpföremålet – en flaskpropp av porslin, det målade locket till en trasig snusdosa, en pinsbackmedaljong med en hårlock från något barn som var dött sedan länge – utan att någonsin be att Winston skulle köpa det, bara att han skulle beundra det. Att prata med honom var som att lyssna till klirret av en utnött speldosa. Ur sitt minnes skrymslen hade han rotat fram ytterligare några bitar av bortglömda barnrim. Det fanns ett om tjugofyra trastar, och ett annat om en ko med ett skrynkligt horn, och ännu ett om den stackars rödhaken som blev skjuten av en sparv. "Jag tänkte bara att det kunde intressera er", sade han med ett generat litet skratt varje gång han hade ett nytt brottstycke att komma med. Men han kunde aldrig erinra sig mer än några få rader av varje rim.

Julia och Winston visste båda – på sätt och vis fanns det

alltid i deras tankar – att vad de nu upplevde inte kunde vara länge. Det kom ögonblick då deras förestående död föreföll lika nära och påtaglig som sängen där de låg, och då klamrade de sig tätt intill varandra med ett slags sensuell förtvivlan, som när en förtappad själ griper efter sin bit av njutning fem minuter före sista timslaget. Men det fanns också stunder då de upplevde en illusion av inte bara tillfällig utan av fortbestående trygghet. Så länge de befann sig här i rummet, kände de båda, kunde egentligen inget ont hända dem. Det var svårt och farligt att ta sig hit, men själva rummet var en fristad. Det var som när Winston hade sett in i brevpressens innersta, med en känsla av att det var möjligt att gå in i denna glasvärld, och var man väl därinne kunde tiden hejdas. De hängav sig ofta åt flyktfantasier. Deras goda tur skulle hålla i sig oändligt, och de skulle fortsätta sin kurragömmalek precis så här för återstoden av sitt naturliga liv. Eller Katharine skulle dö, och Winston och Julia skulle lyckas gifta sig genom någon skicklig manöver. Eller de skulle begå gemensamt självmord. Eller de skulle försvinna, ändra sitt utseende till oigenkännlighet, lära sig tala som prolerna, få plats på någon fabrik och leva sitt liv till slut ouppdagade vid någon bakgata. Alltsammans var nonsens, vilket de visste mycket väl. I verkligheten fanns det ingen flykt. Den enda genomförbara planen, självmordet, hade de ingen avsikt att verkställa. Att hanka sig fram från dag till dag och från en vecka till nästa, tänja ut på ett nu som inte hade någon framtid, tycktes vara en oövervinnelig instinkt, alldeles som ett par lungor alltid drar efter andan så länge det finns någon luft att tillgå.

Någon gång talade de också om att engagera sig i aktivt uppror mot partiet, men hade ingen föreställning om hur det första steget borde tas. Även om det sägenomspunna Broderskapet var verkligt återstod ändå svårigheten att komma in i det. Han berättade för henne om den egendomliga förtrolighet som rådde, eller tycktes råda, mellan honom och O'Brien, och om den lust han ibland kände att helt enkelt söka upp O'Brien, ge tillkänna att han var en fiende till partiet och begära hjälp av honom. Egendomligt nog fann hon inte detta så ogörligt riskabelt. Hon var van att bedöma människor efter utseendet, och det tycktes henne naturligt att Winston kunde finna O'Brien pålitlig bara på grundval av en enda utväxlad blick. Dessutom tog hon för givet att alla, eller nästan alla människor hatade partiet i smyg och skulle bryta mot dess regler om de trodde sig gå säkra. Men hon vägrade tro på att det fanns eller kunde finnas någon utbredd, organiserad opposition. Historierna om Goldstein och hans underjordiska armé, sade hon, var helt enkelt en smörja som partiet hade uppfunnit till nytta för sig självt och som man måste låtsas tro på. Otaliga gånger på partimassmöten och spontana demonstrationer hade hon skrikit för full hals om avrättning av personer hon aldrig ens hört namnet på och vilkas föregivna förbrytelser hon inte trodde på det allra minsta. Under publika rättegångar hade hon fyllt sin plats i de avdelade grupper från Ungdomsförbundet som omringade domstolarna dygnet runt och mässade sitt "Död åt förrädarna!" med jämna mellanrum. Under tvåminutershatet överträffade hon alltid alla i att skymfa Goldstein. Ändå hade hon bara en högst dunkel föreställning om vem Goldstein var och vilka läror han antogs representera. Hon hade växt upp efter Revolutionen och var alltför ung att minnas femtio- och sextiotalens ideologiska strider. Något sådant som en oavhängig politisk rörelse stod utom hennes föreställningsförmåga, och i vilket fall som helst var partiet oövervinneligt. Det skulle alltid finnas till, och det skulle alltid vara likadant. Uppror mot det kunde man göra endast genom hemlig olydnad eller, på sin höjd, genom enskilda våldshandlingar, som att döda någon eller spränga någonting i luften.

På somliga sätt var hon betydligt mer skarpsynt än Winston, och betydligt mindre mottaglig för partipropagandan. Då han en gång kom att nämna kriget mot Eurasien i något sammanhang förvånade hon honom med att säga helt i förbigående att hon inte trodde att det pågick något krig. Raketbomberna som föll över London varje dag var antagligen avfyrade av den oceaniska regeringen själv, "bara för att hålla folk uppskrämda". Det var en tanke som bokstavligen aldrig hade fallit honom in. Hon gjorde honom också nästan avundsjuk när hon talade om att det hon tyckte var svårast under tvåminutershatet var att hålla sig för skratt. Men partiets läror ifrågasatte hon bara när de på något vis berörde hennes egen tillvaro. Hon var ofta beredd att godta den officiella mytologin helt enkelt för att hon inte tyckte skillnaden mellan sanning och lögn var särskilt viktig. Hon trodde till exempel, som hon fått lära sig i skolan, att flygplanet var en uppfinning av partiet. (På Winstons skoltid, i slutet av femtiotalet, erinrade han sig, var det endast helikoptern som partiet gjorde anspråk på att ha uppfunnit; efter ännu en generation skulle det kunna göra anspråk på ångmaskinen.) Och när han sade henne att det hade funnits flygplan innan han var född, och långt före Revolutionen, fann hon saken totalt utan intresse. Och för all del, vad spelade det egentligen för roll vem som hade uppfunnit flygplanet? Det chockerade honom nog mera då han händelsevis kom underfund med att hon inte mindes att Oceanien för fyra år sedan hade haft krig med Ostasien och fred med Eurasien. Visserligen betraktade hon hela kriget som ett bedrägeri: men tydligen hade hon inte ens lagt märke till att fienden hade bytt namn. "Jag trodde vi alltid hade varit i krig med Eurasien", sade hon likgiltigt. Det gjorde honom lite skrämd. Flygplanet var uppfunnet långt innan hon var född, men sidbytet i kriget skedde för bara fyra år sedan, när hon var gott och väl vuxen. Han diskuterade saken med henne i nästan en kvart. Till sist lyckades han pressa henne till att dunkelt erinra sig att det varit Ostasien och inte Eurasien som varit fiende. Men hela frågan tyckte hon ändå var oviktig. "Än sen då?" sade hon otåligt. "Det är ju jämt något jävla krig, och man vet ju att alla nyheter är lögn i alla fall."

Ibland berättade han för henne om arkivavdelningen och de oblyga förfalskningar som han utförde där. Sådant tycktes inte göra henne förfärad. Hon kände ingen avgrund öppna sig för hennes fötter vid tanken på att lögner gjordes till sanningar. Han berättade historien om Jones, Aaronson och Rutherford och den papperslapp han en gång hade haft i sin hand ett ögonblick. Det gjorde inget större intryck på henne. Allra först förstod hon faktiskt inte poängen i hans berättelse.

”Var dom vänner till dej?” frågade hon.

”Nej, jag har aldrig känt dem. De var inre partimedlemmar. Förresten var de mycket äldre än jag. De var från gamla tider, från före Revolutionen. Det var inte mer än att jag visste hur de såg ut.”

”Vad var det då för bekymmer? Folk blir ju avlivade hela tiden, inte sant?”

Han försökte förklara. ”Det här var ett fall för sej. Det var inte bara fråga om att de blev avlivade. Förstår du att det förflutna, ända fram till i går, faktiskt har avskaffats? I den mån det överlever nånstans så är det i några få fasta föremål utan ord eller text, såna som glasklumpen där på bordet. Redan nu vet vi nästan bokstavligen ingenting om Revolutionen och åren före Revolutionen. Alla arkiv är förstörda eller förfalskade, alla böcker är omskrivna, alla tavlor ommålade, alla statyer och gator och hus är omdöpta, alla data är ändrade. Och det är nånting som fortgår varje dag och varje stund. Historien har stannat. Det finns inget annat än ett oändligt nu, där partiet vet allt. Jag *vet* ju förstås att det förflutna är förfalskat, men det skulle jag aldrig kunna bevisa ens fast jag har gjort en förfalskning själv. När det väl är gjort finns det aldrig något bevis kvar. Det enda beviset finns i mitt huvud, och jag kan inte veta bestämt om någon annan människa har samma minnen som jag. Bara det enda ögonblicket i hela mitt liv har jag ägt ett verkligt konkret bevis i efterhand – flera år i efterhand.”

”Och vad var det för nytta med det?”

”Ingen alls, för jag kastade bort det efter ett par minuter. Men om nånting sånt hände mej idag skulle jag behålla det.”

”Ja, inte jag!” sade Julia. ”Jag tar gärna risker om det gäller, men bara för nånting som är värt det, inte för bitar av gamla tidningar. Vad kunde du ha gjort med det ens om du hade behållit det?”

”Kanske just ingenting. Men det var ett bevis. Det kunde ha spridit lite tvivel nånstans, förutsatt att jag hade vågat visa det för nån. Jag inbillar mej inte att vi kan ändra på nånting i vår livstid. Men man kan föreställa sej att det bildades små klungor av motstånd här och var – små grupper av folk som sluter sej samman och växer så småningom, och till och med lämnar lite upplysningar efter sej, så att nästa generation kan starta där vi har slutat.”

”Nästa generation intresserar inte mej, gulle. Det är *vi* som intresserar mej.”

”Ditt motstånd sitter bara nertill”, sade han.

Det tyckte hon var en lysande kvickhet och slog förtjust armarna om halsen på honom.

För partilärans olika förgreningar hade hon inte det ringaste intresse. Började han någon gång tala om Engsoss principer, dubbeltänk, det förflutnas föränderlighet och förnekandet av objektiv verklighet, eller använde nyspråksord, gjorde det henne utråkad och förvirrad, och hon sade att sådant brydde hon sig aldrig om. Man visste ju att det var strunt alltsammans, så vad var det att bekymra sig för? Hon visste när man skulle hurra och när man skulle bua, och det var allt man behövde. Om han envisades med sådana samtalsämnen hade hon den avkylande vanan att falla i sömn. Hon hörde till de människor som kan somna när som helst och i vilken ställning som helst. Under samtalen med henne insåg han hur lätt det var att visa sig rättrogen samtidigt som man inte fattade någonting av vad denna rättrogenhet innebar. På sätt och vis lyckades partiets världsåskådning slå rot allra bäst i människor som inte kunde förstå den. Man kunde få dem att acceptera de grällaste verklighetskränkningar, därför att de aldrig helt fattade vilka otillständigheter som krävdes av dem och inte var tillräckligt intresserade av allmänna angelägenheter för att märka vad som försiggick. Genom sin brist på insikt förblev de friska. De svalde helt enkelt allt, och det de svalde gjorde dem ingen skada, därför att det inte lämnade någonting efter sig, alldeles som ett sädeskorn kan passera osmält genom kroppen på en fågel.

6

Äntligen hade det hänt. Budskapet hade kommit. Han tyckte att han hade väntat hela livet på att det skulle hända.

Han kom gående i den långa korridoren på ministeriet och var nästan framme vid det stället där Julia hade smugit sitt meddelande i hans hand, då han märkte att någon som var längre än han själv gick tätt bakom honom. Denna person, vem det nu var, lät höra en lätt hostning, tydligen för att han tänkte säga något. Winston stannade tvärt och vände sig om. Det var O'Brien.

Äntligen stod de ansikte mot ansikte, och nu tycktes hans enda impuls vara att springa sin väg. Han fick häftig hjärtklappning. Han skulle inte ha kunnat säga någonting just då. Men O'Brien hade fortsatt framåt och lade ett ögonblick handen vänligt på Winstons arm, så att de nu gick vidare i bredd. Han började tala med det säregna hövliga allvar som skilde honom från de flesta inre partimedlemmar.

"Jag hade faktiskt hoppats få prata med er", sade han. "Jag läste en av era nyspråksartiklar i *Times* i förrgår. Ni är visst vetenskapligt intresserad av nyspråk eller hur?"

Winston hade hämtat sig delvis. "Knappast vetenskapligt", sade han. "Jag är bara amatör. Det är inte vad jag sysslar med. Jag har aldrig haft nånting att göra med själva språkutbyggnaden."

"Men ni skriver det mycket elegant", sade O'Brien. "Det är inte bara jag som tycker det. Jag talade nyligen om det med en av våra vänner som avgjort är specialist på det. Just nu kan jag inte komma ihåg vad han hette."

Winstons hjärta tog ett obehagligt skutt igen. Detta kunde omöjligt vara annat än en hänsyftning på Syme. Men Syme var inte bara död, han var avskaffad, han var en *operson*. Varje identifierbar hänvisning till honom skulle varit livsfarlig. O'Briens ord måste uppenbart vara avsedda som en signal, ett kodmeddelande. Genom att öppet begå en liten krimtänkshandling hade han gjort dem till medbrottslingar. De hade fortsatt i korridoren i sakta mak, men så stannade O'Brien.

Med den egendomliga, avväpnande vänskaplighet varmed han alltid lyckades prägla åtbörden rättade han till sina glasögon över näsan. Så sade han:

"Vad jag egentligen tänkte säga var att jag lade märke till ett par ord i er artikel som har fallit ur bruk. Men det har de gjort alldeles nyss. Har ni sett tionde upplagan av nyspråksordboken?"

"Nej", sade Winston. "Jag visste inte att den har kommit ut. På arkivavdelningen använder vi fortfarande nionde."

"Den tionde upplagan kommer först om någon månad, tror jag. Men det finns några förhandsexemplar i cirkulation. Jag har fått ett. Det kanske skulle intressera er att se det?"

"I högsta grad", sade Winston som strax förstod vartåt det lutade.

"En del nyutvecklingar är verkligt snillrika. Nerskärningen av antalet verb – det är en sak som ni kommer att uppskatta, tror jag. Få se nu, jag kan väl skicka ett bud med ordboken? Men tyvärr brukar jag oföränderligen glömma bort såna saker. Kanske kunde ni hämta den hemma hos mig nån gång när det passar er? Vänta. Jag ska ge min adress."

De stod framför en teleskärm. En smula tankspritt trevade O'Brien i ett par fickor och tog så fram en liten anteckningsbok med läderpärm och en kulspetspenna i guld. Rätt nedanför teleskärmen, så att var och en som höll utkik i mottagaränden kunde läsa vad han skrev, klottrade han ner en adress, rev ut bladet och räckte det till Winston.

"Om kvällarna brukar jag vara hemma", sade han. "Om inte så ger min betjänt er ordboken."

Så gick han, och Winston stod kvar med papperslappen, som denna gång inte behövde gömmas undan. Inte desto mindre memorerade han noga vad där stod, och några timmar senare stack han ner den i minneshålet tillsammans med en mängd andra papper.

De hade talat med varandra högst ett par minuter. Det fanns bara en enda betydelse episoden kunde ha. Den hade kommit till som ett sätt att underrätta Winston om O'Briens privatadress. Det var nödvändigt, därför att på något annat sätt än genom direkt förfrågan kunde man aldrig få reda på var någon bodde. Det fanns inga adresskataloger av något slag. ”Om ni någon gång vill träffa mig är det här jag finns”, var vad O’Brien hade velat säga honom. Kanske skulle det till och med finnas något meddelande gömt i ordboken. Men en sak var åtminstone säker. Den sammansvärjning som han hade fantiserat om existerade faktiskt, och nu hade han nått dess ytterkant.

Han visste att han skulle lyda O’Briens kallelse förr eller senare. Kanske i morgon dag, kanske efter ett långt uppskov – det visste han ännu inte. Det som skedde nu var bara en vidareutveckling av en process som hade börjat för många år sen. Det första steget hade varit en hemlig, ofrivillig tanke, det andra hade varit att börja på dagboken. Han hade övergått från tanke till ord, och nu från ord till handling. Det sista steget var någonting som skulle äga rum i kärleksministeriet. Detta hade han godtagit. Slutet innehölls i början. Men det var skrämmande: eller närmare bestämt, det var som en försmak av döden, som att vara vid liv i lite mindre grad. Till och med medan han ännu talade med O’Brien, när han hade blivit medveten om vad orden betydde, hade han gripits av ett slags frossa. Det var känslan av att stiga in i en gravkammares fukt, och saken blev inte mycket bättre av att han alltid hade vetat att graven fanns tillreds och väntade på honom.

7

Winston hade vaknat med ögonen fulla av tårar. Julia vände sig sömnigt mot honom och mumlade någonting som kunde varit ”vad är det?”

”Jag drömde – ” började han och tystnade igen. Det var alltför invecklat för att kläs i ord. Det var själva drömmen, och det var ett minne som hängde ihop med den och som hade dykt upp i hans tankar inom några sekunder efter det han vaknade.

Han låg på rygg med ögonen slutna, fortfarande dränkt i

drömmens stämning. Det var en vidsträckt, självlysande dröm i vilken hela hans liv tycktes ligga utbrett framför honom som ett landskap efter regn en sommareftermiddag. Alltsammans hade utspelat sig inne i brevpressen, men glasytan var himmelskupan, och därinnanför badade allting i ett klart mjukt ljus som gjorde att man kunde se oändligt långa vägar. Drömmen hade också innefattats i – ja, på sätt och vis hade den bestått i – en åtbörd med armen som hans mor en gång gjort, och som gjorts om igen trettio år senare av den judiska kvinnan han hade sett på journalfilmen, när hon försökte skydda den lille gossen från kulorna, innan helikoptern sprängde dem båda i bitar.

”Vet du”, sade han, ”att ända tills just nu har jag trott att jag har mördat min mor?”

”Varför mördade du henne?” frågade Julia, som nästan sov.

”Jag gjorde inte det. Inte fysiskt.”

I drömmen hade han kommit ihåg den sista skymten han sett av modern, och inom några sekunder efter det han vaknat hade hela knippet av små händelser i samband med den gången dykt upp i hans minne. Det var ett minne som han måste ha trängt bort ur medvetandet avsiktligt under många år. Han var inte säker på tidpunkten, men han kunde inte ha varit mindre än tio år, möjligen tolv, när det hände.

Hans far hade försvunnit någon tid dessförinnan; hur mycket tidigare kunde han inte minnas. Bättre kom han ihåg de oroliga, uppskärrade tidsförhållandena: de återkommande lufträdspanikerna, och skyddsrummen i tunnelbanestationerna, högarna av bråte överallt, de obegripliga proklamationerna som fanns anslagna i gathörnen, ungdomsgängen i likadana enfärgade skjortor, de väldiga köerna utanför bagerierna, den hackiga kulspruteelden långt borta – framför allt detta att man aldrig hade tillräckligt att äta. Han kom ihåg långa eftermiddagar tillsammans med andra pojkar som rotade i soptunnor och avskrädeshögar, plockade kålbladsnerver, potatisskal, ibland till och med en och annan gammal brödkant som de omsorgsfullt skrapade askan av; eller också väntade på lastbilar som körde på bestämda rutter och som man visste forslade kreatursfoder, och som då de skumpade över dåliga ställen på gatan ibland tappade lite av oljekakorna.

Då hans far försvann visade hans mor ingen överraskning eller någon häftig sorg, men hon förändrades med ens. Hon tycktes ha tappat livsmodet helt och hållet. Det stod klart också för Winston att hon väntade på någonting som hon visste måste hända. Hon gjorde alltid allt som behövdes – lagade mat, tvättade, lappade, bäddade sängen, sopade golvet, torkade damm på spiskransen – mycket långsamt och med en egendomlig knapphet i rörelserna, som om hon varit en modelldocka som fått liv. Hennes stora välväxta kropp tycktes kunna självfallet försjunka i orörlighet. Hon kunde sitta i timtal nästan stilla på sängen med hans lillasyster i knät, en liten klen, mycket tystlåten två- treåring, vars ansikte hade blivit aplikt av magerhet. Någon enstaka gång slog hon armarna om Winston och tryckte honom intill sig en lång stund utan att säga någonting. Han visste, trots sin ungdom och självupptagenhet, att detta på något vis hörde ihop med det aldrig nämnda som var på väg att inträffa.

Han kom ihåg rummet där de bodde, ett mörkt instängt rum som verkade utfyllt till hälften av en säng med vitt överkast. Framför eldstaden fanns en gaslåga och en hylla för matvaror, och på trappavsatsen utanför fanns en vask av brun keramik som flera rum använde gemensamt. Han kom ihåg sin mors statuariska figur böjd över gaslågan när hon rörde i en kastrull. Framför allt kom han ihåg den ständiga hungern och de våldsamma simpla grälen vid måltiderna. Han tjatade ihärdigt på modern om att han ville ha mera mat, han kunde skrika och rasa (han kom till och med ihåg sina tonfall och sin röst som började komma i målbrottet i förtid och ibland lät egendomligt dov och skrovlig), eller han försökte röra henne med patetiska snyftningar i syfte att få mer än sin andel. Modern var alltid beredd att ge honom en större del. Hon tog det för givet att han, "pojken", borde få mest, men hur mycket hon än gav honom begärde han oföränderligt ännu mera. Vid varje måltid vädjade hon till honom att inte vara egoistisk och att komma ihåg att hans lillasyster var sjuk och också behövde äta, men det var lönlöst. Han skrek av raseri när hon slutade ösa upp, han försökte vrida kastrull och slev ur händerna på henne, han ryckte åt sig bitar från systerns tallrik. Han visste att han svälte ut de båda andra, men kan kunde inte låta bli; han till och med kände det som en rättighet. Den skrikande hungern i hans mage tycktes rättfärdiga honom. Mellan målen snattade han ständigt i det usla matförrådet på hyllan, om inte modern höll vakt.

En dag delades en chokladranson ut. Någon sådan utdelning hade inte skett på veckor eller månader. Han kom mycket tydligt ihåg den dyrbara lilla chokladbiten. Det var en femtiograms kaka (fastän på den tiden räknade man ännu i uns) till tre personer. Det var klart att den borde delas i tre lika delar. Plötsligt, som om han hört någon annan säga det, hörde Winston sig själv med ljudlig basröst kräva att få alltsammans. Modern bad honom att inte vara så glupsk. Det blev ett långt, tjatigt gräl som bara fortsatte, med skrik, gnäll, tårar, förebråelser, köpslagan. Hans lillasyster som klamrade sig fast vid modern med båda händer, precis likt en apunge, satt och såg på honom över ena axeln med stora sorgsna ögon. Till sist bröt modern tre fjärdedelar av chokladen och räckte Winston det och gav resten till hans syster. Den lilla flickan tog biten och tittade på den, hon visste kanske inte vad det var för något. Winston stod ett ögonblick och såg på. Så ryckte han med en plötsligt svep chokladbiten ur handen på henne och rusade på dörren.

”Winston, Winston!” ropade modern efter honom. ”Kom hit! Ge tillbaka chokladbiten till henne!”

Han stannade, men han vände inte tillbaka. Moderns blick var ångestfullt fäst vid hans ansikte. Inte ens nu efteråt när han tänkte på alltsammans visste han vad det var som var på väg att ske. Hans syster som förstod att hon hade blivit frånrövad någonting hade börjat gråta tunt och klagande. Hans mor lade armen om henne och tryckte hennes ansikte mot sitt bröst. Någonting i åtbörden sade honom att systern var döende. Han vände och flydde utför trappan med chokladbiten klibbande i handen.

Han såg aldrig modern igen. När han hade slukat chokladen kände han sig en smula skamsen och hängde ute på gatorna i flera timmar, ända tills hungern drev honom hem. När han kom tillbaka hade modern försvunnit. Sådant hade redan börjat höra till det normala vid den tiden. Ingenting saknades i rummet mer än hans mor och syster. De hade inte tagit med sig några kläder, inte ens moderns kappa. Ända till den dag idag visste han inte helt säkert om modern var död eller inte. Det var fullt möjligt att hon bara blivit skickad till något arbetsläger. Vad systern beträffade kunde hon i likhet med Winston själv ha blivit placerad på någon av kolonierna för hemlösa barn (Räddningscentra kallades de) som hade inrättats efter inbördeskriget; eller också var hon sänd till arbetslägret tillsammans med modern, eller hade helt enkelt lämnats någonstans att dö.

Drömmen stod ännu levande för honom, särskilt den omfamnande, skyddande åtbörden som tycktes innefatta hela dess mening. Hans tankar gick tillbaka till en annan dröm två månader tidigare. Alldeles på samma sätt som hans mor hade suttit på den solkiga sängen med det vita överkastet, med barnet klamrande sig fast vid henne, hade hon också suttit på det sjunkna fartyget, långt nedanför honom, allt djupare nere för varje minut, men fortfarande med blicken vänd upp mot honom genom det mörknande vattnet.

Han berättade för Julia historien om sin mors försvinnande. Utan att slå upp ögonen vände hon sig om i sängen och lade sig i en bekvämare ställning.

”Du var antagligen en jävlig liten skit på den tiden”, sade hon suddigt. ”Alla barn är skitar.”

”Ja. Men vad det här verkligen betyder är – ”

Av hennes andhämtning framgick tydligt att hon höll på att somna om. Han skulle gärna ha velat fortsätta att tala om sin mor. Han trodde inte, efter vad han mindes av henne, att hon hade varit någon undantagskvinna, och ännu mindre någon intelligent undantagskvinna; ändå ägde hon ett slags nobless, ett slags renhet, helt enkelt därigenom att de principer hon följde var hennes enskilda. Hennes känslor var hennes egna och kunde inte förändras utifrån. Det skulle inte ha fallit henne in att en handling som inte får någon verkan därigenom skulle vara meningslös. Om man älskade någon så älskade man honom, och när man inte hade något annat att ge honom så gav man honom åtminstone kärlek. När det sista av chokladen försvann hade hans mor slutit barnet i sin famn. Det nyttade ingenting till, det förändrade ingenting, det producerade inte mera choklad, det avvärjde inte barnets död eller hennes egen, men det var naturligt för henne att göra så. Flyktingkvinnan i båten hade också skylt den lille pojken med sin arm, vilket inte skyddade mer mot kulorna än ett pappersblad. Det förfärliga som partiet hade gjort var att övertyga människor om att blotta impulser, känslor ingenting hade att betyda, på samma gång som det berövade en all makt över den materiella världen. När man en gång befann sig i partiets grepp, gjorde det bokstavligen ingen skillnad vad man kände eller inte kände, vad man gjorde eller avstod från att göra. I vilket fall som helst försvann man, och varken man själv eller ens handlingar hördes vidare av. Man lyftes rätt ut ur historiens flöde. Och ändå skulle inte detta ha tett sig så viktigt för människor för bara två generationer tillbaka, därför att de inte gjorde något försök att ändra på historien. De styrdes av privata lojaliteter som de inte satte i fråga. Det som betydde något var relationerna mellan individer, och en fullkomligt maktlös åtbörd, en omfamning, en tår, ett ord till en döende, kunde ha ett värde i sig. Prolerna, tänkte han plötsligt, de hade stannat kvar i det tillståndet. De var inte lojala mot något parti eller land eller någon idé, de var det mot varandra. För första gången i sitt liv kände han något annat än förakt för prolerna och tänkte på dem som på något annat än en trög kraft som en dag skulle vakna till liv och föda världen på nytt. Prolerna hade förblivit mänskliga. De hade inte förhärdats invärtes. De hade hållit fast vid de primitiva känslor som han själv hade måst lära sig på nytt genom medveten ansträngning. Och när han tänkte detta mindes han, utan något klart sammanhang, hur han för några veckor sedan hade sett en avsliten hand ligga på trottoaren och sparkat iväg den i rännstenen som en kålstock.

"Prolerna är människor", sade han högt. "Vi är inte mänskliga."

"Hur så?" sade Julia som hade vaknat igen.

Han tänkte en liten stund. "Har du nånsin tänkt", sade han, "att det bästa vi kunde göra är att helt enkelt gå vår väg härifrån innan det blir för sent, och sedan aldrig se varandra vidare?"

"Ja gulle, det har jag tänkt, flera gånger. Men jag tänker ändå inte göra så."

"Vi har haft tur", sade han, "men det kan inte vara så mycket längre. Du är ung. Du ser normal och oskyldig ut. Om du håller dej ifrån såna som jag kanske du lever femti år till."

"Nej. Jag har tänkt igenom alltihop. Det som du gör tänker jag också göra. Och var inte alltför pessimistisk. Jag är ganska bra på att överleva."

"Vi kanske kan vara tillsammans i sex månader till – eller ett år – omöjligt att veta. Till slut kommer vi med säkerhet att skiljas åt. Fattar du hur genomensamma vi då är? Får de väl tag på oss en gång, så finns det ingenting, bokstavligen ingenting, som nåndera av oss kan göra för den andra. Om jag erkänner så skjuter de dej, och om jag vägrar bekänna så skjuter de dej ändå. Ingenting jag kan göra eller säja, eller låta bli att säja, kan skjuta upp din död med fem minuter ens. Ingen av oss kommer ens att få veta om den andra lever eller dör. Vi kommer att vara fullkomligt maktlösa. Det enda som betyder nånting är att vi inte förråder varandra, inte för att ens det gör minsta skillnad."

"Om du menar bekänner", sade hon, "så visst kommer vi att göra det. Alla bekänner alltid. Det går inte att låta bli. Dom torterar en."

"Jag menar inte bekänner. Att bekänna är inte att förråda. Vad man säjer eller gör spelar ingen roll: bara vad man känner. Om de kunde tvinga mej att sluta älska dej – det skulle vara verkligt förräderi."

Hon tänkte på detta. ”Det kan dom inte göra”, sade hon så. ”Det är det enda dom inte kan. Dom kan få en att säja vad som helst – *vad som helst* – men dom kan inte få en att tro på det. Dom kan inte komma åt en inifrån.”

”Nej”, sa han lite hoppfullare, ”nej det har du rätt i. De kan inte komma åt en inifrån. Om man kan *känna* att det är värt nånting att vara mänsklig, även om det inte kan leda till någonting alls, så har man vunnit över dem.”

Han tänkte på teleskärmen med dess öra som aldrig sov. De kunde spionera på en natt och dag, men om man höll huvudet kallt gick det fortfarande att överlista dem. I all sin uppfinningsrikedom hade de inte löst problemet med att ta reda på vad en människa tänkte. Det kanske inte var lika sant när man verkligen var i deras händer. Man visste inte vad som ägde rum inom kärleksministeriets väggar, men det gick ju att gissa: tortyr, droger, fina instrument som registrerade nervreaktioner, långsam utmattning genom sömnbrist och ensamhet och ihållande förhör. Fakta kunde man i inget fall hålla hemliga. Sådant kunde spåras med förhör, sådant kunde klämmas fram med tortyr. Men om målet inte var att bevara sitt liv utan att bevara sin mänsklighet, vad spelade det då för roll i sista hand? Ens känslor kunde de inte ändra: det kunde man inte själv heller för den delen, ens om man ville. De kunde klarlägga in i minsta detalj allt man hade gjort eller sagt eller tänkt, men ens allra innersta, vars vägar var hemliga till och med för en själv, förblev ointagligt.

8

De hade klarat det, de hade äntligen klarat det!

Rummet där de stod var avlångt och mjukt upplyst. Teleskärmen var nerdämpad till ett svagt mummel; den tjocka mörkblå mattan kändes som sammet att trampa på. Längst bort i rummet satt O'Brien under en lampa med grön skärm med högar av papper på ömse sidor om sig. Han hade inte brytt sig om att titta upp när betjänten visade in Julia och Winston.

Winstons hjärta dunkade så hårt att han tvivlade på att kunna tala. De hade klarat det, äntligen hade de klarat det, var allt han kunde tänka. Det hade varit dumdristigt att komma hit över huvud taget, och rena vanvettet att komma tillsammans; även om de hade kommit skilda vägar och råkats först vid O'Briens dörr. Men bara att stiga in i ett rum som detta krävde anspänning. Det var så ytterst sällan man fick se en inre partimedlems bostad eller ens befann sig i den stadsdel där de bodde. Hela atmosfären i denna väldiga stadsdel av lägenhetshus, där allting var så rikt och rymligt, de ovana dofterna av god mat och god tobak, de tysta och otroligt snabba hissarna som gled upp och ner, betjänterna i sina vita jackor som skyndade av och till – allt var skrämmande. Trots att han hade ett gott svepskäl för att komma hit ansattes han för varje steg av en rädsla för att en vakt i svart uniform plötsligt skulle dyka upp bakom ett hörn, kräva att få se hans papper och befalla honom att ge sig av. Men O'Briens betjänt hade släppt in dem båda utan invändning. Det var en kortvuxen, mörk man i vit jacka, med ett spetsigt, fullkomligt uttryckslöst ansikte som kunde ha varit kinesiskt. Korridoren han visade dem igenom hade mjuk matta, tapeter i gräddfärg och vit panel, allt utsökt rent. Också det var skrämmande. Winston kunde inte erinra sig någon korridor som inte hade solkiga väggar av kontakt med människokroppar.

O'Brien hade en pappersremsa i handen och tycktes studera den noga. Hans tunga ansikte, som var nedåtvänt så att man såg näsryggen, var både imponerande och intelligent. Han satt orörlig i kanske tjugo sekunder. Så drog han talskrivaren till sig och spottade fram ett meddelande på den ministeriella blandjargongen:

”Artiklar ett komma fem komma sju godkända helvis komma förslag artikel sex dubbelplus löjligt krimtänkliknande strykes komma ofortsätt konstruktionsvis föreskaffa plusfullständig uppskattning fastkostnad maskinpark punkt slut.”

Han reste sig beslutsamt ur stolen och gick dem till mötes på den ljudlösa mattan. En liten del av ämbetsatmosfären tycktes ha lämnat honom på samma gång som nyspråksmeddelandet, men han såg bistrare ut än han brukade, som om han varit missnöjd med att bli störd. Den skräck som Winston redan kände fick plötsligt ett inslag av vanlig förlägenhet. Det tycktes honom fullt möjligt att han helt enkelt hade begått ett enfaldigt misstag. Vad hade han i själva verket för bevis på att O'Brien var något som helst slags politisk konspiratör? Ingenting mer än en glimt i hans ögon och en enda dubbeltydig anmärkning: därutöver bara hans egna hemliga fantasier som byggde på en dröm. Nu kunde han inte ens gripa till svepskälet att han hade kommit för att låna ordlistan, för i så fall kunde inte Julias närvaro förklaras. När O'Brien gick förbi teleskärmen tycktes någonting falla honom in. Han hejdade sig, vände om och tryckte på en strömbrytare i väggen. Ett skarpt klick hördes. Rösten hade tystnat.

Julia lät höra ett svagt ljud, ett slags förvånat pip. Till och med mitt i sin skrämsel var Winston alltför häpen för att kunna tiga.

"Ni kan stänga av den!" sade han.

"Ja", sade O'Brien, "vi kan stänga av den. Vi har det privilegiet."

Nu stod han rätt framför dem. Hans massiva kropp reste sig över dem båda, och hans min var fortfarande outtydbar. Han väntade, en smula bistert, på att Winston skulle säga någonting, men vad då? Fortfarande var det fullt möjligt att han helt enkelt var en upptagen man som irriterat undrade varför han hade blivit störd. Ingen sade något. Nu då teleskärmen teg verkade rummet dödstyst. Sekunderna drog förbi, långa och oerhörda. Winston hade svårt att hålla blicken fäst vid O'Briens. Så mjuknade det stränga ansiktet plötsligt i någonting som kunde vara början till ett leende. Med sin karakteristiska gest rättade O'Brien till glasögonen över näsan.

"Ska jag säja det eller ni?" sade han.

"Jag ska säja det", svarade Winson strax. "Är den där faktiskt avstängd?"

”Ja, allting är avstängt. Vi är för oss själva.”

”Vi är här därför att – ”

Han tystnade, och insåg för första gången hur obestämda hans egna motiv var. Eftersom han i själva verket inte visste vad han väntade sig för hjälp av O'Brien var det inte lätt att uttrycka orsaken till att han hade kommit. Han fortsatte, medveten om att vad han sade måste låta både tafatt och anspråksfullt:

”Vi tror att det finns något slags konspiration, någon hemlig organisation som motarbetar partiet, och att ni har med den att göra. Vi vill gå med i den och arbeta för den. Vi är fiender till partiet. Vi tror inte på Engsoss. Vi är krimtänkare. Dessutom begår vi äktenskapsbrott. Jag talar om det här därför att vi vill överlämna oss i era händer. Om ni vill kompromettera oss på något annat sätt dessutom är vi beredda till det.”

Han tystnade och såg sig om, i känslan av att dörren hade gått upp. Javisst, den lille betjänten med det gula ansiktet hade stigit in utan att knacka. Winston såg att han bar på en bricka med en karaff och några glas.

”Martin hör till oss”, sade O'Brien oberört. ”Kom hit med drinkarna, Martin. Ställ dem på runda bordet. Har vi stolar tillräckligt? Då kan vi väl lika gärna sätta oss bekvämt medan vi pratar. Ta en stol åt dej, Martin. Det här är affärer. Du kan låta bli att vara betjänt i tio minuter.”

Den lille mannen satte sig, helt obesvärad, och ändå med uppsynen av en betjänt som tillgodogjorde sig ett privilegium. Winston sneglade på honom. Det slog honom att denne mans liv bestod i att spela en roll, och att han fann det farligt att lägga av sin anlagda personlighet ens för ett ögonblick. O'Brien tog karaffen vid halsen och slog glasen fulla med en mörkröd vätska. Den väckte dunkla minnen hos Winston av någonting han hade sett för länge sen på en husvägg eller ett plank – en kolossal flaska uppbyggd av elektriska lampor som tycktes luta sig framåt och hälla ut sitt innehåll i ett glas. Uppifrån sett såg vätskan nästan svart ut, men i karaffen lyste den som rubin. Den doftade sötsurt. Han såg Julia ta sitt glas och nosa på det med ohöljd nyfikenhet.

”Det kallas vin”, sade O'Brien med ett litet småleende. ”Det har ni utan tvivel läst om i böcker. Det är tyvärr inte mycket som kommer yttre partiet till del.” Hans min blev allvarsam pånytt, och han höjde sitt glas: ”Jag tycker det passar att vi börjar med en skål. Vi dricker för vår ledare: för Emmanuel Goldstein.”

Winston tog sitt glas med en viss iver. Vin var något han hade läst och drömt om. Liksom glasbrevpressen eller Charringtons halvt bortglömda rim hörde det ihop med det försvunna, romantiska förflutna, den gamla goda tiden som han tyckte om att uttrycka det i sina hemliga tankar. Av någon orsak hade han alltid tänkt på vin som något intensivt sött, ungefär som björnbärssylt, och med omedelbart rusande verkan. När han nu svalde denna vätska var den en avgjord besvikelse. Sanningen var den att han efter många års ginkonsumtion nätt och jämnt kände smaken. Han ställde ner sitt tomma glas.

”Så då finns det en Goldstein?” sade han.

”Ja, det finns det, och han lever. Var han finns vet jag inte.”

”Och motståndsrörelsen – organisationen? Finns den? Är den inte bara uppfunnen av tankepolisen?”

”Nej, den finns. Broderskapet kallar vi den. Ni kommer aldrig att få veta mycket mer om Broderskapet än att det existerar och att ni hör dit. Jag ska strax återkomma till den saken.” Han såg på sitt armbandsur. ”Det är oklokt också av inre partimedlemmar att ha teleskärmen avstängd mer än en halvtimme. Ni borde inte ha kommit hit tillsammans, och ni måste gå härifrån separat. Du, kamrat” – han böjde på huvudet mot Julia – ”går först. Vi har cirka tjugo minuter på oss. Ni måste godta att jag är tvungen att ställa en del frågor till att börja med. Helt allmänt taget, vad är det ni är beredda att göra?”

”Allt vi har förmåga till”, sade Winston.

O'Brien hade vänt sig i stolen en smula så att han såg rätt på Winston. Han nästan ignorerade Julia och tycktes ta för givet att Winston yttrade sig för hennes räkning. Ett ögonblick slöt han ögonen. Så började han ställa sina frågor med låg, uttryckslös röst, som om det varit en rutin, ett slags katekesförhör där han visste de flesta svaren i förväg.

"Ni är beredda att offra livet?"

"Ja."

"Ni är beredda att begå självmord?"

"Ja."

"Att begå sabotage som kan vålla hundratals oskyldigas död?"

"Ja."

"Att förråda landet till främmande makt?"

"Ja."

"Ni är beredda att bedra, att förfalska, att utpressa, att fördärva barn, att sprida vanebildande droger, att uppmuntra prostitution, att sprida veneriska sjukdomar – att göra vad som helst som kan väntas vara demoraliserande och försvaga partiets makt?"

"Ja."

"Om det till exempel av någon anledning skulle tjäna vårt intresse att kasta svavelsyra i ansiktet på ett barn – är ni beredda till det?"

"Ja."

"Ni är beredda att förlora er identitet och leva resten av era liv som servitris eller hamnarbetare?"

"Ja."

"Ni är beredda att begå självmord om och när vi ger er order om det?"

"Ja."

"Ni är beredda, båda två, att skiljas åt och inte se varandra vidare?"

"Nej!" föll Julia in.

Winston tyckte att det gick en lång stund innan han själv svarade. Ett ögonblick hade han nästan förlorat talförmågan, verkade det. Hans tunga arbetade ljudlöst och formade början till först det ena svaret, så till det andra, om och om igen. Ända tills han uttalade det visste han inte vilketdera ordet han tänkte säga. "Nej", sade han till slut.

”Bra att ni talade om det”, sade O’Brien. ”Det är nödvändigt för oss att veta allt.”

Han vände sig mot Julia och fortsatte med lite mera uttryck i rösten:

”Förstår du att också om han överlever blir det kanske i form av en annan person? Vi kanske blir tvungna att ge honom en ny identitet. Hans ansikte, hans rörelser, formen på hans händer, färgen på hans hår – till och med hans röst skulle då bli annorlunda. Och du själv kan också ha blivit en annan. Våra kirurger kan ändra folk till oigenkännlighet. Ibland är det nödvändigt. Ibland gör vi till och med en amputation.”

Winston kunde inte låta bli att snegla ett tag till på Martins mongoliska ansikte. Det hade inga synliga ärr. Julia hade bleknat en smula, så att hennes fräknar steg fram, men hon såg djärvt tillbaka på O’Brien. Hon mumlade något som lät som bifall.

”Bra. Då är vi överens.”

Det stod ett silverskrin med cigarretter på bordet. Tämligen förstrött sköt O’Brien fram det mot de andra, tog en cigarrett själv, reste sig sedan och började vandra av och an, som om han tänkte bättre i upprätt ställning. Det var mycket goda cigarretter, mycket tjocka och välstoppade, med ett papper av ovan lenhet. O’Brien såg på armbandsuret igen.

”Bäst du går tillbaka till pentryt nu, Martin”, sade han. ”Jag knäpper på om en kvart. Titta noga på de här kamraternas utseende innan du går. Du kommer att få se dem på nytt. Möjligen inte jag.”

Alldeles som vid dörren då han släppte in dem for den lille mannens mörka blick i en glimt över deras ansikten. Det fanns inte något spår av vänskaplighet i den. Han memorerade deras utseende, men han kände inget intresse för dem, eller föreföll inte göra det. Winston tänkte att ett syntetiskt ansikte kanske inte kunde ändra uttryck. Utan att säga något eller på något vis ta avsked gick Martin ut och stängde tyst dörren efter sig. O’Brien vandrade av och an med ena handen i fickan på sin svarta overall, och cigarretten i den andra.

”Ni måste förstå”, sade han, ”att ni kommer att kämpa i

mörkret. Ni kommer aldrig att se något sammanhang. Ni kommer att få order och ni lyder dem utan att förstå varför. Lite senare ska jag skicka er en bok som kommer att upplysa er om vårt samhälles egentliga väsen och om den strategi som vi kommer att störta det med. När ni har läst boken hör ni till Broderskapet på allvar. Men ni kommer aldrig att veta någonting om vad som finns mellan de allmänna mål som vi kämpar för och era uppgifter och uppdrag för stunden. Jag kan säja er att Broderskapet existerar, men jag kan inte säja er om det har hundra medlemmar eller tio miljoner. Av egen erfarenhet kommer ni aldrig att känna till ens ett dussin. Ni kommer att få tre eller fyra kontakter som blir ersatta då och då efter hand som de försvinner. Eftersom det här var er första kontakt kommer den att bestå. När ni får några order blir det genom mej. Om vi finner det nödvändigt att meddela oss med er blir det genom Martin. När ni råkar fast till sist kommer ni att bekänna. Det är oundvikligt. Men ni kommer att ha mycket lite att bekänna, utöver era egna handlingar. Ni kommer inte att kunna förråda mer än en handfull mindre viktiga personer. Antagligen kommer ni inte ens att förråda mej. Vid det laget är jag kanske död, eller också har jag blivit någon annan och ser annorlunda ut."

Han fortsatte med sitt vandrande över den mjuka mattan. Trots hans storväxthet var hans rörelser anmärkningsvärt smidiga. Det märktes till och med på hans sätt att sticka handen i fickan eller hantera cigarretten. Ännu mer än av styrka gav han ett intryck av självsäkerhet och av förståelse, något kryddad med ironi. Hur allvarligt han än talade hade han ingenting av den ensidighet som utmärker fanatiker. När han talade om mord, självmord, veneriska sjukdomar, amputationer och ändrade ansikten skedde det med en svagt spefull ton. "Sådant är oundvikligt", tycktes hans tonfall säga, "sådant måste vi kunna göra utan att blinka. Men det är inte sådant vi gör när livet en dag är värt att leva igen." En våg av beundran, nästan dyrkan, strömmade ut mot O'Brien från Winston. För ögonblicket hade han glömt Goldsteins skuggestalt. När man såg på O'Briens kraftfulla axlar och hans grovskurna ansikte, så fult och på samma gång så kultiverat, var det omöjligt att tro att han kunde besegras. Det fanns ingen krigslist som inte han rådde på, ingen fara som inte han kunde förutse. Till och med Julia föreföll imponerad. Hon hade låtit cigarretten slockna och hörde uppmärksamt på. O'Brien fortsatte:

"Ni har säkert hört rykten om Broderskapets existens. Utan tvivel har ni skapat er en bild av det. Antagligen har ni föreställt er en vidsträckt underjordisk värld av konspiratörer som har hemliga möten i källare, klottrar meddelanden på väggar, känner igen varandra på kodord eller någon särskild åtbörd. Det finns ingenting sånt. Broderskapets medlemmar kan inte känna igen varandra på någonting, och ingen enskild medlem kan känna till fler än några få andra. Inte ens Goldstein själv, om han råkade i händerna på tankepolisen, skulle kunna ge dem någon komplett medlemsförteckning, eller upplysningar som kunde hjälpa dem att få tag på en komplett förteckning. Det finns ingen sådan förteckning. Broderskapet kan inte plånas ut därför att det inte är någon organisation i vanlig mening. Ingenting håller ihop det utöver en idé som är oförstörbar. Ni kommer aldrig att ha något stöd utöver idén. Ni kommer inte att få något kamratskap och ingen uppmuntran. När ni råkar fast till sist kommer ni inte att få någon hjälp. Vi hjälper aldrig våra medlemmar. På sin höjd, ifall det är alldeles nödvändigt att tysta någon, kan vi ibland smuggla in ett rakblad till en fånge. Ni blir tvungna att vänja er vid att leva utan resultat och utan hopp. Ni kommer att arbeta en tid, ni kommer att åka fast, ni kommer att bekänna, och sen kommer ni att dö. Det är det enda resultat ni nånsin får se. Det finns ingen möjlighet att det kommer någon märkbar förändring inom vår egen livstid. Vi är de döda. Vårt enda riktiga liv finns i framtiden. Den tar vi del i som aska och benskärvor. Men hur långt det är till den framtiden kan ingen veta. Det kan vara tusen år. Just nu är ingenting annat möjligt att göra än att sakta och småningom utvidga förnuftets räjong. Kollektivt kan vi inte handla. Vi kan bara sprida vår kunskap utåt från individ till individ, generation efter generation.

Under tankepolisens ögon finns det inget annat sätt.”

Han tystnade och tittade för tredje gången på klockan.

”Det är strax dags för dej att gå, kamrat”, sade han till Julia. ”Vänta. Karaffen är ännu halv.”

Han fyllde glasen och tog sitt eget glas vid foten.

”Vad ska vi skåla för den här gången?” sade han, fortfarande med samma svaga aning av ironi. ”För förvirring inom tankepolisen? För Storebrors död? För mänskligheten? För framtiden?”

”För det förflutna”, sade Winston.

”Det förflutna är viktigare”, instämde O'Brien allvarsamt.

De tömde sina glas, och strax efteråt reste sig Julia för att gå. O'Brien tog en liten ask som låg ovanpå ett skåp och gav henne en platt vit tablett att lägga på tungan. Det var viktigt, sade han, att inte gå ut med vindoft i andedräkten: hissförarna var mycket observanta. Så snart dörren stängdes bakom henne tycktes han ha glömt hennes existens. Han tog några steg till på sin vandring och stannade sedan.

”En del detaljer måste avtalas”, sade han. ”Jag antar att ni har något slags gömställe?”

Winston berättade om rummet ovanför Charringtons butik.

”Det duger för närvarande. Senare ska vi ordna något annat. Det är viktigt att byta gömställe ofta. Under tiden ska jag skicka er ett exemplar av *boken*” – till och med O'Brien, märkte Winston, tycktes uttala ordet som om det var kursiverat – ”Goldsteins bok alltså, så snart som möjligt. Det kan gå några dagar innan jag får tag på ett. Det finns inte så många exemplar, som ni kan förstå. Tankepolisen spårar upp dem och förstör dem nästan lika fort som vi kan producera dem. Det gör ingen stor skillnad. Boken är oförgänglig. Om det sista exemplaret försvinner skulle vi kunna skriva den pånytt så gott som ordagrant. Går du med portfölj till arbetet?” tillade han.

”Ja, i regel.”

”Hur ser den ut?”

”Svart, mycket sliten. Med två lås.”

”Svart, två lås, mycket sliten – bra. Någon dag tämligen

snart – datum kan jag inte säja nu – kommer det att finnas ett tryckfel i någon av dina förmiddagsuppgifter, och du måste be att få den upprepad. Dagen därpå ska du gå till arbetet utan portfölj. Någon gång under dagens lopp kommer en man ute på gatan att röra vid din arm och säja 'Ni har visst tappat er portfölj'. I den som han ger dej finns ett exemplar av Goldsteins bok. Den ska du lämna tillbaka inom fjorton dar."

De teg en stund.

"Det är ett par minuter kvar tills du måste gå", sade O'Brien. "Vi ses igen – ifall vi ses igen – "

Winston såg upp på honom. "Där det inget mörker finns?" sade han tveksamt.

O'Brien nickade utan att se förvånad ut. "Där inget mörker finns", sade han, som om han känt igen anspelningen. "Och innan dess, finns det nånting du vill ha sagt innan du går? Något meddelande? Nånting som du vill fråga?"

Winston tänkte efter. Det tycktes inte finnas någonting mer han ville fråga, ännu mindre kände han något behov av att uttala någonting allmänt högtravande. I stället för någonting med direkt anknytning till O'Brien eller Broderskapet kom det för honom ett slags sammansatt bild av det mörka sovrummet där hans mor hade bott sin sista tid, och det lilla rummet ovanför Charringtons butik, glasbrevpressen och stålsticket i sin rosenträram. Nästan på måfå sade han:

"Har du nånsin råkat höra ett gammalt barnkammarrim som börjar *Oranges and lemons, say the bells of St Clement!s?*"

O'Brien nickade pånytt. Med ett slags hövligt allvar fyllde han i versen:

Oranges and lemons, say the bells of St Clement's.
You owe me three farthings, say the bells of St Martin's.
When will you pay me? say the bells of Old Bailey,
When I grow rich, say the bells of Shoreditch.

"Du kunde sista raden!" sade Winston.

"Ja, jag kunde sista raden. Och nu måste du tyvärr gå. Men vänta. Säkrast att du tar en av tabletterna."

När Winston reste sig räckte O'Brien fram handen. Hans kraftfulla grepp klämde ihop Winstons mellanhandsben. I dörren såg sig Winston om, men O'Brien föreföll redan på väg att glömma bort honom. Han stod och väntade med handen på avbrytaren till teleskärmen. Bakom honom kunde Winston se skrivbordet med lampans gröna skärm och talskrivaren och ståltrådskorgarna med sina pappershögar. Inom en halv minut, tänkte han, skulle O'Brien åter sitta vid sitt avbrutna och viktiga partiarbete.

9

Winston var gelétrött. Gelétrött var rätta ordet. Det hade spontant fallit honom in. Han kände sig inte bara svag som ett gelé i kroppen, utan också genomskinlig. Han tyckte att om han nu räckte upp handen skulle han kunna se dagern igenom den. Allt han hade av blod och lymfa hade tappats ur honom i en väldig arbetsorgie som lämnade kvar bara en bräcklig stötta av nerver, ben och hud. Alla sinnesintryck verkade förstorade. Hans blåställ stramade över axlarna, trottoaren irriterade hans fotsulor, bara att sluta och öppna en hand var en ansträngning som fick det att knaka i lederna.

Han hade arbetat över nittio timmar på fem dygn. Detsamma hade alla andra på ministeriet gjort. Nu var det hela över, och han hade bokstavligen ingenting att göra, inget partiarbete av något slag, förrän nästa morgon. Han kunde tillbringa sex timmar på gömstället och nio timmar till i sin egen säng. Sakta, i milt eftermiddagssolsken, vandrade han längs en smutsig gata i riktning mot Charringtons butik, medan han höll en smula utkik efter patruller men ändå var irrationellt övertygad om att det inte idag fanns någon risk för att bli antastad. Den tunga portföljen han bar på stötte mot hans knä vid varje steg, så att det kändes utefter hela benet. I portföljen låg *boken*, som han nu hade haft i sin besittning i sex dagar och ännu inte hade öppnat, inte ens tittat i.

På Hatveckans sjätte dag, efter demonstrationerna, talen, skriken, sångerna, banderollerna, plakaten, filmerna, vaxkabinetten, trumvirvlarna och trumpetgnället, marschtrampet, stridsvagnarnas larvkedjerassel, flygplansvrålet, kanondundret – efter sex dagar av detta, när den stora orgasmen nådde sin darrande klimax och det allmänna hatet mot Eurasien var upphettat till ett sådant delirium, att om folkmassorna hade kunnat få tag i de tvåtusen eurasiska krigsförbrytare som skulle hängas offentligt den sista dagen skulle de otvivelaktigt ha slitit dem i stycken – just i den stunden tillkännagavs det att Oceanien när allt kom omkring inte befann sig i krig med Eurasien. Oceanien krigade mot Ostasien. Eurasien var en allierad.

Givetvis förekom inget medgivande att någonting hade förändrats. Det bara blev bekantgjort, med extrem snabbhet och överallt på en gång, att det var Ostasien och inte Eurasien som var fienden. Winston deltog i en demonstration på ett av Londons centrala torg just då det hände. Det var kväll, och de vita ansiktena och röda fanorna var starkt belysta. Torget var fullpackat med många tusen människor, inklusive en kontingent av ett tusental skolbarn i spionuniform. På en rödklädd plattform stod en talare från Inre partiet, en liten mager man med oproportionerligt långa armar och en bred skallig hjässa med några hårstripor tvärs över, och orerade till folkmassan. Han var en dvärg, hopkrumpen av hat, som grep om mikrofonhalsen med ena handen medan den andra enorma handen ytterst på hans tunna arm hotfullt klöste i luften över hans huvud. Rösten som förstärkarna gjorde ihålig dundrade fram en oändlig lista på grymheter, massakrer, deportationer, plundringar, våldtäkter, fångmisshandel, bombningar av civila mål, propagandalögner, orättfärdiga aggressioner, traktatsbrott. Det var så gott som omöjligt att höra på honom utan att bli först övertygad och därefter uppretad. Allt emellanåt kokade folkhopens raseri över bräddarna och talarens röst drunknade i ett vilddjursaktigt vrål som ohejdat steg ur tusentals strupar. De vildaste skränet av alla kom från skolbarnen. Talet hade pågått i tjugo minuter eller så då en ordonnans skyndade upp på estraden och stack en papperslapp i talarens hand. Han vecklade upp den och läste den utan att göra någon paus. Ingenting ändrades i hans röst eller sätt, eller i talets innehåll, men plötsligt var namnen andra. Utan ord löpte en våg av instämmande genom massan. Oceanien var i krig med Ostasien! I nästa ögonblick var uppståndelsen enorm. Banderollerna och plakaten som dekorerade torget var helt fel! Minst hälften av dem hade fel ansikten på. Det var sabotage! Goldsteins agenter hade slagit till! Ett upploppsaktigt mellanspel följde när affischer revs av väggarna, fanor slets i trasor och trampades ner. Spionerna utförde underverk där de klättrade på taken och skar ner vimplarna som fladdrade mellan skorstenarna. Men på ett par tre minuter var allting över. Talaren stod kvar med greppet om mikrofonen, axlarna framskjutna, handen klösande i luften, och fortsatte sitt anförande utan dröjsmål. Inom en minut till bröt nya rovdjurslika rytanden av raseri fram ur folkmassan. Precis som förut fortsatte Hatet, det var bara dess föremål som hade bytts ut.

Vad som imponerade på Winston när han tänkte tillbaka på detta var att talaren hade slagit om från den ena åsikten till den andra bokstavligen mitt i en sats, inte bara utan ett enda uppehåll, utan också så att han bevarade satsens grammatikaliska sammanhang. Men just då hade han själv varit upptagen av annat att tänka på. Det var under minuterna av allmän oordning medan plakaten revs ner som en man vars ansikte han inte fick syn på knackade honom på ena axeln och sade: "Ursäkta, men ni har visst tappat er portfölj." Han tog emot portföljen förstrött, utan att svara. Han visste att det skulle gå dagar innan han fick ett tillfälle att titta i den. I samma stund som demonstrationen var över gick han raka vägen till sanningsministeriet, trots att klockan nu var nästan tjugotrenollnoll. Hela personalen gjorde på samma sätt. De order som redan strömmade ur teleskärmen och kallade dem till sina poster var knappast behövliga.

Oceanien var i krig med Ostasien: Oceanien hade alltid varit i krig med Ostasien. En stor del av fem års politiska litteratur var nu fullkomligt föråldrad. Rapporter och arkiveringar av alla slag, tidningar, böcker, ströskrifter, filmer, ljudband, foton – allting måste rättas till i ilfart. Även om inga direktiv utfärdades visste alla att avdelningens chefer avsåg att det efter en vecka inte fick existera någon enda uppgift om kriget med Eurasien eller alliansen med Ostasien, någonstans. Det var ett arbete av överväldigande omfång, så mycket mera som de procedurer det medförde inte fick kallas vid sina rätta namn. Alla på arkivavdelningen arbetade arton timmar av tjugofyra, med två tre timmars sovpass emellan. Madrasser fördes upp från källaren och lades ut överallt i korridorerna; måltider av smörgås och segerkaffe rullades omkring i vagnar av biträden från kantinen. Var gång Winston avbröt arbetet för ett sovpass försökte han lämna sitt bord tomt, och var gång han kravlade sig tillbaka dit med rinnande ögon och värkande rygg fann han att en ny skur av papperscylindrar hade täckt bordet som en snödriva, så att talskrivaren var halvt begraven och mycket låg på golvet, och det första han måste göra var att ordna dem till en trave så att han kom åt att sätta sig. Det värsta av allt var att arbetet ingalunda var rent mekaniskt. Ofta räckte det med att ersätta ett namn med ett annat, men alla detaljerade händelsereferat krävde omsorg och fantasi. Redan de geografiska kunskaper man behövde för att flytta kriget från en världsdel till en annan var avsevärd.

På tredje dagen sved hans ögon outhärdligt och han måste torka glasögonen var femte minut. Det var som att kämpa med någon förkrossande fysisk arbetsuppgift, någonting som man hade rätt att vägra och ändå var neurotiskt ivrig att fullgöra. I den mån han fick tid att tänka på det bekymrades han inte av det faktum att varje ord han mumlade i talskrivaren, varje drag av hans kulspetspenna var en avsiktlig lögn. Han var lika mån som alla andra på avdelningen om att förfalskningen skulle vara perfekt. På morgonen den sjätte dagen saktade floden av cylindrar av. Under en hel halvtimme gav rörposten inte ifrån sig någonting; så kom det ännu en cylinder, och så var det över. Överallt började arbetet lätta ungefär vid samma tid. Avdelningen drog en samfälld, djup och liksom hemlig suck. En väldig prestation, som aldrig skulle kunna omtalas, var fullgjord. Det var nu omöjligt för någon människa att dokumentariskt bevisa att det någonsin funnits något krig med Eurasien. Klockan tolvnollnoll meddelades oväntat att alla som arbetade i ministeriet fick ledigt till nästa morgon. Winston tog portföljen med *boken*, som han hade haft mellan fötterna medan han arbetade och under sig när han sov, gick hem, rakade sig, och nästan somnade i badet, trots att vattnet nätt och jämnt var mer än ljummet.

Med nästan njutningsfullt knakande leder klev han uppför trappan över Charringtons butik. Han var trött, men inte längre sömnig. Han öppnade fönstret, tände den smutsiga lilla fotogenkaminen och satte på en kastrull vatten till kaffe. Snart skulle Julia komma, till dess hade han *boken*. Han satte sig i den nersuttna länstolen och låste upp portföljen.

En tjock svart bok, amatörmässigt inbunden, med varken författarnamn eller titel på pärmen. Också trycket var något ojämnt. Bladen var nötta i kanterna och boken föll lätt upp, som om den redan gått genom många händer. På titelbladet stod:

DEN OLIGARKISKA KOLLEKTIVISMEN
DESS TEORI OCH PRAKTIK
av
Emmanuel Goldstein.

Winston började läsa:

KAPITEL I
Okunnighet är styrka

Under hela den tid som historien känner, och sannolikt sedan slutet av stenåldern, har världen haft tre slags invånare: ett överskikt, ett mellanskikt och ett underskikt. Dessa har indelats i många underavdelningar, de har fått otaliga benämningar, och skiktens relativa omfattning, liksom deras relationer till varandra, har växlat från tid till tid, men i väsentliga delar har samhällets uppbyggnad aldrig förändrats. Även efter stora omvälvningar och till synes oåterkalleliga förändringar har samma mönster alltid hävdat sig på nytt, alldeles som ett gyroskop alltid återgår i jämviktsläge, hur mycket man än lutar det åt ena eller andra hållet.

Dessa grupper har helt och hållet oförenliga mål . . .

Winston slutade läsa, huvudsakligen för att njuta av det faktum att han *läste*, i ro och trygghet. Han var ensam: ingen teleskärm, inget öra vid nyckelhålet, ingen nervös impuls att se sig över axeln eller täcka över boksidan. Den milda sommarluften fläktade mot hans kind. Någonstans långt bortifrån kom svaga barnrop, inne i själva rummet hördes ingenting utom klockans insektsröst. Han makade sig ner i länstolen och satte upp fötterna på spisgallret. Det var salighet, det var evighet. Plötsligt slog han upp boken på ett annat ställe, som man gör ibland med en bok där man vet att man kommer att läsa varje ord inte en utan två gånger, och hamnade vid kapitel III. Han fortsatte att läsa:

KAPITEL III
Krig är fred

Världens uppdelning i tre supermakter var något som kunde förutses och även förutsågs före mitten av tjugonde seklet. I och med den europeiska kontinentens inlemmande i Ryssland och Brittiska imperiets uppgång i Förenta staterna existerade redan två av de tre makterna, Eurasien och Oceanien. Den tredje, Ostasien, framträdde som en avgränsad enhet först efter ytterligare tio års förvirrade krig. Gränserna mellan de tre superstaterna är ställvis godtyckliga och ställvis växlar de i enlighet med krigsresultaten, men i stort sett följer de geografiska sträckningar. Eurasien omfattar hela norra delen av den europeiska och asiatiska landmassan, från Portugal till Berings sund. Oceanien omfattar de amerikanska kontinenterna, de atlantiska öarna inklusive de brittiska, Australasien samt södra delen av Afrika. Ostasien, som är mindre än de båda andra och vars västgräns är mindre bestämd, omfattar Kina med sydliga grannländer, de japanska öarna samt en stor men växlande del av Manchuriet, Mongoliet och Tibet.

I en eller annan kombination befinner sig dessa tre superstater i permanent krig sedan tjugofem år. Ett krig är emellertid inte längre samma desperata förintelsekamp som under tjugonde seklets första decennier. Det är en krigföring med begränsade resurser mellan parter som är oförmögna att tillintetgöra varandra, som inte har någon materiell orsak att föra krig och som inte åtskiljs av någon verklig ideologisk klyfta. Därmed är inte sagt att vare sig själva krigföringen eller rådande inställning till den skulle ha blivit mindre blodtörstig eller mera human. Tvärtom råder en ständig och allmän krigshysteri i alla länder, och handlingar som våldtäkt, plundring, barnamord, förslavande av hela befolkningar samt repressalier, som utsträcks ända till att koka eller begrava krigsfångar levande, betraktas som normala och, då de begås av den egna sidan och inte av fienden, som förtjänstfulla. Men i rent fysisk mening berör kriget rätt få människor, merendels utbildade specialister, och vållar relativt små förluster. Då strider förekommer äger de rum i de obestämda gränsmarker vilkas läge mannen på gatan endast kan gissa sig till, eller omkring de Flytande fästningar som bevakar strategiska punkter av sjöfartsrutterna. I civilisationscentra betyder kriget föga mer än en ständig brist på konsumtionsvaror samt då och då en raketbombskrevad som medför något tjugotal döda. Kriget har i själva verket ändrat art. Exaktare uttryckt, orsakerna till att man för krig har ändrat rangordning. Motiv som i någon ringa mån förekom redan i de stora krigen i seklets början har nu blivit dominerande och medvetet observerade och erkända.

Vill man förstå arten av det pågående kriget – ty trots den omgruppering som sker med några års mellanrum är det alltid samma krig – måste man först och främst inse att det omöjligt kan avgöras. Ingen av de tre superstaterna kan slutgiltigt besegras ens av de båda andra tillsammans. De är alltför jämnstarka, och deras naturliga försvarsverk alltför betydande. Eurasien skyddas av sina vidsträckta landområden, Oceanien av Atlantens och Stilla havets bredd, Ostasien genom sin bördighet och sina invånares flit. För det andra finns det inte längre någonting, i materiell mening, att föra krig om. Sedan slutna ekonomiska system blivit upprättade, i vilka produktion och konsumtion kopplats till varandra, har kapplöpningen efter marknader, som var en av huvudorsakerna till tidigare krig, upphört, varjämte konkurrensen om råvarorna inte längre är någon livsfråga. I varje fall är envar av de tre superstaterna så vidsträckt att den kan skaffa sig så gott som alla råvaror den behöver inom sina egna gränser. I den mån kriget har något direkt ekonomiskt syfte, är det ett krig om arbetskraft. Mellan superstaternas gränser, aldrig permanent behärskad av någon av dem, ligger en fyrsiding med hörnen ungefär vid Tanger, Brazzaville, Port Darwin och Hongkong, som inrymmer omkring en femtedel av jordens befolkning. Det är för makten över dessa tättbefolkade områden samt över Arktis, som de tre makterna ständigt bekrigar varandra. I praktiken är det ingen av dem som någonsin behärskar hela området. Delar av det byter oupphörligt ägare, och det är tillfällen att rycka till sig den ena eller andra delen genom plötsligt politiskt svek som vållar de oändliga sidbytena i allianserna.

Alla de eftertraktade territorierna innehåller värdefulla mineral, och en del avkastar viktiga växtprodukter såsom gummi, som i kallare klimat måste syntetiseras med relativt kostsamma metoder. Men framför allt inrymmer de en outtömlig reserv av billig arbetskraft. Den stormakt som behärskar Ekvatorialafrika eller länderna i Mellanöstern, eller Sydindien eller indonesiska arkipelagen äger också kropparna av tjogtals eller hundratals miljoner illa betalda och hårt arbetande kulier. Invånarna i dessa områden, som mer eller mindre öppet har förvandlats till slavar, erövras ständigt av nya ägare och förbrukas liksom kol eller olja i tävlan att upprusta, för att erövra mera territorium, för att behärska mera territorium och så vidare i oändlighet. Det bör märkas att striderna egentligen aldrig förflyttas utöver de omtvistade områdena. Eurasiens gränser flyttas av och an mellan Kongobäckenet och norra Medelhavskusten; öarna i Indiska oceanen och Stilla havet erövras och återerövras oupphörligen av Oceanien och av Ostasien; i Mongoliet är gränsen aldrig stabil mellan

Eurasien och Ostasien; omkring Nordpolen gör alla tre makterna anspråk på väldiga områden som i själva verket är till stor del obebodda och outforskade. Men maktbalansen bevaras ständigt i stora drag, och det territorium som utgör varje superstats egentliga område förblir oberört. Därtill kommer att de exploaterade ekvatoriala folkens arbete egentligen inte behövs för världsekonomin. De ökar inte världens rikedom, eftersom allt de producerar används för krigsändamål, och syftet med att föra ett krig alltid är att skaffa sig en bättre utgångsställning för ett nytt krig. Genom sitt arbete tillåter slavbefolkningarna att det ständiga kriget kan öka takten. Men om de inte fanns skulle världens sociala struktur, och den process varmed den uppehåller sig själv, inte vara väsentligt annorlunda.

Den moderna krigföringens primära syfte (i enlighet med *dubbeltänk*-principerna är detta syfte på en gång erkänt och icke erkänt av det Inre partiets ledande hjärnor) är att förbruka systemets produkter utan att höja den allmänna levnadsstandarden. Ända sedan slutet av nittonde seklet har problemet om var man skall göra av med överskottet av konsumtionsvaror legat latent inom industrisamhället. För närvarande, då få människor ens har tillräckligt att äta, är detta problem uppenbarligen inte angeläget, och det hade kanske aldrig blivit det, ens om inga konstgjorda destruktionsprocesser tagits i bruk. Dagens värld är kal, hungrig och sönderfallen jämfört med den värld som fanns före 1914, och är det i ännu högre grad om man jämför den med den framtid som den tidens människor föreställde sig och såg fram emot. I början av tjugonde seklet ingick i nästan varje bildad människas medvetande en vision av en framtida värld som var otroligt rik, arbetsfri, välordnad och effektiv – en antiseptisk värld som glimmade av glas och stål och snövit betong. Vetenskap och teknologi utvecklades med häpnadsväckande fart, och det föreföll naturligt att anta att detta skulle fortsätta. Det gick inte så, delvis på grund av den utarmning som vållades av en lång rad krig och revolutioner, dels för att vetenskapliga och tekniska framsteg var beroende av empiriska tankevanor, som inte kunde överleva i ett strikt reglementerat samhälle. Som helhet är världen primitivare i dag än för femtio år sedan. Vissa efterblivna områden har gått framåt, och vissa uppfinningar, alltid på något vis förbundna med krig och polisiärt spionage, har utvecklats, men i stor utsträckning har experiment och upptäckter upphört, och förstörelsen under 1950-talets atomkrig har aldrig kunnat fullt repareras. Inte desto mindre har maskinen kvar sina inbyggda faror som förut. Ända från den stund då den maskinella utvecklingen började stod det klart för varje tänkande människa att behovet av mänskligt slaveri, och därmed i stor utsträckning av mänsklig ojämlikhet, hade försvunnit. Om maskinen avsiktligt brukades för detta ändamål skulle svält, slit, smuts, okunnighet och sjukdom kunna elimineras inom några generationer. Och i själva verket, utan att avsiktligt användas så, men genom ett slags automatisk process – genom att producera rikedom som det ibland var omöjligt att låta bli att fördela – lyckades maskinen höja genomsnittsmänniskans levnadsstandard högst betydligt under cirka femtio år i slutet av 1800- och början av 1900-talet.

Men det blev också klart att en allmän förmögenhetsökning hotade att rasera – ja, raserade på sätt och vis – ett hierarkiskt samhälle. I en värld där alla hade kort arbetsdag och tillräckligt att äta, bodde i hus med badrum och kylskåp och ägde bil eller till och med flygplan, hade den mest iögonfallande och kanske den viktigaste formen av ojämlikhet redan försvunnit. Om rikedom blev allmän skulle den inte längre medföra någon rang. Det var utan tvivel möjligt att tänka sig ett samhälle, där *rikedom* i betydelsen personlig egendom och lyxvaror kunde vara jämnt fördelad, medan *makten* bevarades i händerna på en liten privilegierad grupp. Men i praktiken skulle ett sådant samhälle inte länge förbli stabilt. Ty om alla och envar kunde åtnjuta ledighet och trygghet skulle den stora massan människor som normalt fördummas av fattigdom få kunskaper och lära sig tänka själv; och då de väl gjorde det skulle de förr eller senare inse att den privilegierade minoriteten inte hade någon funktion och sopa undan den. På lång sikt var ett hierarkiskt samhälle möjligt endast byggt på fattigdom och okunnighet. Att återgå till ett jordbruksförflutet, som vissa tänkare omkring början av 1900-talet drömde om, var ingen genomförbar lösning. Den stred mot den dragning till mekanisering som redan hade blivit något av en instinkt i så gott som hela världen, och därtill kom att ett land som var industriellt efterblivet skulle bli militärt maktlöst och därmed behärskas, direkt eller indirekt, av sina längre hunna konkurrenter.

Inte heller var det någon tillfredsställande lösning att hålla massorna kvar i fattigdom genom att begränsa varuproduktionen. Detta skedde i stor utsträckning under kapitalismens slutfas, ungefär mellan 1920 och 1940. I många länder tilläts ekonomin stagnera, odlingsmark lades i träda, investeringar upphörde, stora delar av befolkningen förhindrades att arbeta och hölls nödtorftigt vid liv med statlig välgörenhet. Men även detta medförde militär svaghet, och eftersom de umbäranden det vållade uppenbart var onödiga uppstod oundvikligen en opposition. Problemet bestod i att hålla industrins hjul i gång utan att öka världens egentliga tillgångar. Varor måste produceras, men de fick inte fördelas. Och i praktiken var det enda sättet att uppnå detta att föra ständigt krig.

Krigets egentliga uppgift är förintelse, inte nödvändigtvis av människoliv, men av produkterna av människors arbete. Kriget är en metod att krossa i bitar eller blåsa ut i stratosfären eller sänka i havsdjupen sådant material som annars kunde brukas till att skapa alltför stort välstånd bland massorna och därmed, på lång sikt, en alltför hög intelligens och insikt. Även då militära vapen inte förbrukas i egentlig mening, är tillverkningen av dem fortfarande ett bekvämt sätt att använda arbetskraft utan att producera något som kan konsumeras. En flytande fästning till exempel har bundit en arbetsmängd som motsvarar byggandet av flera hundra lastfartyg. Den kommer till slut att skrotas ned som föråldrad, utan att någonsin ha varit någon till materiell nytta, och därefter byggs en ny flytande fästning med enorma insatser av möda. I princip planläggs krigsansträngningen alltid så att den slukar allt överskott som möjligen återstår sedan befolkningens nödtorft är tillgodosedd. I praktiken underkalkyleras alltid befolkningens nödtorft, med resultatet att en kronisk brist på hälften av alla nödvändighetsvaror uppkommer, men detta betraktas som en fördel. Det utgör ett avsiktligt program att hålla även de privilegierade grupperna någonstans i nödens närhet, därför att en allmän bristsituation ökar värdet av smärre privilegier och sålunda även klyftan mellan olika grupper. Mätt med standarden i början av 1900-talet är livet bistert och besvärligt även för en medlem av Inre partiet. Inte desto mindre placeras han genom de få lyxprivilegier han åtnjuter – hans stora, välutrustade lägenhet, det bättre tyget i hans kläder, den högre kvaliteten på hans mat och dryck och tobak, hans två eller tre tjänare, hans privata bil eller helikopter – i en helt annan värld än en medlem av Yttre partiet, och medlemmarna av Yttre partiet åtnjuter liknande fördelar jämfört med de undertryckta massorna som vi kallar proler. Den sociala atmosfären är densamma som i en belägrad stad, där att äga en bit hästkött markerar skillnaden mellan rik och fattig. Och på samma gång gör medvetandet om att befinna sig i krig, och därmed i fara, det till ett tillsynes naturligt, oundvikligt överlevnadsvillkor att all makt är överlämnad åt en liten härskarkast.

Kriget fullgör sålunda inte bara den nödvändiga förstörelsen, utan åstadkommer den också på ett psykologiskt godtagbart sätt. I princip vore det ytterst enkelt att slösa bort världens överskottsarbete på att bygga tempel och pyramider, att gräva gropar och fylla igen dem, eller till och med tillverka stora mängder varor och bränna upp dem. Men detta skulle endast skapa en ekonomisk och inte en emotionell bas för ett hierarkiskt samhälle. Vad det här gäller är inte moralen bland massorna, vilkas inställning är oväsentlig så länge de kvarhålls i oavbrutet arbete, utan själva partiets moral. Även den ringaste partimedlem förväntas vara duglig, flitig och även intelligent inom vissa trånga gränser, men det är även nödvändigt att han är en lättrogen och ignorant fanatiker, vars förhärskande stämningar är fruktan, hat, dyrkan och orgiastisk triumf. Det är med andra ord nödvändigt att han besitter en mentalitet som lämpar sig för krigstillstånd. Det spelar ingen roll om ett krig verkligen äger rum, och eftersom någon avgörande seger inte är möjlig spelar det heller ingen roll om kriget går bra eller dåligt. Allt som behövs är att krigstillstånd råder. Den klyvning av förnuft och intelligens som partiet kräver av sina medlemmar, och som lättast kan förverkligas under krigstillstånd, är numera så gott som universell, men ju högre upp på rangskalan man kommer, desto mer markerad blir den. Det är just i Inre partiet som krigshysteri och fiendehat är som starkast. I hans egenskap av administratör är det ofta nödvändigt för en medlem av Inre partiet att känna till att en eller annan nyhetsuppgift om kriget är osann, och han kanske ofta är medveten om att hela kriget är en förfalskning, så att det antingen alls inte äger rum eller också förs i helt andra syften än de tillkännagivna: men sådan kunskap neutraliseras lätt med *dubbeltänk*tekniken. På samma gång tvekar ingen medlem av Inre partiet ett ögonblick i sin mystiska övertygelse om att kriget *är* verkligt, och att det måste sluta i seger, med Oceanien som världens odiskutabla härskare.

För alla medlemmar av Inre partiet är denna framtida erövring en trosartikel. Den skall uppnås antingen genom att småningom erövra mer och mer territorium och sålunda bygga upp en stor övermakt, eller genom att uppfinna något nytt och obekämpbart vapen. Jakten på nya vapen går oförtröttligt vidare och utgör en av de ytterst få återstående verksamheter som erbjuder utlopp åt mänsklig uppfinningsrikedom. För närvarande har vetenskapen, i ordets gamla mening, så gott som upphört att existera i Oceanien. Nyspråket har inget ord för vetenskap. Det empiriska tänkandet, på vilket alla vetenskapliga resultat i det förflutna grundades, står i motsats till Engsoss mest fundamentala principer. Även tekniska framsteg sker endast då dess resultat på något vis kan brukas till att inskränka mänsklig frihet. I fråga om alla praktiska färdigheter stampar världen antingen på stället eller går tillbaka. Åkrar plöjs med häst medan böcker författas med maskin. Endast i livsviktiga angelägenheter – det vill säga i praktiken krig och polisiärt spionage – uppmuntras fortfarande empiriska metoder, eller tolereras åtminstone. Partiets tvenne mål är dels att erövra jordens hela yta, dels att en gång för alla utplåna möjligheten av oberoende tänkesätt. Därmed har partiet två stora problem att lösa. Det ena är hur man mot en människas vilja skall kunna få reda på vad hon tänker, och det andra är hur man skall kunna döda många hundra miljoner människor på några sekunder utan att de är varnade i förväg. I den mån vetenskaplig forskning fortfarande bedrivs är detta vad den sysslar med. Dagens vetenskapsman är antingen en blandning av psykolog och inkvisitor, som med största exakticitet studerar innebörden av ansiktsuttryck, åtbörder och tonfall samt prövar sanningsframkallande verkningar av droger, chockterapi, hypnos och tortyr; eller också är han kemist, fysiker eller biolog som sysslar endast med de delar av sitt fack som gäller eller kan beröra avlivning. I fredsministeriets stora laboratorier, på experimentalstationerna som är dolda i Brasiliens urskogar eller i den australiska öknen eller på avsides öar i Antarktis arbetar sådana expertgrupper oförtröttligt. En del ägnar sig helt enkelt åt att planera kommande krigs transportväsen och truppförflyttningar; andra konstruerar allt större raketbomber, allt starkare sprängämnen och allt ogenomträngligare pansar; andra forskar efter nya och dödligare stridsgaser, eller lättlösliga gifter att framställas i tillräckligt stora mängder för att förinta växtligheten på hela kontinenter, eller sjukdomsbakteriestammar som är immuniserade mot alla tänkbara antikroppar; andra försöker konstruera ett fordon som kan borra sig väg under jorden som en ubåt genom vatten, eller ett flygplan som är lika oberoende av en bas som ett segelfartyg; somliga utforskar ännu avlägsnare projekt, såsom att rikta solstrålar genom linser som svävar tusentals kilometer uppe i rymden, eller att framkalla jordskalv och störtvågor genom att leda ut värme från jordens innandöme.

Men inget av dessa projekt närmar sig någonsin ett förverkligande, och ingen av de tre superstaterna vinner någonsin något försprång av betydelse framför de andra. Ännu märkligare är att alla tre makterna redan i atombomben äger ett vapen som är långt starkare än något som deras forskningsarbete för närvarande kan väntas uppfinna. Även om partiet, sin vana trogen, gör anspråk på uppfinningen för egen del, har atombomber förekommit så tidigt som i mitten av fyrtiotalet och användes första gången i stor skala omkring tio år senare. Därvid fälldes några hundratal bomber över industricentra främst i det europeiska Ryssland, Västeuropa och Nordamerika. Följden blev att maktgrupperna i alla länder övertygades om att ytterligare några atombomber skulle innebära slutet för all samhällsorganisation, och därmed på deras egen makt. Efter detta fälldes inte fler bomber, även om ingen formell överenskommelse någonsin träffats eller antytts. Alla tre makterna endast fortsätter att framställa atombomber och lagra dem för det avgörande tillfälle som de alla tror skall komma förr eller senare. Och under tiden har krigskonsten så gott som stått på stället i trettio eller fyrtio år. Helikoptrar utnyttjas mer än fordom, bombplan har i stor utsträckning ersatts av projektiler med egen framdrivning, och det sårbara örlogsfartyget har fått vika för den nästan osänkbara flytande fästningen; men i övrigt har ingen större utveckling skett. Stridsvagnen, ubåten, torpeden, kpisten, till och med geväret och handgranaten är fortfarande i bruk. Och trots att press och teleskärmar rapporterar om ändlösa massakrer har de forna krigens förtvivlade strider med hundratusentals eller till och med miljoner stupade på några veckor aldrig upprepats.

Ingen av de tre superstaterna försöker sig någonsin på en manöver som innebär risk för ett allvarligt nederlag. Om man ger sig in på någon större operation är det vanligen fråga om att överrumpla en allierad. Den strategi som alla tre makterna följer, eller inför sig själva låtsas följa, är densamma. Planen går ut på att genom en kombination av strid, köpslagan och välberäknade svek förvärva en kedja av baser som helt och hållet inringar den ena eller den andra av konkurrenterna, och att därefter sluta en vänskapspakt med denne och hålla fred med honom i tillräckligt många år för att söva hans misstankar. Under denna tid kan raketer med atombomber samlas på alla strategiska punkter; slutligen skall de alla fyras av på samma gång, med så förödande resultat att all vedergällning förhindras. Då blir det dags att sluta en vänskapspakt med den återstående världsmakten, för att förbereda en ny attack. Denna plan, behöver knappast sägas, är en ren dagdröm som omöjligt kan förverkligas. Dessutom förekommer aldrig någon krigföring annat än i de omstridda trakterna kring ekvatorn och polen: ingen invaderar någonsin fiendeterritorium. Detta förklarar det faktum att gränserna bitvis är godtyckliga mellan superstaterna. Eurasien skulle till exempel med lätthet kunna erövra de brittiska öarna, som geografiskt hör till Europa, eller det vore fullt möjligt för Oceanien att skjuta fram sin gräns till Rhen eller till och med Weichsel. Men detta skulle kränka den kulturella integritetens princip, som på alla sidor efterföljs även om den aldrig formuleras. Om Oceanien skulle erövra de områden som en gång kallades Frankrike eller Tyskland vore det nödvändigt antingen att utplåna invånarna, en uppgift av stor rent fysisk svårighet, eller också assimilera en befolkning om cirka hundra miljoner människor vilka i fråga om sin teknologiska utveckling befinner sig på ungefär oceanisk nivå. Alla tre superstaterna står inför samma problem. Så som de är uppbyggda är det absolut nödvändigt att deras befolkning inte har någon kontakt med utlänningar utom i begränsad utsträckning med krigsfångar och färgade slavar. Också den för ögonblicket allierade staten betraktas alltid med största misstänksamhet. Frånsett krigsfångar kommer en genomsnittmedborgare i Oceanien aldrig att se någon medborgare vare sig i Eurasien eller Ostasien för sina ögon, och att lära sig främmande språk är förbjudet. Om han tilläts att ha kontakt med utlänningar skulle han upptäcka att de är varelser som liknar honom själv och att det mesta han har fått höra om dem är lögn. Den slutna och förseglade värld i vilken han lever skulle få en spricka, och fruktan, hatet och självgodheten som hans moral är beroende av skulle kunna avdunsta. Man inser därför på alla tre sidor att hur ofta Persien eller Egypten eller Java eller Ceylon än må byta ägare, så får de egentliga gränserna aldrig överskridas av annat än bomber.

Bakgrunden till detta är ett faktum som aldrig uttalas men är underförstått och accepterat i praktiken: nämligen att levnadsvillkoren i alla de tre superstaterna är tämligen likadana. I Oceanien bär den rådande ideologin namnet Engsoss, i Eurasien heter det nybolsjevism, och i Ostasien har den ett kinesiskt namn som oftast brukar översättas med dödsdyrkan, men som kanske hellre borde återges som självutplåning. En oceanisk medborgare tillåts inte veta någonting om de båda andra idelogiernas lärosatser, men han blir lärd att förkasta dem som barbariska förbrytelser mot moral och sunt förnuft. I själva verket går de tre ideologierna nätt och jämnt att skilja åt, och de samhällssystem som de uppbär går inte att skilja åt alls. Överallt finns samma pyramidstruktur, samma dyrkan av en halvgudomlig ledare, samma ekonomi som fungerar för och genom kontinuerligt krig. Därav följer att de tre superstaterna inte bara omöjligt kan erövra varandra, utan också att de inte har någonting att vinna på att göra det. Tvärtemot, så länge de förblir i konflikt med varandra stöttar de varandra, som tre sädeskärvar. Och som vanligt är härskargrupperna i alla de tre staterna på samma gång medvetna och omedvetna om vad de gör. De har vigt sitt liv åt att erövra världen, men de vet även att det är nödvändigt att kriget fortsätter i evighet utan seger för någon. På samma gång möjliggör det faktum att det *inte finns* någon risk att bli besegrad den verklighetsförnekelse som är det utmärkande draget i Engsoss och dess rivaliserande tankesystem. Vi måste här upprepa vad som redan blivit sagt, nämligen att kriget genom att göras kontinuerligt har ändrat karaktär i grund.

I forna tider var ett krig, nästan definitionsmässigt, någonting som förr eller senare tog slut, vanligen genom en obestridd seger eller ett nederlag. I förfluten tid var kriget ävenledes ett av de huvudsakliga medlen för människans samhällen att bevara kontakt med den fysiska verkligheten. Alla härskare har i alla tider försökt påtvinga sina underlydande en falsk bild av världen, men de hade förr inte råd att uppmuntra någon vanföreställning som kunde försvaga den militära effektiviteten. Så länge ett nederlag betydde en förlust av självständigheten eller medförde något annat resultat som allmänt betraktades som icke önskvärt, måste man på allvar ta sig till vara för ett nederlag. Fysiska fakta kunde inte ignoreras. I filosofi eller religion eller etik eller politik kunde två och två få bli fem, men om man konstruerade en kanon eller ett flygplan måste det bli fyra. Ineffektiva nationer blev alltid erövrade förr eller senare, och kampen för större effektivitet avvisade illusionsmakeri. Därtill kom att man för att vara effektiv måste kunna lära av det förflutna, vilket innebar att ha en någorlunda riktig föreställning om vad som hänt i det förflutna. Tidningar och historieböcker var självfallet alltid färglagda och vinklade, men en förfalskning av det slag som praktiseras idag skulle ha varit omöjlig. Kriget slog vakt om sunda förnuftet, och ifråga om de härskande klasserna var det antagligen den viktigaste av dess väktare. Så länge krig gick att vinna eller förlora kunde ingen härskarklass vara totalt ansvarslös.

Men då kriget bokstavligen blir kontinuerligt upphör det även att vara farligt. Då kriget är kontinuerligt finns det ingenting som kan kallas militär nödvändighet. De tekniska framstegen kan upphöra och de mest påtagliga fakta går att förneka eller ignorera. Som vi har sett utförs fortfarande en del forskning som kunde kallas vetenskaplig för militära ändamål, men den är väsentligen ett slags fantasteri, och dess oförmåga att visa upp resultat är inte viktig. Effektivitet erfordras inte längre, inte ens militärt. I Oceanien är ingenting effektivt utom tankepolisen. Eftersom var och en av de tre superstaterna är omöjlig att erövra utgör de var sitt separata universum i vilket man tryggt kan ägna sig åt nästan vad slags tankeförvrängning som helst. Verkligheten trycker på endast via vardagslivets behov – behovet att få mat och dryck, tak över huvudet och kläder på kroppen, att undvika att äta gift eller kliva ut genom fönster på översta våningen och så vidare. Mellan liv och död, och mellan fysiskt välbefinnande och fysisk smärta finns fortfarande skillnader, men det är allt. Avskuren från kontakt med yttervärlden och med det förflutna är en oceanisk medborgare lik en människa i världsrymden som inte kan veta vad som är upp och vad som är ned. Härskarna i en sådan stat härskar mer absolut än faraonerna eller de romerska kejsarna kunde göra. De är tvungna att förhindra att deras undersåtar svälter ihjäl i skadligt antal, och de är tvungna att bevara samma låga militärtekniska nivå som sina rivaler; men då detta minimum väl är uppnått kan de förvränga verkligheten till vilka former de önskar.

Kriget är sålunda, om vi bedömer det enligt forna krig, endast ett bedrägeri. Det påminner om duellerna mellan vissa idisslare som har hornen ställda i en sådan vinkel att de inte kan komma åt att göra någon skada. Men även om det är verklighetsfrämmande är det inte meningslöst. Det förtär överskottet av konsumtionsvaror, och det medverkar till att bevara den speciella psykiska atmosfär som ett hierarkiskt samhälle behöver. Krig är, som vi får se, numera helt en inrikes angelägenhet. I det förflutna kämpade alla länders härskargrupper mot varandra, även om de kunde inse sina gemensamma intressen och därför begränsa krigsförstörelsen, och det var segraren som alltid utplundrade den besegrade. I våra dagar bekämpar de inte alls varandra. Kriget förs av varje härskargrupp mot dess egna undersåtar, och krigets mål är inte att utföra eller förhindra territoriella erövringar, utan att bevara samhällsstrukturen oskadd. Själva ordet krig har därmed blivit missvisande. Det vore antagligen riktigt att hävda att kriget genom att ha blivit kontinuerligt har upphört att existera. Det speciella sorts tryck som det har utövat mot människor mellan stenåldern och början av 1900-talet har försvunnit och ersatts av någonting alldeles annorlunda. Det skulle ha i stort sett samma inverkan om de tre superstaterna, i stället för att bekriga varandra kom överens om att hålla ständig fred, var och en okränkt innanför sina gränser. I så fall skulle varje stat fortfarande utgöra ett universum slutet i sig självt, för alltid befriat från den tillnyktring som en yttre fara medför. En fred som vore verkligt bestående skulla vara samma sak som ett bestående krig. Detta är – även om det stora flertalet av partiets medlemmar fattar det endast i en grundare mening – den innersta betydelsen av partislagordet *Krig är fred*.

Winston slutade läsa för ett ögonblick. Någonstans i fjärran mullrade en raketbomb. Den saliga känslan av att sitta ensam med den förbjudna boken, i ett rum utan teleskärm, hade ännu inte förflyktigats. Ensamhet och trygghet var kroppsliga intryck, på något sätt sammanvävda med hans fysiska trötthet, den mjuka stolen, den svaga fläkten genom fönstret mot hans kind. Boken fascinerade honom, eller rättare sagt lugnade honom. På sätt och vis meddelade den honom ingenting nytt, men det var en del av dess attraktion. Den sade vad han själv skulle ha sagt, om han hade kunnat ordna upp sina spridda tankar. Den var en produkt av en hjärna inte olik hans egen, men med enormt mycket större kapacitet, mer systematisk, mindre skräckbelastad. De bästa böckerna upptäckte han, är de som talar om för en vad man redan vet. Han hade just bläddrat tillbaka till kapitel I då han hörde Julias steg i trappan och flög upp ur stolen för att möta henne. Hon släppte ner sin bruna verktygsväska på golvet och kastade sig i hans famn. Det var över en vecka sedan de sett varandra.

”Jag har *boken*”, sade han då de gjorde sig lös från varandra.

”Har du det? Bra”, sade hon utan större intresse och lade sig nästan genast på knä vid fotogenkaminen för att koka kaffe.

De kom inte tillbaka till saken förrän de hade tillbragt en halvtimme i sängen. Det var nätt och jämnt tillräckligt svalt ute för att göra det mödan värt att dra upp rullgardinen. Nerifrån hördes de välkända ljuden av sång och hasande steg på stenläggningen. Den kraftiga kvinnan med röda armar som Winston hade sett därnere vid sitt första besök var nära nog ett av gårdens inventarier. De tycktes inte finnas någon tid på dagen när hon inte tågade av och an mellan tvättbalja och streck, ömsom läggande munkavle på sig själv med klädnypor och ömsom utbristande i passionerad sång. Julia hade lagt sig till rätta på sidan och föreföll redan på väg att somna. Han sträckte sig efter boken som låg på golvet och satte sig upp med ryggen mot sänggaveln.

”Vi måste läsa den”, sade han. ”Du med. Alla medlemmar av Broderskapet måste läsa den.”

”Läs den du”, sade hon med ögonen slutna. ”Läs den högt. Det blir det bästa. Så kan du förklara efterhand som du läser.”

Klockan visade sex, vilket betydde arton. De hade tre fyra timmar på sig. Han stödde boken mot knäna och började läsa:

KAPITEL I
Okunnighet är styrka

Under hela den tid som historien känner, och sannolikt sedan slutet av stenåldern, har världen haft tre slags invånare: ett överskikt, ett mellanskikt och ett underskikt. Dessa har indelats i många underavdelningar, de har fått otaliga benämningar, och skiktens relativa omfattning, liksom deras relationer till varandra, har växlat från tid till tid, men i väsentliga delar har samhällets uppbyggnad aldrig förändrats. Även efter stora omvälvningar och till synes oåterkalleliga förändringar har samma mönster alltid hävdat sig på nytt, alldeles som ett gyroskop alltid återgår i jämnviktsläge, hur mycket man än lutar det åt ena eller andra hållet.

”Julia, är du vaken?” frågade Winston.

”Ja, älskade, jag hör på. Fortsätt. Det är fantastiskt.”

Han fortsatte att läsa:

Dessa grupper har helt och hållet oförenliga mål. Överskiktets mål är att hålla sig kvar där det befinner sig. Mellanskiktets mål är att byta plats med överskiktet. Underskiktets mål, där det har ett sådant – ty det hör till underskiktets bestående drag att det är alltför undertryckt av sitt dagliga slit för att mer än tillfälligt bli medvetet om någonting på sidan om den dagliga tillvaron – är att avskaffa alla skiljaktigheter och skapa ett samhälle där alla människor är jämlika. Sålunda upprepas om och om igen historien igenom en kamp som i sina huvuddrag är densamma. Under långa perioder förefaller överskiktet att ha sin makt tryggad, men förr eller senare kommer alltid ett ögonblick då det mister antingen sitt självförtroende eller sin förmåga att regera effektivt, eller bäggedera. Då störtas det av mellanskiktet, som värvar underskiktet på sin sida genom att inför detta låtsas kämpa för frihet och rättvisa. Så snart mellanskiktet har nått sitt mål trycker det underskiktet tillbaka i dess forna slavställning och blir självt ett överskikt. Småningom avskiljer sig ett nytt mellanskikt från någondera gruppen, eller från dem båda, och kampen börjar på nytt. Av de tre skikten är det endast underskiktet som aldrig ens tillfälligt lyckas med att nå sitt mål. Det vore en överdrift att påstå att inga materiella framsteg har ägt rum under historiens gång. Även idag, i en nedgångsperiod, har genomsnittsmänniskan det materiellt bättre än för några sekler sedan. Men ingen förmögenhetsökning, ingen förmildring av sederna, ingen reform eller revolution har någonsin fört mänsklig jämlikhet en millimeter närmare sitt förverkligande. Från underskiktets synpunkt har ingen historisk förändring någonsin betytt mycket mer än ett ombyte av överhet.

Mot slutet av 1800-talet hade detta återkommande mönster blivit uppenbart för många iakttagare. Då uppkom tankeskolor som tolkade historien som en cyklisk process och påstod sig kunna visa att ojämlikhet var en oföränderlig lag i mänsklig tillvaro. Denna lära hade givetvis alltid haft anhängare, men sättet att framlägga den hade nu undergått en betydelsefull förändring. I det förflutna hade nödvändigheten av en hierarkisk samhällsform utgjort en trossats speciellt för överskiktet. Den hade förkunnats av kungarna och aristokratin, av präster, rättslärda och andra som levde parasitärt på dessa, och i allmänhet mjukats upp med löften om kompensation i en imaginär värld på andra sidan graven. Mellanskiktet hade, så länge det kämpade om makten, alltid brukat termer av typen frihet, rättvisa och broderskap. Nu begynte emellertid begreppet mänskligt broderskap att anammas av människor som ännu inte befann sig i härskarställning utan endast hoppades nå den inom kort. I förfluten tid hade mellanskiktet gjort revolution under jämlikhetens fanor och därefter upprättat ett nytt tyranni så snart det gamla tyranniet var störtat. De nya mellanskiktsgrupperna kungjorde i praktiken sitt tyranni i förväg. Socialismen, en teori som dök upp under förra hälften av 1800-talet och utgjorde den sista länken i en tankekedja som gick tillbaka till antikens slavuppror, var fortfarande starkt besmittad av gångna tiders utopism. Men i varje variant av socialismen som framträdde ungefär efter år 1900 övergavs allt mer uttryckligt målet att upprätta frihet och jämlikhet. De nya rörelser som framträdde i mitten av seklet, Engsoss i Oceanien, nybolsjevismen i Eurasien, dödsdyrkan, som den vanligen kallas, i Ostasien, syftade medvetet till att utbreda *o*frihet och *o*jämlikhet. Dessa nya rörelser växte givetvis upp ur de tidigare och var böjda för att bevara deras benämningar och att betyga sin uppskattning av deras ideologi. Men samtligas avsikt var att hejda framåtskridandet och frysa ned historien vid ett givet ögonblick. Den välbekanta pendeln skulle få svänga en gång till och sedan stanna. Som vanligt skulle överskiktet få stryka på foten för mellanskiktet som skulle bli det nya överskiktet; men denna gång skulle överskiktet genom medveten strategi lyckas bevara sin ställning för all framtid.

De nya lärorna uppkom till en del på grund av historisk insikt och utvecklingen av ett historiskt sinne som knappast hade funnits till före 1800-talet. Historiens cykliska karaktär var nu något begripligt, eller föreföll vara det; och var den en gång begriplig kunde den förändras. Men den huvudsakliga, djupaste orsaken var den att mänsklig jämlikhet hade blivit möjlig i rent teknisk mening redan i början av 1900-talet. Det var fortfarande sant att människor inte var jämlika till sin medfödda begåvning och att deras uppgifter måste differentieras på ett sätt som gynnade en del individer framför andra; men det fanns inte längre något verkligt behov av klasskillnader eller stora skillnader i förmögenhet. I forna tider hade klasskillnaderna varit inte bara ofrånkomliga utan även önskvärda. Ojämlikhet var priset för civilisation. I och med utvecklingen av den maskinella industrin blev förhållandet ett annat. Även om det fortfarande var nödvändigt att människor utförde olika slags arbete var det inte längre nödvändigt att de levde på olika sociala eller ekonomiska nivåer. Ur de nya maktgruppernas synvinkel var jämlikheten därför inte längre något ideal att sträva till utan en fara som borde avvärjas. I primitivare tider, då ett rättvist och fredligt samhälle helt enkelt inte var möjligt, hade det varit tämligen lätt att tro på det. Föreställningen om ett paradis på jorden, där människor levde tillsammans i broderskap, utan lagar och utan tungt arbete, hade hemsökt människors fantasi i tusentals år. Och denna vision hade ett visst grepp även om de grupper som i själva verket drog nytta av varje historisk omvälvning. Arvtagarna till de franska, engelska och amerikanska revolutionerna hade till en del själva trott på sina fraser om mänskliga rättigheter, yttrandefrihet, jämlikhet inför lagen och dylikt, och tillät till och med sitt beteende att påverkas av dem i någon mån. Men i fjärde årtiondet av 1900-talet hade alla huvudströmningar inom det politiska tänkandet redan blivit auktoritära. Det jordiska paradiset hade avförts ur diskussionen just i det ögonblick det blev möjligt att förverkliga. Alla nya politiska teorier, vad de än kallade sig, ledde nu tillbaka till hierarki och styrning. Och under den allmänna skärpning av åskådningar och attityder som ägde rum omkring 1930, blev metoder som länge varit övergivna, i vissa fall i hundratals år – fängelse utan rättegång, krigsfångars slavarbete, offentliga avrättningar, tortyr för att tvinga fram bekännelser, bruket av gisslan och förflyttning av hela befolkningar – inte bara vanliga på nytt, utan tolererade och till och med försvarade av människor som betraktade sig själva som upplysta och framstegsvänliga.

Det var först efter ett decennium av mellanfolkliga krig, inbördeskrig, revolutioner och kontrarevolutioner i alla delar av världen som Engsoss och dess konkurrenter trädde fram som helt utformade politiska teorier. Men de hade varslats av de olika system som brukade kallas totalitära och som hade framträtt tidigare under seklet, och de allmänna konturerna av den värld som skulle framgå ur det rådande kaos hade länge varit uppenbara. Vad slags människor som skulle styra denna värld var likaledes uppenbart. Den nya aristokratin bestod till största delen av byråkrater, vetenskapsmän, tekniker, fackföreningsorganisatörer, PR-experter, sociologer, lärare, journalister och yrkespolitiker. Dessa människor, som hade sitt ursprung i en månadsavlönad medelklass och de övre skikten av arbetarklassen, var formade och sammanförda av den sterila värld som kännetecknades av monopolindustri och centralstyrning. Jämfört med sina motsvarigheter i gångna tider var de mindre giriga, mindre frestade av lyx och överflöd, mer svultna efter ren makt och, framför allt, mer medvetna om vad de gjorde och ville och mer inriktade på att krossa all opposition. Denna sista skillnad var väsentlig. Jämfört med tyranniet av idag har alla forna tiders tyrannvälden varit halvgångna och ineffektiva. De härskande grupperna var förr alltid i någon mån besmittade av liberala föreställningar, brydde sig inte om att det fanns kryphål överallt, fäste sig endast vid öppna oppositionshandlingar och intresserade sig mindre för vad undersåtarna tänkte. Till och med medeltidens katolska kyrka var tolerant enligt nutida mått. En delorsak till detta var att ingen regering i förfluten tid hade resurser att hålla medborgarna under ständig övervakning. Boktryckarkonsten gjorde det likväl lättare att manipulera allmänna opinioner, och film och radio förde processen vidare. Med utvecklingen av televisionen och det tekniska framsteg som möjliggjorde både mottagning och sändning genom samma apparat blev privatlivet avskaffat. Varje medborgare, eller åtminstone varje medborgare som var värd att bevaka, kunde man nu hålla under polisens ögon och inom hörhåll för officiell propaganda tjugofyra timmar av dygnet, medan alla andra kommunikationskanaler var stängda. Möjligheten att genomföra inte bara total lydnad inför statens vilja utan även total likriktning av alla åsikter existerade nu för första gången.

Efter 50- och 60-talens revolutionsperiod skiktade sig samhället som alltid på nytt i över-, mellan- och underskikt. Men det nya överskiktet var olikt alla sina föregångare i att det inte handlade instinktivt utan visste precis vad som krävdes för att trygga dess ställning. Man hade länge insett att den enda trygga grunden för en oligarki är kollektivism. Förmögenhet och privilegier försvaras lättast om de ägs gemensamt. Det som kallades "privategendomens avskaffande" och som ägde rum omkring mitten av seklet betydde i praktiken att egendomen samlades på långt färre händer än förut, bara med den skillnaden att de nya ägarna utgjordes av en grupp i stället för av en mängd individer. Individuellt äger ingen partimedlem någonting, bortsett från obetydliga personliga tillhörigheter. Kollektivt äger partiet allting i Oceanien, därför att det kontrollerar allt och gör med produktionen som det finner lämpligt. Under åren närmast efter revolutionen kunde det inta denna härskarposition nästan utan någon invändning, därför att hela processen framställdes som en kollektivisering. Man hade alltid antagit att om kapitalistklassen exproprierades skulle resultatet bli socialism; och det var obestridligt att kapitalisterna var exproprierade. Fabriker, gruvor, jord, hus, transportmedel – allting hade tagits ifrån dem; och eftersom sådant inte längre var privategendom följde därav att det måste vara allmän egendom. Engsoss, som växte fram ur den tidigare socialismen och övertog dess fraseologi har i själva verket genomfört huvudpunkten i det socialistiska programmet, med resultatet, som både förutsetts och avsetts, att den ekonomiska ojämlikheten har permanentats.

Men problemet att föreviga ett hierarkiskt samhälle ligger djupare än så. Det finns endast fyra sätt på vilka en härskande grupp kan förlora makten. Antingen besegras den av yttre fiender, eller regerar den så ineffektivt att massorna väcks till uppror, eller tillåter den ett starkt och missnöjt mellanskikt att uppstå, eller tappar den sitt eget självförtroende och sin lust att härska. Dessa orsaker verkar inte var för sig, och i regel förekommer alla fyra i växlande mån på samma gång. En härskarklass som kan skydda sig mot dem alla skulle stanna permanent vid makten. I sista hand är den härskande klassens egen psykiska inställning den avgörande faktorn.

Efter mitten av innevarande sekel hade den första av ovannämnda faror i praktiken försvunnit. Var och en av de tre makterna som nu delar världen sinsemellan är de facto oövervinnelig och skulle kunna besegras utifrån endast efter långsamma demografiska förändringar som en regering med utsträckt makt lätt kan avvärja. Även den andra faran är endast teoretisk. Massorna gör aldrig uppror på eget initiativ, och aldrig endast för att de är förtryckta. Så länge de inte tillåts ha några jämförelsemöjligheter blir de inte ens medvetna om förtrycket. Forna dagars återkommande ekonomiska kriser var totalt onödiga och tillåts inte längre inträffa, men andra och lika vittomfattande politiska jämviktsrubbningar både kan inträffa och inträffar utan att få politiska följder, där att det inte finns något sätt att uttrycka missnöje på. Vad överproduktionsproblemet beträffar, som har varit latent i vårt samhälle sedan maskinteknikens utveckling, är det löst genom det kontinuerliga kriget (se kapitel III), som samtidigt är nyttigt genom att det skruvar upp samhällsmoralen till erforderlig högspänning. Från våra nuvarande härskares synpunkt är därför de enda verkliga hoten dels att en ny grupp kompetenta, undersysselsatta, maktlystna människor avsöndras, dels att det bland dem själva uppkommer liberalism och skepticism. Detta vill säga att problemet är en fråga om utbildning. Problemet gäller att kunna kontinuerligt forma medvetenheten både hos den styrande gruppen och hos den större chefsgruppen närmast under denna. Massornas medvetenhet behöver endast påverkas i negativ riktning.

Med denna bakgrund given skulle man kunna sluta sig till det oceaniska samhällets allmänna struktur också om den inte redan var bekant. Pyramidens topp utgörs av Storebror. Storebror är ofelbar och allsmäktig. Varje framgång, varje prestation, varje seger, varje forskningsupptäckt, all kunskap, all visdom, all tillfredsställelse, all dygd anses utgå direkt ur hans ledarskap och inspiration. Ingen har någonsin sett Storebror. Han är ett ansikte på planken, en röst från teleskärmen. Vi kan vara någorlunda övertygade om att han aldrig kommer att dö, och det råder redan avsevärd ovisshet om när han är född. Storebror är den förklädnad som partiet anlägger för att visa sig för världen. Hans funktion är att vara brännpunkt för kärlek, fruktan och vördnad, känslor som är lättare att erfara gentemot en individ än mot en organisation. Under Storebror följer Inre partiet, vars medlemstal är begränsat till sex miljoner, det vill säga något under 2 procent av Oceaniens befolkning. Under Inre partiet står Yttre partiet, vilket om Inre partiet betecknas som statens hjärna kan liknas vid händerna. Under detta följer de stumma massorna som vi brukar beteckna med ordet prolerna, till antalet cirka 85 procent av befolkningen. Räknat enligt vår tidigare klassificering utgör prolerna underskiktet: ty ekvatorialtrakternas slavbefolkning, som ständigt byter ägare, är ingen bestående eller nödvändig del av samhällsstrukturen.

I princip är medlemskapet i dessa tre grupper inte ärftligt. Ett barn till föräldrar i Inre partiet föds teoretiskt inte till Inre partiet. Intagningen till någondera delen av partiet sker efter examen vid sexton års ålder. Inte heller förekommer rasdiskriminering eller någon utpräglad dominans av den ena eller andra provinsen. Man finner judar, negrer, rent indianska sydamerikaner inom partiets högsta led, och varje områdes administratörer utses alltid bland områdets egna invånare. Ingenstans i Oceanien har invånarna en känsla av att vara en kolonial befolkning som styrs från någon avlägsen huvudstad. Frånsett att engelska är statens huvudsakliga *lingua franca* och nyspråket dess officiella språk, är staten inte centraliserad. Dess styresmän sammanhålls inte genom blodsband utan genom sin gemensamma doktrin. Det är sant att vårt samhälle är skiktat, mycket strikt skiktat enligt vad som vid första ögonblicket ter sig som ärftlighetsriktlinjer. Det förekommer långt mindre cirkulation mellan olika grupper än vad som förekom under kapitalismen eller till och med i förindustriell tid. Mellan partiets två avdelningar förekommer en viss utväxling men endast i en utsträckning som säkrar att svaga medlemmar utesluts ur Inre partiet och att ambitiösa medlemmar av Yttre partiet oskadliggörs genom befordran. Proletärer tillåts i praktiken inte att avlägga partiexamen. De mest begåvade bland dem, som möjligen skulle kunna bilda kärnor av missnöje letas helt enkelt upp av tankepolisen och elimineras. Men detta sakförhållande är inte nödvändigtvis bestående, och inte heller är det någon princip att så sker. Partiet är inte någon överklass i ordets forna mening. Det syftar inte till att förmedla makten till sina egna barn, i och för sig; och om det inte finns någon annan metod att bevara de mest kompetenta individerna vid styret, så skulle det visa sig helt berett att rekrytera en hel ny generation ur proletariatets led. Under de avgörande åren bidrog det faktum att partiet inte utgjorde en ärftlig maktgrupp avsevärt till att neutralisera oppositionen. Den äldre typens socialister, som hade övats att kämpa mot vad som kallades klassprivilegier antog att något som inte är ärftligt inte kan vara permanent. De insåg inte att kontinuiteten i en oligarki inte behöver vara fysisk, och inte heller betänkte de att ärftliga aristokratier alltid har varit kortlivade, medan åter adoptiva organisationer som till exempel den katolska kyrkan ibland har bestått i hundratals eller tusentals år. Kärnpunkten i ett oligarkiskt styre är inte arvet från far till son, utan upprätthållandet av en viss världsåskådning och ett visst levnadssätt, varmed de döda kan prägla de levande. En styrande grupp är en styrande grupp så länge den kan utse sina efterträdare. Partiet är inte ute efter att fortplanta sitt blod utan sig självt. *Vem* som utövar makten är inte viktigt, förutsatt att den hierarkiska strukturen alltid förblir densamma.

Alla de trosföreställningar, vanor, tycken, känslor, attityder som karakteriserar vår tid är egentligen utformade för att upprätthålla partiets mystik och förhindra att det nutida samhällets verkliga natur blir uppdagad. Fysiskt uppror, eller någon som helst förberedelse till uppror, är för närvarande omöjligt. Från proletärerna hotar ingen fara. Lämnade åt sig själv kommer de att i generation efter generation och från sekel till sekel fortsätta att arbeta, fortplanta sig och dö, inte bara utan någon drift att göra uppror, utan oförmögna att fatta att världen kunde vara annorlunda. Farliga kan de bli endast om den industriella teknikens framsteg gör det nödvändigt att ge dem mera utbildning; men eftersom militär och kommersiell konkurrens inte längre är av större betydelse håller folkbildningsnivån de facto på att sjunka. Vilka åsikter massorna har eller inte har betraktas som likgiltigt. De kan få ha intellektuell frihet därför att de saknar intellekt. Hos en partimedlem däremot kan inte ens den ringaste åsiktsavvikelse i den obetydligaste sak tolereras.

En partimedlem lever från sin födelse till sin död under tankepolisens uppsikt. Inte ens när han är ensam kan han någonsin vara säker på att han är det. Var han än finns, sovande eller vaken, i arbete eller i vila, i sitt badkar, eller i sin säng, kan han granskas utan förvarning och utan att veta om det. Ingenting som han företar sig är likgiltigt. Hans vänförhållanden, hans avkoppling, hans beteende mot hustru och barn, hans ansiktsuttryck när han är ensam, orden han mumlar i sömnen, till och med hans typiska kroppsrörelser, allt blir misstänksamt granskat. Inte bara varje egentlig förseelse, utan varje excentricitet, hur oansenlig den än är, varje ändring i vanor, varje nervöst beteende som möjligtvis kunde vara tecken på en inre oro, kommer med säkerhet att bli upptäckt. Han har ingen valfrihet på något som helst område. Å andra sidan är hans handlingar inte reglerade genom lag eller någon klart utformad föreskrift. Oceanien saknar lagar. Tankar och handlingar som då de uppdagas medför en säker död är inte formellt förbjudna, och de oändliga utrensningarna, arresteringarna, tortyrförhören, inspärrningarna och vaporiseringarna utmäts inte som straff för verkligt begångna brott, utan utgör endast en utplåning av personer som möjligen kunde begå något brott i framtiden. Av en partimedlem krävs inte bara att ha de rätta åsikterna utan också de rätta instinkterna. Många av de åsikter och attityder som fordras av honom är aldrig klart uttalade, och skulle inte kunna uttalas utan att blotta de motsägelser som ingår i Engsoss. Om han är en naturligt rättrogen person (en *bratänkare* på nyspråk) kommer han under alla förhållanden att veta, utan att behöva tänka efter, vilken den rätta åsikten eller önskvärda känslan är. Men i varje fall kommer den grundliga mentalutbildning som han har undergått i barndomen och som rört sig kring nyspråksbegreppen *krimstopp*, *svartvitning* och *dubbeltänk* att göra honom ovillig och oförmögen att tänka grundligt på någonting alls.

En partimedlem förväntas sakna privata känslor och luckor i sin entusiasm. Han förutsätts leva i ett oavbrutet rasande hat mot utländska fiender och inhemska förrädare, i triumf över segrar och i underkastelse inför partiets makt och visdom. Det missnöje som alstras genom hans torftiga, otillfredsställande liv vänds avsiktligt utåt och ges utlopp genom anordningar sådana som tvåminutershatet, och spekulationer av det slag som möjligtvis kunde leda till en skeptisk eller upprorisk inställning dräps i förväg genom hans tidigt förvärvade inre disciplin. Det första och enklaste stadiet i denna disciplin, som kan inläras även av små barn, är vad som på nyspråk kallas *krimstopp*. *Krimstopp* betecknar förmågan att tvärt hejda sig, liksom instinktivt, på gränsen till någon farlig tanke. Den innefattar förmågan att inte fatta analogier, att inte kunna upptäcka logiska misstag, att missförstå de enklaste argument om de strider mot Engsoss, samt att bli uttråkad eller illa berörd av varje tankegång som går att utveckla i någon kättersk riktning. *Krimstopp* betyder kort sagt skyddande enfald. Men det är inte nog med enfald. Tvärtom kräver rättrogenhet i ordets fulla bemärkelse att man behärskar sina egna mentala processer lika fullständigt som en ormmänniska sin kropp. Det oceaniska samhället vilar i sista hand på tron att Storebror är allsmäktig och att partiet är ofelbart. Men eftersom Storebror i verkligheten inte är allsmäktig och partiet inte ofelbart, uppstår behovet av en aldrig svikande, ständigt fortgående flexibilitet i behandlingen av fakta. Nyckelordet här är *svartvitning*. Tillämpat på en motståndare betyder det hans vana att oförskämt påstå att svart är vitt, tvärtemot uppenbara fakta. Tillämpat på en medlem av partiet betyder det en lojal villighet att säga att svart är vitt, då partidisciplinen så kräver. Men det betyder också förmågan att *tro* att svart är vitt, och än mer, att *veta* att svart är vitt och att glömma att man någonsin har trott motsatsen. Detta kräver en fortgående ändring av det förflutna, vilket möjliggörs av det tankesystem som egentligen i sig innefattar allt det övriga, och som på nyspråk heter *dubbeltänk*.

Att ändra det förflutna är nödvändigt av två skäl, av vilka det ena är sekundärt och så att säga ett försiktighetsmått. Detta sekundära skäl är att en partimedlem, alldeles som proletären, godtar de nutida levnadsförhållandena delvis därför att han ingenting har att jämföra med. Han måste avskäras från det förflutna, alldeles som han måste avskäras från utlandet, därför att det är nödvändigt att han tror sig ha det bättre ställt än sina förfäder och att den materiella genomsnittsnivån stadigt stiger. Men det långt viktigare skälet för ett tillrättaläggande av det förflutna är behovet att säkerställa partiets ofelbarhet. Det består inte bara i att tal, statistik och alla slags arkivuppgifter ständigt måste moderniseras för att visa att partiets förutsägelser alltid har varit riktiga. Det är också så att inga ändringar i doktrin eller politisk position någonsin kan erkännas. Ty att ändra åsikt, eller ens politik, är att bekänna svaghet. Om till exempel Eurasien eller Ostasien (vilketdera det nu råkar vara) är fienden idag, så måste denna stat alltid ha varit fienden. Och om fakta lyder annorlunda, så måste fakta ändras. Sålunda skrivs historien ständigt på nytt. Denna dagliga förfalskning av det förflutna, som utförs av sanningsministeriet, är lika nödvändig för regimens stabilitet som den förtrycks- och spionageverksamhet som omhänderhas av kärleksministeriet.

Den centrala lärosatsen i Engsoss är att det förflutna kan förändras. Förflutna händelser, lyder argumentet, har ingen objektiv existens utan överlever endast genom skriftliga källor och i människors minne. Det förflutna är det som arkiv och minnen är ense om. Och eftersom partiet har full kontroll över alla arkiv och lika full kontroll över sina medlemmars tankar, följer därav att det förflutna är vad partiet väljer att göra det till. Därav följer även att ehuru det förflutna kan förändras, så har det aldrig ändrats i något enskilt fall. Ty då det väl har återskapats i den form som för ögonblicket erfordras, då *är* denna nya version det förflutna, och något annorlunda förflutet kan aldrig ha funnits. Detta stämmer även då, som ofta sker, samma händelse måste ändras till oigenkännlighet flera gånger inom ett år. I varje särskilt ögonblick sitter partiet inne med den absoluta sanningen, och självfallet kan någonting absolut aldrig ha varit olikt sig självt. Man inser här att kontrollen över det förflutna framför allt beror på minnesträning. Att försäkra sig om att alla skriftliga vittnesbörd stämmer med den rätta tron för stunden är endast en mekanisk åtgärd. Men det är därutöver nödvändigt att *minnas* att allting har gått till på det önskade viset. Och om det är nödvändigt att ordna sina minnen på nytt eller tumma på skriftliga vittnesmål, då är det även nödvändigt att *glömma* att man har gjort detta. Knepet att göra så kan inläras liksom andra psykiska tekniker. De flesta partimedlemmar *lär* sig det, och med säkerhet alla som är både intelligenta och rättrogna. På gammalspråk kallas detta helt öppet för verklighetsstyrning. På nyspråk heter det *dubbeltänk*, även om *dubbeltänk* omfattar mycket annat därtill.

Dubbeltänk betyder förmågan att hysa två motstridiga åsikter på samma gång och godta dem båda. Den intellektuelle partimedlemmen vet i vilken riktning hans minnen måste ändras; han vet därför att han lurar verkligheten, men genom att tillämpa *dubbeltänk* övertygar han sig även om att han inte gör våld på den. Processen måste vara medveten, annars kan den inte utföras med tillräcklig precision, men den måste även vara omedveten, annars medför den en känsla av bedrägeri och därmed av skuld. *Dubbeltänk* hör till själva kärnan i Engsoss, eftersom partiets väsentliga verksamhet består i att utöva medvetet bedrägeri under bevarande av den beslutsamhet som hör samman med fullständig ärlighet. Att framlägga avsiktliga lögner och på samma gång uppriktigt tro på dem, att glömma bort vilket faktum som helst som har blivit obekvämt, och sedan, då det behövs på nytt, dra fram det ur glömskan för precis så lång tid det finns behov av det, att förneka existensen av en objektiv verklighet och samtidigt ständigt räkna med den verklighet som man förnekar – allt detta är oundgängligen nödvändigt. Till och med då man använder ordet *dubbeltänk* måste man utöva *dubbeltänk*. Ty i och med att man använder ordet erkänner man att man tummar på verkligheten; genom en ny insats av *dubbeltänk* utplånar man detta medvetande och så vidare i oändlighet, så att lögnen alltid befinner sig ett steg före sanningen. I sista hand är det tack vare *dubbeltänk* som partiet har kunnat – och kanske i tusentals år framledes kommer att kunna – hejda historiens gång.

Alla forna oligarkier har förlorat makten antingen för att de förbenats eller för att de har uppmjukats. Antingen blev de stupida och arroganta, försummade att anpassa sig till förändrade förhållanden och störtades därefter; eller också blev de liberala och fega, gjorde eftergifter där de borde ha brukat våld, och störtades ävenledes. Det vill säga att de föll antingen genom sin medvetenhet eller genom sin omedvetenhet. Partiets prestation är att ha producerat ett tankesystem där båda tillstånden kan existera samtidigt. Och partiets makt skulle inte kunna bestå på någon annan intellektuell bas. Om man skall härska, och fortsätta att härska, är man tvungen att kunna koppla bort sitt verklighetsmedvetande. Ty härskarmaktens hemlighet ligger i att kombinera en tro på sin egen ofelbarhet med förmågan att lära av forna misstag.

Det behöver knappast sägas, att de som skickligast praktiserar *dubbeltänk* är de som har uppfunnit *dubbeltänk* och vet att det är ett vidsträckt system av självbedrägeri. I vårt samhälle är de som bäst vet vad som händer också de som allra sämst kan se världen sådan den är. Allmänt taget: ju större insikt, desto större vanföreställningar; ju intelligentare, desto mindre förnuft. En tydlig illustration till detta är det faktum att krigshysterin ökar i intensitet med höjden på samhällskalan. De som har den mest rationella inställningen till kriget är de omstridda territoriernas underkuvade folk. För dessa människor är kriget helt enkelt en fortgående olycka som sköljer av och an över deras kroppar som en tidvattensvåg.

Vilken sida som vinner är dem fullkomligt likgiltigt. De är medvetna om att ett byte av härskare bara betyder att de kommar att utföra samma arbete som förut för nya herrar som behandlar dem på samma sätt som de gamla gjort. De något mer privilegierade arbetare som vi kallar proler är endast tillfälligt medvetna om kriget. Då det är nödvändigt kan de eggas upp till ett hat- och skräckfyllt raseri, men då de lämnas åt sig själva har de förmågan att för långa stunder glömma att det pågår något krig. Det är i partiets led, och framför allt det Inre partiets, som man finner den sanna krigsentusiasmen. De som vet att en världserövring är omöjlig är desamma som tror bestämdast på den. Denna egendomliga sammanfogning av motsatser – kunskap med okunnighet, cynism med fanatism – är ett av det oceaniska samhällets huvudkännetecken. Den officiella ideologin vimlar av motsägelser även då de inte har någon praktisk motivering. Sålunda förkastar och nedsvärtar partiet varje princip som den socialistiska rörelsen på sin tid bekände sig till, och detta väljer det att göra under namn av socialism. Det förkunnar ett förakt för arbetarklassen utan motstycke sedan hundratals år, och det klär sina medlemmar i en uniform som i forna tider utmärkte kroppsarbetare och som har anlagts just därför. Det undergräver systematiskt familjesolidariteten, och det ger sin ledare ett namn som direkt vädjar till känslan av familjesamhörighet. Till och med namnen på de fyra ministerier som styr oss uttrycker ett slags oförskämdhet i sin avsiktliga bakvändhet. Fredsministeriet sysslar med krigföringen, sanningsministeriet med lögn, kärleksministeriet med tortyr och överflödsministeriet med utsvältning. Dessa motsägelser är inte tillfälliga, och inte heller härrör de ur vanligt hyckleri: de är avsiktliga övningar i *dubbeltänk*. Ty det är endast genom att förena motsatser som makt kan bevaras i oändlighet. På inget annat sätt skulle det forna kretsloppet kunna brytas. Om mänsklig jämlikhet skall kunna avvärjas för all framtid – om vad vi har kallat överskiktet skall kunna bevara sin plats permanent – då måste det förhärskande mentala tillståndet vara vanvett under styrning.

Det finns emellertid en fråga som vi ända hitintills har så gott som lämnat åtsido. Det är denna: *varför* strävar man att förhindra jämlikheten? Förutsatt att processens mekanik har fått en korrekt beskrivning i det förgående, vilket är då motivet till denna väldiga, noggrant planerade ansträngning att frysa ner historien vid just en viss tidpunkt?

Här står vi inför den centrala hemligheten. Som vi sett är partiets och framför allt Inre partiets mystik avhängig av *dubbeltänk*. Men djupare än så ligger det ursprungliga motivet, den aldrig ifrågasatta instinkt som först ledde till maktövertagandet och i efterhand medförde *dubbeltänk*, tankepolis, ständig krigföring och alla andra behövliga medel. Detta motivs egentliga . . .

Winston blev medveten om tystnaden omkring sig, alldeles som man märker ett nytt ljud. Han tyckte att Julia hade varit mycket tyst under någon tid. Hon låg på sidan, naken från midjan uppåt, med en hand under kinden och en mörk lock nerfallen över ögonen. Hennes bröst höjde och sänkte sig långsamt och regelbundet.

”Julia.”

Inget svar.

”Julia, är du vaken?”

Inget svar. Hon sov. Han slöt boken, lade den försiktigt på golvet, lade sig själv och drog överkastet över dem båda.

Fortfarande, tänkte han, hade han inte fått veta den innersta hemligheten. Han förstod *hur*, han förstod inte *varför*. Kapitel I hade i likhet med kapitel III i själva verket inte upplyst honom om någonting han inte visste, det hade bara systematiserat den kunskap han redan ägde. Men efter att ha läst det visste han säkrare än förut att han inte var galen. Att höra till en minoritet, också att utgöra en enpersonsminoritet, var inte att vara galen. Det fanns sanning och det fanns osanning, och om man höll fast vid sanningen, även med hela världen emot sig, så var man inte galen. Ett gult sken från den nergående solen föll snett in genom fönstret tvärs över kudden. Han blundade. Solen över hans ansikte och flickans lena kropp som snuddade vid hans ingav honom en stark, dåsig känsla av självtillit. Han var i trygghet, allting var väl. När han somnade mumlade han ”Förnuft är inte statistiskt” med en känsla av att detta påstående innehöll djup visdom.

När han vaknade tyckte han att han hade sovit länge, men en blick på det gammalmodiga bordsuret sade honom att klockan bara var tjugotrettio. Han låg ett slag och dåsade; så slog den vanliga högljudda sången upp från gården nedanför:

De var allri nånting å hoppas på,
de försvann som en da i aprill,
för vi va inte två som drömde de så!
Men mitt hjätta minns va de vill!

Den sliskiga sången tycktes ha bevarat sin popularitet. Man hörde den fortfarande överallt. Den hade överlevt hatsången. Julia vaknade av ljudet, sträckte vällustigt på sig och steg upp.

”Jag är hungrig”, sade hon. ”Vi lagar lite kaffe till. Fan! Kaminen har slocknat och vattnet är kallt.” Hon lyfte upp kaminen och skakade på den. ”Där är ingen fotogen kvar.”

”Vi kan väl få lite av gubben Charrington.”

”Det underliga är att jag kollade sist att den var full. Jag klär på mej nu”, tillade hon. ”Det har visst blivit kallare.”

Också Winston steg upp och klädde på sig. Den oförtröttliga rösten sjöng vidare:

De heter att allting går över,
å att allting kan glömmas igen;
men årena går å ja har samma sår
som blöder i hjättat än!

Medan han knäppte blåställsskärpet gick han bort till fönstret. Solen måste ha gått ner bakom huset, den lyste inte längre in på gården. De flata stenarna var våta och såg nytvättade ut, och han tyckte att himlen var nytvättad den med, så friskt och ljust var det blå mellan skorstenspiporna. Oförtröttligt vandrade kvinnan av och an, korkade till sig och korkade upp sig, sjöng och tystnade, nöp fast fler blöjor, och allt fler och fler. Han undrade om hon försörjde sig på att tvätta eller om hon bara var slav under tjugo eller trettio barnbarn. Julia hade kommit och ställt sig bredvid honom; tillsammans såg de med ett slags fascination på den stabila gestalten därnere. När han såg på kvinnan i hennes karakteristiska ställning med de tjocka armarna sträckta mot tvättsnöret, med de kraftiga stoliknande rona putande, slog det honom för första gången att hon var vacker. Det hade aldrig förr fallit honom in att en femtiårs kvinna, oformligt uppsvälld av barnsbörder, sedan härdad, förgrovad av arbete tills hon blivit träig som en förvuxen rova, kunde vara vacker. Men så var det, och när allt kom omkring, tänkte han, varför skulle hon inte det? Denna fasta, jämntjocka kropp som var lik ett granitblock och dess sträva röda hy stod i samma relation till en flickas kropp som nyponet till rosen. Varför skulle frukten anses mindre värd än blomman?

”Hon är vacker”, mumlade han.
”Hon är minst en meter över höfterna”, sade Julia.
”Det är hennes form av skönhet”, sade Winston.

Han nådde lätt med armen om Julias smala midja. Från höft till knä tryckte sig hennes lår mot hans. Deras kroppar skulle aldrig ge upphov till något barn. Det var det enda de aldrig skulle kunna göra. Endast muntligt, från intellekt till intellekt, skulle de kunna föra hemligheten vidare. Kvinnan därnere hade inte något intellekt, hon hade bara starka armar, ett varmt hjärta och en fruktsam buk. Han undrade hur många barn hon hade fött. Det kunde gott vara femton. Hon hade haft sin flyktiga blomning, kanske ett år av vildrosskönhet, och så hade hon med ens svällt upp som en frukt och blivit hård och röd och grov, och därefter hade hennes liv bestått i att tvätta, skura, stoppa, laga mat, sopa, blanka, lappa, skura, tvätta, först för sina barn, så för sina barnbarn i trettio år utan uppehåll. Efter detta sjöng hon fortfarande. Den mystiska vördnad han kände inför henne smälte på något vis samman med anblicken av den ljusa, molnfria himlen som sträckte sig bort mellan skorstenspiporna mot oändligheten. Det var sällsamt att tänka sig att himlen var likadan för alla, i Eurasien och Ostasien liksom här. Och människorna under himlen var också i stort sett likadana – överallt, i hela världen, hundratals, tusentals miljoner människor precis som hon, människor som inte visste om varandras existens, som skildes åt av murar av hat och lögn, och som ändå var så gott som likadana – människor som aldrig hade lärt sig tänka men som i sina hjärtan och bukar och muskler lagrade den kraft som en dag skulle välta världen över ända. Om det fanns något hopp så låg det hos prolerna! Utan att ha läst *boken* till slut visste han att detta måste vara Goldsteins slutbudskap. Framtiden tillhörde prolerna. Och kunde han veta att den värld de byggde när deras tid var kommen inte skulle vara alldeles lika främmande för honom, Winston Smith, som partiets värld? Ja, för den skulle åtminstone vara en förnuftets värld. Förr eller senare måste det hända, styrka skulle förbytas i medvetenhet. Prolerna var odödliga, det kunde man inte tvivla på när man såg på den tappra gestalten på gården. Till sist skulle de vakna. Och ända tills det skedde, om det så tog tusen år, skulle de hålla sig vid liv mot alla odds, som fåglar, och från kropp till kropp sända vidare den livskraft som partiet inte hade del i och inte kunde döda.

”Kommer du ihåg trasten”, sade han, ”som sjöng för oss den där första dagen, i skogsbrynet?”

”Det var inte för oss den sjöng”, sade Julia. ”Den sjöng för att roa sig själv. Inte ens det. Den bara sjöng.”

Fåglarna sjöng, prolerna sjöng, partiet sjöng inte. Världen över, i London och New York, i Afrika och Brasilien, och i de hemlighetsfulla, förbjudna länderna på andra sidan gränserna, på gatorna i Paris och i Berlin, i den ändlösa ryska slättens byar, i Kinas och Japans basarer – överallt stod denna samma fasta, oövervinneliga gestalt, oformlig av arbete och barnafödslar, arbetade från sin födelse till sin död och sjöng ändå. Ur dessa mäktiga länder måste medvetna varelser komma en dag. Själv var man död; dem tillhörde framtiden. Men man kunde få en del i denna framtid om man höll liv i intellektet som de höll liv i kroppen, och förde vidare den hemliga doktrinen att två plus två gör fyra.

”Vi är de döda”, sade han.

”Vi är de döda”, upprepade Julia pliktskyldigt.

”Ni är de döda”, sade en järnröst bakom dem.

De for åtskils. Winston tyckte att hans inälvor frös till is. Han kunde se vitan på alla sidor om irisen i Julias ögon. Hennes ansikte hade blivit mjölkaktigt gult. Klicken av rouge som hon ännu hade kvar på kinderna avtecknade sig skarpt, nästan som fristående från hyn inunder.

”Ni är de döda”, upprepade järnrösten.

”Den var bakom tavlan”, flämtade Julia.

”Den var bakom tavlan”, sade rösten. ”Stanna kvar precis där ni står. Rör er inte förrän ni får order.”

Det började nu, det började äntligen! De kunde ingenting annat göra än stå stilla och se varandra in i ögonen. Att springa för livet, att fly från huset innan det blev för sent – ingen sådan tanke föll dem in. Otänkbart att inte lyda järnrösten ur väggen. Det hördes en knäpp som om en regel slagits ifrån, och klirret av glas som krossades. Tavlan hade fallit i golvet och blottat teleskärmen bakom den.

”Nu kan de se oss”, sade Julia.

”Nu kan vi se er”, sade rösten. ”Gå ut i mitten av rummet. Ställ er med ryggen mot varandra. Knäpp händerna bakom nacken. Rör inte vid varandra.”

De rörde inte vid varandra, men han tyckte att han kände hur Julia darrade. Eller kanske var det bara han själv. Han kunde nätt och jämnt hindra sig att skallra tänder, men knäna gick det inte att behärska. Det hördes stöveltramp nerifrån, inne i huset och utanför. Gården tycktes vara full av karlar. Någonting släpades över stenläggningen. Kvinnans sång hade tystnat med ens. Det hördes en utdragen kullrande skräll, som om tvättbaljan blivit slängd tvärs över gården, och därpå ett virrvarr av ilskna skrik som tog slut med ett tjut av smärta.

”Huset är omringat”, sade Winston.

”Huset är omringat”, sade rösten.

Han hörde Julias tänder klappra. ”Då kan vi väl lika gärna säja adjö till varann”, sade hon.

”Ni kan lika gärna säja adjö”, sade rösten. Och så insköt en alldeles annorlunda röst, en torr, kultiverad röst som Winston tyckte sig ha hört förut: ”Och på tal om den saken: Här har du ett ljus till att lysa dej väg, har här du en yxa att nacka dej med!”

Någonting dunsade ner på sängen bakom Winstons rygg. Änden av en stege hade stuckits in genom fönstret och slagit loss ramen. Någon kom klättrande in genom fönstret. Stövlar kom rusande uppför trappan. Rummet var med ens fullt av kraftiga män i svarta uniformer, med järnbeslagna stövlar på fötterna och batonger i händerna.

Winston darrade inte längre. Han undvek till och med att röra på ögonen. En enda sak var viktig: att stå stilla, att stå stilla och inte ge dem någon anledning att slå en! En karl med slät boxarkäke där munnen satt som en smal skåra stannade mitt framför honom och vägde eftertänksamt batongen mellan tummen och pekfingret. Winston mötte hans blick. Känslan av nakenhet, med händerna bakom huvudet och ansiktet och kroppen helt utlämnade, var nästan outhärdlig. Mannen stack fram en vit tungspets, slickade sig om stället där hans läppar skulle suttit, och gick vidare. Det hördes en skräll till. Någon hade tagit brevpressen från bordet och slagit den i bitar mot spiskanten.

Korallbiten, en liten skär krumelur som en sockerrosenknopp från en tårta, rullade över spismattan. Så liten, tänkte Winston, tänk att den var så liten! Det kom en flämtning och en duns bakom honom och han fick en våldsam spark på skenbenet som nästan kastade omkull honom. En av männen hade slagit till med näven i maggropen på Julia så att hon vek sig som en fällkniv. Hon låg och vred sig häftigt på golvet och kippade efter andan. Winston vågade inte vrida på huvudet ens en millimeter, men då och då kom hennes bleka, flämtande ansikte inom hans synfält. Också mitt i skräcken var det som om han känt smärtan i sin egen kropp, den hemska smärtan som trots allt var mindre viktig än kampen för att kunna andas igen. Han visste hur det kändes: den förfärliga plågan som fanns där hela tiden men ännu inte kunde lidas, därför att före allting annat var det nödvändigt att andas. Så lyfte två av karlarna upp henne vid knäna och axlarna och bar henne ut ur rummet som en säck. Winston såg en skymt av hennes ansikte, upp och ner, gult och förvridet, med slutna ögon, och fortfarande med en klick rouge på vardera kinden; och det var det sista han såg av henne.

Han stod blickstilla. Ingen hade slagit honom än. Tankar som infann sig på egen hand men verkade totalt ointressanta började fladdra genom hans huvud. Han undrade om de hade tagit Charrington. Han undrade vad de hade gjort kvinnan på gården. Han märkte att han var svårt kissnödig och det förvånade honom lite, för det var bara ett par tre timmar sedan sist. Han märkte att klockan på kaminfrisen visade nio, vilket betydde tjugoett. Men det var så ljust. Borde inte kvällen skymma efter tjugoett i augusti? Han undrade om Julia och han trots allt hade misstagit sig på tiden – kanske hade de sovit klockan runt och trott att den var tjugotrettio när den i själva verket hade varit nollåttatrettio morgonen efter. Men han tänkte inte vidare på den saken. Det saknade intresse.

Det hördes andra, lättare steg i korridoren. Herr Charrington steg in. De svartuniformerade karlarna verkade med ens dämpade i sitt uppträdande. Någonting hade ändrat sig också i Charringtons utseende. Han fick syn på bitarna av brevpressen.

”Plocka upp bitarna”, sade han skarpt.

En karl lydde och böjde sig ner. Cockneytonfallet var borta: Winston förstod plötsligt vems röst det var som han hade hört från teleskärmen nyss. Charrington hade fortfarande sin gamla sammetskavaj, men hans hår som hade varit nästan vitt hade blivit svart. Glasögonen hade han inte heller. Han gav Winston en enda vass blick, som för att fastställa hans identitet, och brydde sig därefter inte vidare om honom. Han var alltjämt igenkännlig, men inte längre samma person. Han hade blivit rakare och tydligen också större till kroppen. Hans ansikte hade undergått helt små förändringar men var ändå helt och hållet förvandlat. De svarta ögonbrynen var mindre buskiga, rynkorna var borta, anletsdragen var annorlunda, till och med näsan verkade kortare. Det var ett ungefär trettifemårigt mansansikte, vaket och kallt. Winston förstod att han för första gången i sitt liv medvetet såg en medlem av tankepolisen.

TREDJE DELEN

1

Han visste inte var han var. Antagligen var han i kärleksministeriet, men det fanns inget sätt att få reda på det. Han befann sig i en fönsterlös cell, hög i taket, med väggar av blänkande vitt kakel. Dolda lampor badade cellen i kallt ljus, och det hördes ett sakta, jämnt surrande som han antog hade med ventilationen att göra. En bänk eller hylla, nätt och jämnt tillräckligt bred att sitta på, löpte kring väggarna, endast avbruten av dörren och vid väggen mittemot dörren av en toalett utan träsits. Teleskärmarna var fyra, en på varje vägg.

Han kände en dov värk i magen. Den hade suttit där ända sedan de knuffade in honom i den täckta transportbilen och körde iväg med honom. Men han var även hungrig, med ett slags gnagande, osund hunger. Det kanske var tjugofyra timmar sedan han åt senast, möjligen var det trettisex. Han visste fortfarande inte, och skulle antagligen aldrig få veta, om det hade varit morgon eller kväll då han arresterades. Sedan dess hade han inte fått någon mat.

Han satt så stilla han kunde på den smala bänken, med händerna knäppta i knät. Han hade redan lärt sig att sitta stilla. Om man gjorde någon oväntad rörelse skrek de åt en från teleskärmen. Men behovet av mat blev allt starkare. Vad han allra mest längtade efter var en bit bröd. Han trodde att det fanns några brödsmulor i hans blåställsficka. Det var till och med möjligt – trodde han därför att någonting tycktes kittla honom på låret ibland – att han hade en ansenlig torr brödkant där. Till slut övervanns hans rädsla av frestelsen att ta reda på saken; han stack ena handen i fickan.

”Smith!” vrålade en röst från teleskärmen. ”6079 Smith W.! Händerna ur fickorna i cellen!”

Han satt stilla pånytt, med händerna knäppta i knät. Innan han flyttades hit hade han förts till ett annat ställe som måste ha varit ett vanligt fängelse eller ett tillfälligt häkte som patrullerna använde. Han visste inte hur länge han hade varit där, några timmar i alla fall; utan klocka eller dagsljus var det svårt att mäta tiden. Det var ett oroligt, illaluktande ställe. De hade placerat honom i en cell som liknade den han satt i nu, men den var nersmutsad och ständigt fylld till trängsel av tio eller femton personer. De flesta var vanliga förbrytare, men det fanns en del politiska fångar bland dem. Han hade suttit tyst vid väggen, knuffad av smutsiga kroppar, alltför upptagen av sin rädsla och smärtan i magen för att intressera sig särskilt för omgivningen, men lade i alla fall märke till den förvånansvärda skillnaden i uppträdande mellan fångarna som var partimedlemmar och de andra. Partifångarna var alla tysta och skrämda, men de vanliga förbrytarna tycktes inte bry sig om någonting. De skrek förolämpningar åt vakterna, slogs häftigt om någon kom åt deras tillhörigheter, skrev oanständigheter på golvet, åt insmugglad mat som de tog fram från hemlighetsfulla gömmor i kläderna och till och med överröstade teleskärmen med skrän när den försökte återställa ordningen. Å andra sidan tycktes somliga av dem stå på god fot med vakterna, kallade dem vid öknamn och försökte tigga cigarretter genom tittluckan i dörren. Vakterna bemötte också de vanliga förbrytarna med ett visst tålamod, till och med när de såg sig tvungna att misshandla dem. Det talades mycket om arbetslägren dit de flesta fångarna väntade sig att bli skickade. Det var skapligt i lägren, fick han höra, om man bara hade goda kontakter och visste hur valserna gick. Det förekom mutor, favorisering och utpressning av alla slag, det fanns homosexualitet och prostitution, det fanns till och med förbjuden sprit som brändes på potatis. Förtroendeposterna gavs endast åt förbrytarna, särskilt åt gangstrar och mördare, som utgjorde ett slags aristokrati. Alla lortjobb gjordes av de politiska fångarna.

Fångar av alla slag fördes oupphörligen in och ut: drogförsäljare, tjuvar, rånare, svartabörshandlare, fyllon, prostituerade. Somliga fyllon var så våldsamma att de andra fångarna måste slå sig ihop om att hålla dem i schack. Ett kolossalt kvinnovrak, i sextioårsåldern, med stora svallande bröst och tjocka vita hårtestar som spretat loss under kampen, bars nu in, sparkande och vrålande, av fyra vakter som höll henne en i vart hörn. De krängde av henne stövlarna som hon hade försökt sparka dem med och släppte ner henne tvärs över famnen på Winston, så att han nästan fick lårbensbrott. Kvinnan halade sig upprätt och tjöt "Kyss f- era skitar" efter dem till farväl. Så märkte hon att hon satt på någonting ojämnt och lät sig åka ner på bänken från Winstons knän.

"Förlåt mej gullevän", sade hon. "Ja hadde junte satt mej pårej, men dom fisarna slängde hit mej. Inge fint sätt me damer harom va?" Hon tystnade, klappade sig för bröstet och rapade. "Följåt", sade hon, "jante riktit mej själv ida."

Hon lutade sig framåt och kräktes rikligt på golvet.

"Såja", sade hon och lutade sig tillbaka med ögonen slutna. "Allri hålla emot, har ja alltid tyckt. Man ska ha opp de mens de liksom trycker på."

Hon kvicknade till, vände på sig för att få ännu en titt på Winston och tycktes omedelbart gilla honom. Hon lade en väldig arm om hans axlar, drog honom intill sig och pustade öl och spyor i ansiktet på honom.

"Va heteru, gullevän?" frågade hon.

"Smith", sade Winston.

"Smith?" sade kvinnan. "Va skoj. Ja heter Smith ja me. Tänk", tillade hon sentimentalt, "ja kunde va mor åt dej."

Ja, tänkte Winston, hon kunde vara hans mor. Ålder och kroppsbyggnad var ungefär rätt, och det var troligt att folk var något förändrade efter tjugo års arbetsläger.

Ingen annan hade talat till honom. I häpnadsväckande utsträckning var partifångarna luft för de vanliga kriminella. "Politerna" kallade de dem, med ett slags ointresserad ringaktning. Partifångarna föreföll skräckslagna av att tala med någon, och framför allt med varandra. En enda gång, då två partimedlemmar, bägge kvinnor, satt tätt tillsammans på bänken kunde han höra att de i larmet hastigt viskade några ord till varandra; särskilt var det någonting om ”rum ett-noll-ett” som han inte förstod.

Det var kanske två eller tre timmar sedan de fört honom hit till det nya stället. Den dova smärtan i maggropen tog inte slut, men blev lättare ibland och sedan värre igen, och hans tankar expanderade eller krympte i samma takt. När den blev värre tänkte han bara på själva smärtan och på att han behövde mat. När den blev lättare greps han av skräck. Det fanns ögonblick då han förutsåg vad som skulle hända honom så påtagligt att han fick hjärtklappning och andan stockades. Han kände batongslagen på armbågarna och järnskodda stövelsparkar på skenbenen; han såg sig själv kräla på golvet och skrika på nåd med sönderslagna tänder. Han tänkte knappast alls på Julia. Han kunde inte koncentrera tankarna på henne. Han älskade henne och skulle inte svika henne, men det var bara ett faktum som han kände till på samma sätt som de fyra räknesätten. Han kände inte av kärleken till henne, och han undrade knappt ens hur det hade gått med henne. Oftare tänkte han på O'Brien, med ett flämtande hopp. O'Brien måste ha reda på att han var arresterad. Broderskapet, hade han sagt, försökte aldrig rädda sina medlemmar. Men rakbladet fanns, rakbladet skulle de skicka om det gick. Det skulle kanske gå fem sekunder innan vakten kunde rusa in i cellen. Rakbladet skulle skära sig in i honom med en brännande kyla, och även fingrarna som höll i det skulle snittas inpå benet. Han upplevde allting i sin sjuka kropp som darrande ryggade undan för minsta smärta. Han var inte säker på att han skulle kunna använda rakbladet ens om han fick ett tillfälle. Det var naturligare att existera från ett ögonblick till nästa, ta emot ytterligare tio minuter liv även om man visste att det skulle sluta med tortyr.

Några gånger försökte han räkna kaklen i cellväggarna. Det borde ha varit lätt, men han tappade alltid räkningen här eller där. Oftare än så undrade han var han befann sig och vilken tid på dygnet det var. Den ena gången kände han sig säker på att det var ljusa dagen ute, och nästa gång lika säker på att det var kolmörkt. På ett ställe som det här, visste han omedvetet, skulle lamporna aldrig släckas. Det var stället där inget mörker fanns: nu förstod han varför O'Brien hade tyckts förstå allusionen. Kärleksministeriet hade inga fönster. Hans cell kunde ligga mitt i byggnaden eller vid en yttervägg, kanske tio våningar under jorden eller trettio över marken. Han förflyttade sig i tankarna från plats till plats och försökte känna efter i kroppen om han befann sig högt uppe i luften eller djupt nere i jorden.

Det hördes stöveltramp utanför. Ståldörren gick upp med en skräll. En ung officer, en prydlig gestalt i svart uniform som tycktes blänka överallt av skinande läder, och vars bleka strama ansikte liknade en vaxmask, steg rappt in genom dörren. Han vinkade åt vakterna utanför att komma in med fången som de ledde. Poeten Ampleforth lufsade in i cellen. Dörren skrällde igen.

Ampleforth vände sig osäkert åt sidorna, som om han haft en föreställning om att han kunde gå ut genom någon annan dörr, men började sedan vandra av och an i cellen. Han hade ännu inte märkt Winston. Hans ögon såg bekymrat på väggen omkring en meter ovanför Winstons huvud. Han hade inga skor; stora smutsiga tår stack fram ur hålen i strumporna. Det var också många dagar sedan han rakat sig. En spretig skäggstubb täckte hans ansikte upp till kindknotorna och gav honom ett bovutseende som passade illa ihop med hans stora gängliga kropp och nervösa rörelser.

Winston ryckte upp sig en aning ur sin domning. Han måste tala med Ampleforth och ta risken av ett tjut från teleskärmen. Det var rentav tänkbart att Ampleforth var den som kom med rakbladet.

”Ampleforth”, sade han.

Det kom inget vrål från teleskärmen. Ampleforth stannade lätt förvånad. Hans blick riktade långsamt in sig på Winston.

”Jaså, Smith!” sade han. ”Du med!”

”Vad är du här för?”

”Sanningen att säja – ” Han satte sig tungt på bänken

mittemot Winston. "Det finns bara ett brott inte sant?" sade han.

"Och det har du begått?"

"Uppenbarligen har jag det."

Han förde ena handen till pannan och tryckte ett ögonblick fingrarna mot tinningarna som om han försökte erinra sig någonting.

"Sånt händer ju", började han vagt. "Jag har kunnat erinra mej ett fall – ett möjligt fall. Det var otvivelaktigt en obetänksamhet. Vi höll på med en definitiv utgåva av Kiplings dikter. Jag lät ordet 'Gud' stå kvar sist i en versrad. Jag kunde inte annat!" tillade han nästan indignerat och tittade upp på Winston. "Det var omöjligt att ändra på raden. Rimordet var 'ljud'. Vet du att det inte finns fler än sex sju rim på 'ljud' i hela språket? Jag hade grubblat på det i dagar. Det *fanns* inget annat rim att ta till."

Hans uppsyn förändrades. Det bekymrade uttrycket försvann och ett ögonblick såg han nästan nöjd ut. Ett slags intellektuell värme, pedantens glädje över att ha upptäckt något onyttigt faktum, lyste fram genom smutsen och skäggstubben.

"Har du nånsin tänkt på", sade han, "att vad som har bestämt den engelska lyrikens hela historia är att språket har så ont om rimord?"

Nej det var ingen tanke som någonsin hade fallit Winston in. Och just nu slog den honom inte som särskilt viktig eller intressant.

"Vet du vad det är för tid på dygnet?" frågade han.

Ampleforth såg förvånad ut pånytt. "Det har jag just inte tänkt på. De arresterade mej, – kan det ha varit för två dar sen – kanske tre." Hans blick fladdrade runt väggarna, som om han nästan väntat sig ett fönster någonstans. "Det är ingen skillnad på dag och natt på det här stället. Jag vet inte hur man skulle kunna räkna ut tiden."

De pratade planlöst vidare en liten stund, och så kom utan någon uppenbar orsak ett vrål från teleskärmen att de skulle tiga. Winston satt stilla med händerna knäppta. Ampleforth, som var för storväxt för att ha det bekvämt på den smala bänken, skruvade oupphörligt på sig och knäppte sina magra händer först runt det ena uppdragna knät, så om det andra. Teleskärmen gläfste åt honom att sitta stilla. Tiden gick. Tjugo minuter – en timme – det var svårt att bedöma. Så hördes än en gång stövlarna utanför. Winston kände inälvorna knyta sig. Snart, mycket snart, kanske om fem minuter, kanske nu, skulle stöveltrampet betyda att turen hade kommit till honom själv.

Dörren gick upp. Den unge officeren med det kalla ansiktet steg in i cellen. Med en kort handrörelse visade han på Ampleforth.

”Rum 101”, sade han.

Ampleforth marscherade tafatt ut mellan vakterna, obestämt orolig, men oförstående.

Det gick vad som tycktes som en lång tid. Smärtan i Winstons mage kom tillbaka. Hans tankar åkte runt, runt i samma spår, stannade som en rulettkula om och om igen, men alltid i samma fack. Han hade bara sex olika tankar. Smärtan i magen, en bit bröd, blodet och skriket, O'Brien, Julia, rakbladet. Han kände en ny kramp invärtes: de tunga stövlarna kom. När dörren gick upp hämtade luftdraget in en kraftig lukt av kallnad svett. Parsons steg in i cellen. Han var klädd i khakishorts och en sportskjorta.

Denna gång blev Winston förvånad till sjävförglömmelse.

”Är *du* här!” sade han.

Parsons gav Winston ett ögonkast som inte innehöll vare sig intresse eller överraskning, endast elände. Han började ryckigt vandra av och an, uppenbarligen kunde han inte vara stilla. Var gång han rätade ut sina knubbiga knän var det tydligt att de darrade. Hans ögon hade en vidöppen, stirrande blick, som om han inte kunnat låta bli att se på någonting långt borta.

”Vad är du här för?” frågade Winston.

”Krimtänk!” sade Parsons nästan snyftande. Hans tonfall röjde på en gång ett fullständigt erkännande av hans skuld och ett slags häpen fasa över att ett sådant ord kunde tillämpas på honom själv. Han hejdade sig framför Winston och började ivrigt vädja till honom: ”Du tror väl inte att dom skjuter mej, va, gamle vän? Dom skjuter en inte om man faktiskt inte har gjort nånting – inte bara tänkt, och sånt kan man inte hjälpa? Jag vet att dom behandlar folk rättvist. Ja, det litar jag på att dom gör! Dom känner ju mina meriter, va? *Du* vet ju vad slags kille jag var. Inte så dålig, på mitt vis. Inte klyftig förstås, men skärpt. Jag försökte göra mitt bästa för partiet, va? Jag klarar mej undan med fem år, tror du inte? Eller kanske tie? En kille som jag kan bli till ganska god nytta i ett arbetsläger. Dom skjuter mej nog inte för att jag har spårat ur en enda gång?”

”Är du skyldig?” frågade Winston.

”Klart att jag är skyldig!” utbrast Parsons med en servil snegling åt teleskärmen. ”Du tror väl inte att partiet arresterar en oskyldig människa va?” Hans grodlika ansikte blev lugnare och antog till och med en lätt fromlande uppsyn. ”Krimtänk är nånting förfärligt, gamle vän”, sade han moraliserande. ”Det är försåtligt. Det kan komma över en utan att man ens vet om det. Vet du hur det kom över mej? I sömnen! Ja, just det. Där var jag, jobbade på, försökte göra min andel – och jag hade aldrig en aning om att jag hade nåt ont i tankarna. Och så började jag tala i sömnen. Vet du vad dom har hört mej säja?”

Han sänkte rösten, som när någon är tvungen att säga något oanständigt av medicinska skäl.

” ’Ner med Storebror!’ Ja, det var vad jag sa! Jag lär ha sagt det flera gånger, om och om igen. Oss emellan sagt, gamle vän, så är jag glad för att dom fick fast mej innan det gick ännu längre. Vet du vad jag tänker säja till dom när jag ska till domstolen? ’Tack’, tänker jag säja, ’Tack för att ni räddade mej innan det var för sent.’ ”

”Vem angav dej?” frågade Winston.

”Det var min lilla flicka”, sade Parsons med ett slags sorgsen stolthet. ”Hon hade lyssnat vid nyckelhålet. Hörde vad jag sa och stack iväg till patrullerna genast nästa dag. Ganska så smart av en sjuårs tjej, va? Jag känner inget agg till henne för den saken. Jag är faktiskt stolt över henne. Det visar att jag har uppfostrat henne i den rätta andan i alla fall."

Han vandrade ännu några ryck av och an, i flera omgångar, och kastade längtansfulla blickar på toalettstolen. Så rev han plötsligt ner shortsen.

"Ursäkta mej, gamle vän", sade han. "Jag kan inte hjälpa det. Det är väntandet."

Han klämde ner sin stora bak i toalettstolen. Winston satte händerna för ansiktet.

"Smith!" skrek rösten från teleskärmen. "6079 Smith W.! Bort med händerna från ansiktet. Ingen får gömma ansiktet i cellen!"

Winston avtäckte sitt ansikte. Parsons gjorde ljudligt och rikligt bruk av toaletten. Därefter visade det sig att spolningen inte fungerade och cellen stank avskyvärt i timmar efteråt.

Parsons fördes bort. Fler fångar kom och gick, utan förklaringar. En av dem, en kvinna, destinerades till "Rum 101" och Winston märkte att hon tycktes krympa ihop och växla färg när hon hörde orden. Tiden led, och ifall det hade varit morgon när han fördes hit måste det nu vara eftermiddag; eller om det varit eftermiddag var det nu midnatt. Det var sex fångar i cellen, män och kvinnor. Alla satt mycket stilla. Mittemot Winston satt en man med indragen haka och framskjutande tänder, helt lik något slags storvuxen, beskedlig gnagare. Hans tjocka, spräckliga kinder hängde i så tydliga påsar att det var svårt att inte tro att han hade små matförråd i dem. Hans blekgrå ögon tittade förskrämt från ansikte till ansikte och om han mötte någons blick vände han hastigt bort sin egen.

Dörren gick upp, och ännu en fånge fördes in, vars utseende kom Winston att rysa till. Det var en man av alldagligt, elakt utseende, kanske en montör eller annat slags tekniker. Det skrämmande hos honom var hans utmärglade ansikte. Det liknade en dödskalle. På grund av dess magerhet såg mun och ögon oproportionerligt stora ut, och ögonen föreföll fyllda med ett mordiskt, oblidkeligt hat till någon eller något.

Mannen satte sig på bänken en liten bit ifrån Winston. Winston tittade inte på honom pånytt, men han såg det plågade, dödskallelika ansiktet framför sig i tankarna lika tydligt ändå. Plötsligt förstod han vad det var. Mannen var dödssvulten. Samma tanke tycktes nästan alla i cellen få på samma gång. Hela vägen bänken runt rörde man lite på sig. Den haklöse mannens blick flackade ideligen bort till dödskalleansiktet, vek skuldmedvetet undan och drogs tillbaka igen av en oemotståndlig attraktion. Så började han skruva på sig där han satt. Till slut reste han sig, vaggade klumpigt tvärs över golvet, rotade i blåställsfickan och räckte med skamsen min fram en solkig brödbit till dödskallen.

Det kom ett vilt, öronbedövande vrål från teleskärmen. Den haklöse ryckte till där han stod. Dödskallemannen hade hastigt stuckit båda händerna bakom ryggen, som för att visa hela världen att han vägrade ta emot gåvan.

”Bumstead!” röt rösten. ”2713 Bumstead, J.! Släpp den där brödbiten!”

Den haklöse lät brödbiten falla på golvet.

”Stå kvar där du står”, sade rösten. ”Vänd dej mot dörren. Rör dej inte sen.”

Den haklöse lydde. Hans stora påskinder skälvde obehärskat. Dörren skrällde upp. Då den unge officeren kom in och steg åt sidan visade sig bakom honom en kort, satt vakt med kolossala armar och axlar. Han ställde sig framför den haklöse, och så, på ett tecken från officeren, gav han den haklöse mannen ett fruktansvärt slag med hela kroppstyngden bakom, rätt på munnen. Slagets kraft tycktes nästan lyfta honom från golvet. Han slungades tvärs över cellen och hamnade nere vid toalettstolen. Ett ögonblick låg han som bedövad, med mörkt blod sipprande från mun och näsa. Han gav ifrån sig ett helt svagt jämrande eller pipande som föreföll omedvetet. Så vältrade han sig runt och kravlade sig ostadigt upp på händer och knän. I en ström av blod och saliv ramlade två halvor av en lösgom ut ur hans mun.

Fångarna satt mycket stilla med händerna knäppta i knät. Den haklöse kravlade sig tillbaka upp på sin plats. Ena sidan av hans ansikte höll på att mörkna. Hans mun hade svällt ihop till en formlös körsbärsröd klump med ett svart hål i mitten.

Då och då dröp det lite blod ner på hans blåställ. Han grå ögon flackade som förut från ansikte till ansikte, mer skuldmedvetet än förut, som om han försökt komma underfund med hur mycket de andra föraktade honom för hans förnedring.

Dörren gick upp. Med en liten åtbörd visade den unge officeren på dödskallemannen.

”Rum 101”, sade han.

Winston hörde en flämtning och en häftig rörelse bredvid sig. Mannen hade faktiskt slängt sig på knä på golvet med händerna hopknäppta.

”Kamrat! Officer!” ropade han. ”Ni behöver inte föra mej dit! Jag har ju talat om allting redan! Vad vill ni veta mera? Det finns ju ingenting jag inte bekänner, ingenting! Säj bara vad det är så bekänner jag genast. Skriv upp det så skriver jag under – vad som helst! Inte rum 101!”

”Rum 101”, sade officeren.

Mannens ansikte, som redan var mycket blekt, antog en färg som Winston inte hade trott var möjlig. Det blev avgjort, omisskännligen grönaktigt.

”Gör vad som helst med mej!” tjöt han. ”Ni har svultit mej i veckotal. Klara av det och låt mej dö. Skjut mej. Häng mej. Ge mej tjugofem år. Finns det nån mer som ni vill att jag ska ange? Säj bara vem så ska jag säja vad ni vill. Det gör mej detsamma vem det är eller vad ni gör dem. Jag har hustru och tre barn. Den äldsta har inte fyllt sex än. Ni kan få ta dom allihop och skära halsen av dom framför mej, och jag ska se på. Men inte rum 101!”

”Rum 101”, sade officeren.

Mannen såg sig förtvivlat omkring på de andra fångarna, som om han tänkt att han kunde sätta något annat offer i sitt ställe. Hans blick stannade vid den haklöses krossade ansikte. Han pekade med sin magra arm.

”Det är honom ni ska ta och inte mej!” skrek han. ”Ni hörde inte vad han sa efter det han fick på käften. Det kan jag tala om för er ord för ord om ni vill. Det är *han* som är emot partiet, inte jag.” Vakterna steg framåt. Mannen höjde rösten till ett tjut. ”Ni hörde honom inte!” upprepade han. ”Det var nåt fel på teleskärmen, Det är *honom* ni ska ha. Ta honom, inte mej!"

De två kraftiga vakterna hade lutat sig ner för att gripa honom om armarna. Men just då kastade han sig raklång utmed cellgolvet och högg tag om ett av järnbenen under bänken. Han hade stämt upp ett ordlöst yl, som ett djur. Vakterna grep tag om honom för att bända lös honom, men han klamrade sig fast med förvånande styrka. I kanske tjugo sekunder stod de och slet i honom. Fångarna satt stilla med händerna knäppta i knät och såg rätt framför sig. Ylet tystnade; mannen hade ingen anda kvar till annat än att hålla sig fast. Så kom ett annat slags tjut. En spark av en av vakterna hade bräckt hans fingrar på ena handen. De släpade upp honom på fötter.

"Rum 101", sade officeren.

Mannen leddes ut, vacklande, med böjt huvud, han höll sig om den krossade handen, all kampvilja var borta.

Det gick en lång tid. Om det varit midnatt när dödskallemannen fördes bort, så var det morgon nu; om morgon, så var det eftermiddag. Winston var ensam och hade varit det i flera timmar. Att sitta på den smala bänken var så plågsamt att han ofta steg upp och gick omkring, utan gläfs från teleskärmen. Brödbiten låg alltjämt kvar där den haklöse hade tappat den. I början erfordrades en kraftansträngning att inte titta på den, men snart gav hungern vika för törst. Munnen kändes klibbig och illasmakande. Surret och den oföränderliga vita belysningen åstadkom ett slags svaghet, en känsla av tomhet inne i hans huvud. Han måste stiga upp för att värken i lederna blev olidlig, och sedan sätta sig igen nästan genast för att han inte trodde sig om att kunna stå. Så snart han hade sina sinnesintryck en smula under kontroll kom skräcken tillbaka. Ibland tänkte han med sinande hopp på O'Brien och rakbladet. Det var tänkbart att rakbladet kom dolt i hans mat, om han någonsin fick någon mat. Mer obestämt tänkte han på Julia. Hon fanns någonstans och led kanske mycket värre än han. Hon kanske skrek av smärta just nu. Han tänkte: "Om jag kunde rädda Julia med att fördubbla min egen smärta, skulle jag då göra det? Ja, det skulle jag." Men det var inte mer än ett tankebeslut, som han fattade därför att han visste att han borde det. Han kände det inte. Här kunde man inte känna någonting annat än smärta och föraningar om smärta. Var det förresten möjligt, när man verkligen erfor smärta, att för något skäl i världen önska sig att den skulle öka? Men den frågan kunde han ännu inte besvara.

Stövlarna var på väg igen. Dörren öppnades. O'Brien kom in.

Winston for upp. Chocken av denna syn hade jagat all försiktighet ur honom. För första gången på många år glömde han bort teleskärmens existens.

"De har tagit dej med!" utbrast han.

"De har tagit mej för länge sen", sade O'Brien med vänlig, nästan beklagande ironi. Han steg åt sidan. Bakom honom stod en bredbröstad vakt med en lång batong i handen.

"Det här visste du, Winston", sade O'Brien. "För inte dej själv bakom ljuset. Du visste det – du har alltid vetat det.

Ja, det insåg han nu, han hade alltid vetat det. Men det fanns ingen tid att tänka på det nu. Det enda han hade ögon för var batongen i vaktens hand. Den kunde falla var som helst: på hjässan, uppe på örat, på överarmen, på armbågen –

Armbågen! Han hade sjunkit ner på knäna, nästan förlamad, och höll om den träffade armbågen med andra handen. Allt hade exploderat i ett gult ljussken. Ofattbart, ofattbart att ett enda slag kunde göra så ont! Ljuset skingrades och han kunde se de två männen stå och titta ner på honom. Vakten stod och skrattade åt hans kroppsvridningar. En fråga var i varje fall besvarad. Man kunde aldrig av något skäl på jorden önska sig att en smärta skulle öka. Om smärta kunde man bara önska sig en enda sak: att den skulle ta slut. Ingenting i världen var värre än fysisk smärta. Inför smärtan finns det inga hjältar, inga hjältar, tänkte han om och om igen där han vred sig på golvet och till ingen lindring höll sig om sin obrukbara vänsterarm.

2

Han låg på någonting som kändes som en tältsäng, utom att den var högre och han var fastgjord på något sätt så att han inte kunde röra sig. Ett ljus som verkade starkare än vanligt föll över hans ansikte. O'Brien stod bredvid honom och såg uppmärksamt ner på honom. På andra sidan om honom stod en man i vit rock med en injektionsspruta.

Också sedan han slagit upp ögonen fick han endast småningom sin omgivning klar för sig. Han hade ett intryck av att dyka upp i detta rum från någon alldeles annorlunda värld, ett slags undervattensvärld djupt under den. Hur länge han hade vistats därnere visste han inte. Sedan den stund de arresterade honom hade han sett varken mörker eller dagsljus. Dessutom var hans minne inte sammanhängande. Det hade funnits tillfällen då hans medvetande, också det slags medvetande man har då man sover, hade tvärstannat och sedan satt i gång igen efter en mellantid av tomhet. Men om mellantiderna bestod i dagar eller veckor eller bara sekunder kunde han omöjligt veta.

Med det första slaget på armbågen hade hela mardrömmen börjat. Senare skulle han förstå att allt som sedan hände bara var en förberedelse, ett rutinförhör som nästan alla fångar undergick. Det var en lång rad förbrytelser – spioneri, sabotage och dylikt – som alla alldeles självfallet måste bekänna. Bekännelsen var en formalitet, även om tortyren var verklig. Hur många gånger han hade blivit piskad, hur länge bastonaderna hade varat kunde han inte minnas. Det var ständigt fem eller sex karlar i svarta unifomer på honom på en gång. Ibland var det nävar, ibland batonger, ibland var det stålspön, ibland var det stövlar. Det fanns stunder när han rullade runt på golvet, utan skam som ett djur, och slingrade sig hit och dit med kroppen i oändliga, hopplösa ansträngningar att undvika sparkarna, och därmed bara inbjöd till allt fler sparkar, på revbenen, i magen, på armbågarna, på skenbenen, i skrevet, på testiklarna, på svanskotan. Det fanns stunder när detta bara fortsatte och fortsatte ända tills det grymma, onda, oförlåtliga tycktes honom vara, inte att vakterna fortsatte att slå honom, utan att det att han inte kunde tvinga sig att svimma. Det fanns stunder när hans ståndaktighet svek honom till den grad att han började skrika på nåd redan innan misshandeln började, när blotta åsynen av en näve som beredde sig till slag räckte till för att han skulle ösa ur sig en bekännelse om verkliga och uppdiktade brott. Det fanns andra gånger då han började med att besluta att inte bekänna någonting, då varje ord måste tvingas ur honom mellan stön av smärta, och det fanns gånger då han prövade en klen kompromiss, då han sade sig själv: "Jag ska bekänna, men inte än. Jag måste stå ut tills det blir outhärdligt. Tre sparkar till, två sparkar till, och sen ska jag säga dem vad de vill." Ibland blev han slagen tills han knappt kunde stå på benen, därefter slängd som en säck potatis på stengolvet i en cell, lämnad att hämta sig några timmar, sedan hämtad ut och slagen pånytt. Det förekom också längre återhämtningsperioder. Han mindes dem dunkelt, för de tillbringades mestadels med sömn eller dvala. Han mindes en cell med plankbrits, ett slags hylla på väggen, och ett plåthandfat, och måltider av het soppa och bröd och någon gång kaffe. Han mindes en butter frisör som kom för att raspa hans haka och stubba hans hår, och sakliga, okänsliga män i vita rockar som tog hans puls, prövade hans reflexer, vände upp hans ögonlock, drog med hårda fingrar över hans kropp för att leta efter brutna ben, och stack nålar i hans arm för att få honom att sova.

Efterhand förekom misshandeln mera sällan och blev huvudsakligen ett hot, en fasa dit han kunde skickas tillbaka när som helst om han gav otillfredsställande svar. De som nu förhörde honom var inte grovhuggare i svarta uniformer utan partiintellektuella, små rundlagda män med kvicka rörelser och blänkande glasögon, som arbetade med honom i skift om – trodde han, säker kunde han inte vara – tio tolv timmar åt gången. Dessa nya utfrågare såg till att han ständigt kände lite smärta, men det var inte huvudsakligen smärta de förlitade sig på. De klatschade honom i ansiktet, vred om hans öron, drog honom i håret, tvingade honom att stå på ett ben, vägrade honom att få kasta vatten, lyste honom i ansiktet med bländande lampor tills hans ögon rann, men syftet med detta var bara att förnedra honom och ta ifrån honom förmågan att argumentera och resonera. Deras egentliga vapen var den obarmhärtiga utfrågningen som fortsatte timme efter timme, de lade krokben och fällor, förvrängde allt han sade, beslog honom för varje steg med lögner och självmotsägelser, ända tills han började gråta lika mycket av skam som av nervös utmattning. Det hände att han grät fem sex gånger under en enda förhörssession. Största delen av tiden vrålade de förolämpningar åt honom och hotade varje gång han tvekade om något att lämna över honom till vakterna pånytt; men ibland ändrade de plötsligt ton, kallade honom kamrat, vädjade till honom i Engsoss och Storebrors namn och frågade honom sorgset om han inte ens nu ägde tillräckligt lojalitet mot partiet för att vilja gottgöra det onda han hade gjort. När hans nerver var rivna i trasor efter timmar av förhör kunde till och med en sådan vädjan bringa honom till snörvlande gråt. I längden bröt de tjatande rösterna ner honom grundligare än vakternas nävar och stövlar. Han blev helt enkelt en mun som sade, en hand som skrev under vad som bara begärdes av honom. Hans enda strävan blev att få reda på vad det var de ville att han skulle bekänna, och att sedan bekänna det fort, innan misshandeln började pånytt. Han bekände att han hade mördat framstående partimedlemmar, spridit upprorspamfletter, försnillat allmänna medel, sålt militära hemligheter, begått sabotage av alla slag. Han bekände att han hade varit spion i den ostasiatiska regeringens sold ända sedan 1968. Han bekände att han var religiöst troende, en beundrare av kapitalismen och sexuellt pervers. Han bekände att han hade mördat sin hustru, trots att han visste, och hans förhörare måste ha vetat att hon fortfarande levde. Han bekände att han i åratal hade stått i personlig förbindelse med Goldstein och varit medlem av en underjordisk organisation som hade omfattat så gott som alla människor han någonsin hade känt. Det var lättast att erkänna allt och ange alla. Dessutom var det på sätt och vis sant. Det var sant att han hade varit en fiende till partiet, och i partiets ögon var det ingen skillnad mellan tanke och gärning.

Det fanns också minnen av annat slag. De fanns i hans hjärna utan något sammanhang med annat, som tavlor upphängda i mörker.

Han befann sig i en cell som kunde ha varit antingen mörk eller ljus, för det enda han kunde se var ett par ögon. I närheten stod något slags apparat och tickade långsamt och regelbundet. Ögonen blev större och mer lysande. Plötsligt svävade han upp från sin stol, dök in i ögonen och slukades av dem.

Han satt fastbunden i en stol omgiven av mätartavlor, under bländande lampor. En man i vit rock avläste mätarna. Utanför hördes tunga stövelsteg. Dörren skrällde upp. Officeren med vaxansiktet marscherade in, följd av två vakter.

”Rum 101”, sade officeren.

Mannen i den vita rocken vände sig inte om. Han såg inte heller på Winston, han såg bara på mätarna.

Han kom strövande längs en väldig korridor, den var en kilometer bred, uppfylld av ett härligt gyllne ljus, och han skrattade för full hals och skrek ut bekännelser med hög röst. Han bekände allt, till och med sådant han hade lyckats hålla inne med under tortyren. Han berättade hela sitt livs historia för en publik som redan kände till den. Tillsammans med honom var vakterna, de andra förhörarna, vitrockarna, O'Brien, Julia, Charrington, och alla släntrade iväg längs korridoren tillsammans och skrattade för full hals. Någonting förfärligt som hade funnits inbyggt i framtiden hade på något vis blivit överhoppat och aldrig hänt. Allt var bra, det fanns ingen smärta kvar, in i minsta detalj var hans liv blottat, förstått, förlåtet.

Han rusade upp från plankbritsen halvt övertygad om att han hade hört O'Briens röst. Under hela förhöret hade han haft en känsla av att O'Brien fanns vid hans sida, fastän han aldrig hade sett honom, men han fanns just utom synhåll. Det var O'Brien som styrde allting. Det var han som hade bussat vakterna på Winston och han som hindrade dem från att slå ihjäl honom. Det var han som bestämde när Winston skulle skrika av smärta, när han skulle få hämta sig, när han skulle få mat, när han skulle sova, när drogerna skulle sprutas i hans arm. Det var han som ställde frågorna och föreslog svaren. Han var plågaren, han var beskyddaren, han var inkvisitorn, han var vännen. Och en gång – Winston kunde inte minnas om det var under hans drogade sömn eller när han sov normalt, eller till och med i ett vaket ögonblick – mumlade en röst i hans öra: "Var inte orolig, Winston; jag har min hand över dig. I sju år har jag vakat över dig. Nu har vändpunkten kommit. Jag ska rädda dig, jag ska göra dig fullkomlig." Han var inte säker på om det var O'Briens röst, men det var samma röst som hade sagt till honom: "Vi möts där inget mörker finns" i drömmen som han haft för sju år sedan.

Han kom inte ihåg något särskilt slut på förhören. Det kom en period av mörker, och så hade cellen, eller rummet där han nu befann sig småningom tagit gestalt omkring honom. Han låg nästan platt på rygg och kunde inte röra sig. Hans kropp var fasthållen på alla ställen som kunde röras. Till och med bakhuvudet satt i kläm någonstans. O'Brien stod och såg ner på honom allvarsamt och en smula vemodigt. Underifrån sett såg hans ansikte grovt och slitet ut, med påsar under ögonen och trötta veck mellan näsa och haka. Han var äldre än Winston hade trott, kanske fyrtiåtta eller femtio år. Han höll handen på en inställningsratt som hade en visare upptill och siffror i en rundskala.

"Ja sa dej", sade O'Brien, "att om vi skulle råkas igen så var det här."

"Ja", sade Winston.

Utan något förebud mer än liten handrörelse av O'Brien sköljde en våg av smärta genom Winston. Det var en skrämmande smärta, därför att han inte kunde se vad som hände, och han hade en känsla av att han höll på att bli dödligt skadad. Han visste inte om det var något yttre skeende eller om det var elektriskt framkallat; men hans kropp höll på att vridas oformlig, hans leder slets långsamt isär. Även om smärtan fick svetten att bryta fram på hans panna var det allra värsta en skräck för att hans ryggrad var nära att brytas av.

Han bet ihop tänderna och andades hårt genom näsan i det han försökte tiga så länge det gick.

”Du är rädd”, sade O'Brien som iakttog hans ansikte, ”för att nånting strax kommer att ge efter. Du är speciellt rädd för att det ska bli ryggraden. Du har en livlig bild för din inre syn av att kotorna bryts åtskils och ryggradsvätskan droppar ut. Det är det du tänker, inte sant, Winston?”

Winston svarade inte. O'Brien vred visaren bakåt på skalan. Smärtvågen sjönk undan nästan lika snabbt som den hade kommit.

”Det var fyrti”, sade O'Brien. ”Du kan se att skalan här går upp till hundra. Vill du vara så god och komma ihåg, så länge vi samtalar, att jag har makt att låta dej känna smärta när som helst och av vilken styrka jag behagar? Om du ljuger, eller försöker slingra dej på något vis, eller bara underskrider din vanliga intelligensnivå, så kommer du att skrika av smärta, genast. Förstår du?”

”Ja”, sade Winston.

O'Brien lade bort lite av strängheten. Han rättade tankfullt till sina glasögon och gick några steg i rummet. När han nu talade var det milt och tålmodigt. Han lät som en läkare, en lärare, ja, en präst, som är angelägen om att förklara och övertyga hellre än straffa.

”Jag gör mej möda med dej, Winston”, sade han, ”därför att du är värd möda. Du vet precis vad som felas dej. Du har vetat det i många år, fast du har kämpat emot vetskapen. Du är mentalt förvirrad. Du lider av bristfälligt minne. Du kan inte minnas verkliga händelser och du intalar dej att du minns andra händelser som aldrig har inträffat. Lyckligtvis är det möjligt att bota. Du har aldrig botat dej själv, därför att du inte ville. Det behövdes en liten viljeansträngning som du inte var villig att göra. Också nu, det är jag helt medveten om, håller du fast vid din sjukdom under föreställningen att den är en dygd. Vi ska nu ta ett exempel. Med vilken stat är Oceanien i krig just nu?”

”När jag blev arresterad var Oceanien i krig med Ostasien.”

”Med Ostasien. Bra. Och Oceanien har alltid varit i krig med Ostasien, inte sant?”

Winston drog efter andan. Han öppnade munnen för att svara och teg. Han kunde inte ta blicken från ratten.

”Sanningen, var så god, Winston. *Din* sanning. Tala om vad du tror att du minns.”

”Jag minns att fram till bara en vecka innan jag arresterades var vi inte alls i krig med Ostasien. De var våra allierade. Kriget var mot Eurasien. Det hade varat i fyra år. Dessförinnan – ”

O’Brien hejdade honom med en handrörelse.

”Ett exempel till”, sade han. ”För några år sen hade du en verkligt allvarlig vanföreställning. Du trodde att tre män, tre före detta partimedlemmar som hette Jones, Aaronson och Rutherford – män som var avrättade för förräderi och sabotage efter att ha avlagt fullast möjliga bekännelse – inte var skyldiga till de förbrytelser som de hade anklagats för. Du trodde att du hade sett ett otvivelaktigt dokumentariskt bevis för att deras bekännelser var falska. Det fanns ett visst fotografi som du hallucinerade om. Du trodde att du faktiskt hade haft det i din hand. Det var ett foto ungefär som det här.”

Ett avlångt tidningsurklipp hade uppenbarat sig mellan O’Briens fingrar. Under fem sekunder eller så befann det sig inom Winstons synfält. Det var ett fotografi, och inte fråga om vilket. Det var *fotografiet*. Det var ett annat exemplar av fotot av Jones, Aaronson och Rutherford på partimötet i New York, som han hade råkat hitta för elva år sedan och genast förstört. Bara ett ögonblick såg han det nu, så var det försvunnet. Men han hade sett det, han hade sett det utan minsta tvivel! Han gjorde en förtvivlad, plågsam ansträngning att vrida överkroppen fri. Det gick inte att röra sig en centimeter åt något håll. För ögonblicket hade han till och med glömt ratten. Det enda han ville var att få ta i fotografiet igen, eller åtminstone se på det.

”Det finns!” ropade han.

”Nej”, sade O’Brien.

Han gick över golvet. I väggen mittemot fanns ett minneshål. O'Brien lyfte på gallret. Osynlig virvlade den spröda papperslappen bort på den varma luftströmmen; den skulle försvinna i en hastig låga. O'Brien vände sig från väggen.

"Aska", sade han. "Inte ens identifierbar aska. Stoft. Det existerar inte. Det har aldrig existerat."

"Men det existerade! Det existerade! Det existerade i mitt minne. Jag kommer ihåg det. Du kommer ihåg det."

"Jag kommer inte ihåg det", sade O'Brien.

Winstons mod sjönk. Detta var dubbeltänk. Han kände en dödlig hjälplöshet. Om han kunde ha varit säker på att O'Brien ljög skulle det inte ha betytt så mycket. Men det var fullt möjligt att O'Brien verkligen hade glömt fotografiet. Och i så fall skulle han redan nu ha glömt att han förnekat att han kom ihåg det, och glömt själva glömskan. Hur kunde man vara säker på att det var simpelt bedrägeri? Kanske kunde denna vanvettiga tankevrickning verkligen äga rum: inför den idén gav han upp.

O'Brien såg fundersamt ner på honom. Mer än annars såg han ut som en lärare som bemödar sig om en bortkommen men lovande elev.

"Det finns ett partislagord om att behärska det förflutna", sade han. "Får jag höra det."

" 'Den som behärskar det förflutna behärskar framtiden; den som behärskar nutiden behärskar det förflutna' ", upprepade Winston lydigt.

"Den som behärskar nutiden behärskar det förflutna", sade O'Brien och nickade långsamt och gillande. "Anser du, Winston, att det förflutna existerar i verkligheten?"

Pånytt kom den hjälplösa känslan över Winston. Hans blick flackade bort mot ratten. Han inte bara inte visste om ja eller nej var det svar som skulle bespara honom smärtan; han visste inte ens vilketdera svaret han trodde var rätt.

O'Brien smålog lätt. "Du är ingen metafysiker, Winston", sade han. "Ända hittills har du inte tänkt över vad som menas med existera. Jag ska precisera. Existerar det förflutna i konkret mening, i rymden? Finns det ett ställe någonstans, en

reell värld där det förflutna fortfarande utspelar sej?"
"Nej."
"Var existerar det förflutna då, om det gör det?"
"Arkiverat. Och – ?"
"I minnen. I människors tankar."
"I minnet. Alltså. Vi, partiet, har kontroll över alla arkiv, och vi har kontroll över alla minnen. Då behärskar vi det förflutna, eller hur?"
"Men hur kan ni hindra folk att minnas?" sade Winston hetsigt och glömde för tillfället ratten igen. "Man minns ofrivilligt. Det beror inte av en själv. Hur kan ni kontrollera någons minne? Ni har inte haft kontroll över mitt!"
O'Briens uppsyn blev sträng igen. Han lade handen på ratten.
"Det är tvärtom så", sade han, "att det är *du* som inte har haft kontroll över det. Det är det som har fört dej hit. Du är här därför att du har brustit i ödmjukhet, i självbehärskning. Du har inte gått med på den underkastelse som är förnuftets pris. Du föredrog att vara en galning, en enmansminoritet. Det är bara en disciplinerad hjärna som kan se verkligheten, Winston. Du tror att verkligheten är någonting objektivt, någonting utanför oss, som existerar på egen hand. Du tror också att verklighetens natur är självklar. När du vilseleder dej själv till att tro att du ser en sak, så antar du att alla andra ser samma sak. Men jag säger dej, Winston, att verkligheten inte finns utanför oss. Verkligheten finns i människans medvetande och ingen annanstans. Inte i det individuella medvetandet, som kan begå misstag och som i vilket fall som helst ändå förgår: utan i partiets medvetande, som är kollektivt och odödligt. Vad än partiet anser vara sanning, det *är* sanning. Det är ogörligt att se verkligheten annat än genom partiets ögon. Det är det faktum som du har att lära dej pånytt, Winston. Det kräver en handling av självutplåning, en viljeansträngning. Du måste förödmjuka dej innan du kan bli förnuftig."
Han tystnade för en liten stund, liksom för att låta sina ord slå rot.
"Kommer du ihåg", fortsatte han, "att du en gång skrev i

din dagbok: 'Frihet är friheten att säga att två plus två är fyra'?"

"Ja", sade Winston.

O'Brien lyfte vänstra handen med avigsidan mot Winston, med tummen dold och fyra fingrar uppräckta.

"Hur många fingrar visar jag, Winston?"

"Fyra."

"Och om partiet säger att det inte är fyra utan fem – hur många är det då?"

"Fyra."

Ordet slutade i en flämtning av smärta. Rattens visare hade åkt upp till femtiofem. Svetten bröt fram över hela kroppen på Winston. Luften slet sig väg ner i hans lungor och stöttes ut igen i tunga stön som han inte kunde hejda ens med att bita ihop tänderna. O'Brien såg på honom med de fyra fingrarna alltjämt uppräckta. Han flyttade visaren bakåt. Denna gång lättade smärtan bara lite.

"Hur många fingrar, Winston?"

"Fyra."

Visaren gick upp till sextio.

"Hur många fingrar, Winston?"

"Fyra! Fyra! Vad kan jag annat säja? Fyra!"

Visaren måste ha stigit igen, men han såg den inte. Det tunga, stränga ansiktet och de fyra fingrarna fyllde hela synfältet. Fingrarna reste sig framför hans ögon som pelare, kolossala, suddiga, liksom vibrerande, men omisskännligen fyra.

"Hur många fingrar, Winston?"

"Fyra! Sluta! Sluta! Hur kan du fortsätta? Fyra! Fyra!"

"Hur många fingrar, Winston?"

"Fem! Fem! Fem!"

"Nej, Winston, det hjälper dej inte. Du ljuger. Du tror fortfarande att det är fyra. Hur många fingrar?"

"Fyra! Fem! Fyra! Vad du vill. Men sluta, sluta göra mej illa!"

Plötsligt satt han upprätt med O'Briens arm om sina axlar. Han kanske hade mist medvetandet för några sekunder.

Remmarna som hade fjättrat hans kropp hade lossats. Han frös häftigt, han darrade obehärskat, han skallrade tänder, tårarna strömmade utför hans kinder. Ett ögonblick klamrade han sig fast vid O'Brien som ett barn, egendomligt tröstad av den tunga armen som låg om hans skuldror. Han hade en känsla av att O'Brien var hans beskyddare, att smärtan var någonting som kom utifrån, någon annanstans ifrån, och att det var O'Brien som skulle rädda honom undan den.

"Du har svårt för att lära, Winston", sade O'Brien milt.

"Hur kan jag rå för det?" snörvlade han. "Hur kan jag låta bli att se vad jag har för ögonen? Två och två är fyra."

"Ibland, Winston. Ibland är det fem. Ibland är det tre. Ibland är det allt detta på samma gång. Du måste försöka bättre. Det är inte lätt att få sitt förnuft tillbaka."

Han lade ner Winston på britsen. Greppet om armar och ben stramade till pånytt, men smärtan hade dött bort och darrningen hade upphört och lämnat honom endast matt och kall. O'Brien nickade åt mannen i vit rock som hade stått orörlig under det hela. Vitrocken lutade sig ner och tittade noga Winston i ögonen, tog hans puls, lade örat mot hans bröst, knackade här och där; så nickade han åt O'Brien.

"Om igen", sade O'Brien.

Smärtan strömmade in i Winstons kropp. Visaren måste ha stått på sjuttio, sjuttiofem. Den här gången höll han ögonen slutna. Han visste att fingrarna var kvar framför honom, och fortfarande var fyra. Allt som betydde något var nu att hålla sig vid liv på något vis tills krampen var förbi. Han hade slutat märka om han skrek eller inte. Smärtan avtog igen. Han öppnade ögonen. O'Brien hade fört visaren tillbaka.

"Hur många fingrar, Winston?"

"Fyra. Det är väl fyra. Jag skulle se fem om jag kunde. Jag försöker se fem."

"Vilket är det du vill: övertyga mej om att du ser fem, eller verkligen se dem?"

"Verkligen se dem."

"Om igen", sade O'Brien.

Kanske gick visaren till åttio – nittio. Winston kunde ibland inte erinra sig orsaken till smärtan. Innanför hans slutna ögonlock var det som om en skog av fingrar rört sig i ett slags dans, böljat fram och tillbaka, försvunnit bakom varandra och dykt upp igen. Han höll på och försökte räkna dem, han kunde inte minnas varför. Han visste bara att det var omöjligt att räkna dem, och att det på något vis berodde på den hemlighetsfulla identiteten mellan fyra och fem. Smärtan avtog igen. När han öppnade ögonen var det för att finna att han fortfarande såg detsamma. Otaliga fingrar, som rörliga träd, drog förbi i strömmar åt ömse sidor, framför och bakom varandra. Han slöt ögonen pånytt.

”Hur många fingrar visar jag, Winston?”

”Jag vet inte. Jag vet inte. Du tar livet av mej om du gör om det där. Fyra, fem, sex – jag vet inte, på hedersord.”

”Bättre”, sade O'Brien.

En nål gled in i armen på Winston. Nästan i samma ögonblick spred sig en salig, läkande värme genom hela hans kropp. Smärtan var redan till hälften glömd. Han slog upp ögonen och såg tacksamt upp på O'Brien. Vid åsynen av det tunga, fårade ansiktet, som var så fult och så intelligent, tyckte han att hjärtat slog över i hans bröst. Om han kunde ha rört sig skulle han ha räckt ut handen och lagt den på O'Briens arm. Han hade aldrig älskat honom djupare än just nu, och det inte bara för att han hade gjort slut på smärtan. Den forna känslan av att det innerst inte spelade någon roll om O'Brien var vän eller fiende hade återvänt. O'Brien var någon man kunde tala med. Kanske att man inte ville bli älskad så mycket som bli förstådd. O'Brien hade torterat honom intill vansinnets gräns, och lite senare, det var helt säkert, skulle han skicka honom i döden. Det gjorde ingen skillnad. I någon mening djupare än vänskap var de förtrogna: någonstans, även om de aldrig skulle få någonting sagt, fanns det en punkt där de kunde råkas och tala med varandra. O'Brien såg ner på honom med ett uttryck som antydde att han kanske hade samma tanke. När han talade var det i ledig samtalston.

”Vet du var du är, Winston?” frågade han.

”Jag vet inte. Jag kan gissa. I kärleksministeriet.”

”Vet du hur länge du har varit här?”

”Nej. Många dagar, veckor, månader – jag tror det är månader.”

”Och varför tror du att vi tar hit folk?”

”För att få dem att bekänna.”

”Nej, det är inte därför. Försök en gång till.”

”För att straffa dem.”

”Nej!” utbrast O'Brien. Hans röst förändrades på ett märkligt sätt, och ansiktet var plötsligt både strängt och fullt av liv. ”Nej! Inte bara för att få fram din bekännelse, inte för att bestraffa dej. Ska jag tala om varför vi har tagit dej hit? För att bota dej! För att ge dej ditt förnuft! Förstår du det, Winston, att ingen som vi tar hit någonsin lämnar våra händer utan att vara botad? Vi är inte intresserade av de enfaldiga förbrytelser som du har begått. Partiet intresserar sej inte för öppen handling: tanken är allt vi bryr oss om. Vi nöjer oss inte med att förinta våra fiender, vi förändrar dem. Förstår du vad jag menar med det?”

Han lutade sig över Winston. Hans ansikte verkade kolossalt för att det var så tätt inpå, och fruktansvärt fult för att det syntes underifrån. Dessutom var det uppfyllt av ett slags exaltation, en vanvettig lidelse. Winston kände hjärtat krympa igen. Om det varit möjligt skulle han ha krupit djupare ner där han låg. Han var säker på att O'Brien skulle till att vrida på ratten igen av rent självsvåld. Men just då vände han sig bort. Han tog några steg av och an på golvet. Så fortsatte han med mindre eftertryck:

”Det första som du måste fatta är att här finns det inget martyrskap. Du har läst om religiösa förföljelser i forntiden. På medeltiden fanns inkvisitionen. Den misslyckades. Den ville utrota kätteriet och den kom att bevara det. För varje kättare som den brände på bål kom det tusentals andra istället. Och varför då? För att inkvisitionen avrättade sina fiender öppet, och avrättade dem innan de ännu hade ångrat sej: de dödades i själva verket för att de inte hade ångrat sej. Människor dog för att de inte ville överge vad de verkligen trodde på. Naturligtvis blev då hela äran offrets och hela skammen inkvisitorns som brände honom. Senare, på nittonhundratalet, kom de totalitära staterna som de kallades. Det var de tyska nazisterna och de ryska kommunisterna. Ryssarna förföljde kätteriet grymmare än inkvisitionen hade gjort. Och de föreställde sej att de hade lärt sej något av misstagen i det förflutna; de visste i varje fall att man inte fick skapa martyrer. Innan de visade sina offer vid offentliga rättegångar riktade de in sej på att ta deras värdighet ifrån dem. De mattade ut dem med tortyr och isolering tills de blev föraktliga, krypande stackare som bekände allt man lade dem i munnen, skymfade sej själva, anklagade varandra och kröp bakom varandra och gnällde om nåd. Och ändå hände samma sak om igen efter några år. De döda hade blivit martyrer och deras förnedring var glömd. Och varför då, än en gång alltså? Först och främst för att deras bekännelser var uppenbart framtvingade och osanna. Såna misstag begår inte vi. Alla bekännelser som avges här är sanna. Vi gör dem sanna. Och framför allt låter vi inte de döda resa sej mot oss och uppstå igen. Du måste låta bli att inbilla dej att eftervärlden ska rättfärdiga dej, Winston. Eftervärlden kommer aldrig att få höra talas om dej. Du kommer att lyftas ut ur historiens flodfåra hel och hållen. Vi kommer att förvandla dej till gas och dunsta ut dej i stratosfären. Det blir ingenting kvar efter dej, inte ett namn i ett register, inte ett minne i någon levande hjärna. Du kommer att förintas i det förflutna precis som för framtiden. Du kommer att aldrig ha existerat."

Varför då besvära er med tortyren? tänkte Winston bittert och hastigt. O'Brien hejdade sina steg som om Winston hade tänkt det högt. Hans stora fula ansikte närmade sig, med en smula smalnande ögon.

"Du tänker nu", sade han, "att eftersom vi har för avsikt att utplåna dej helt och hållet, så att ingenting du säjer eller gör ändå spelar minsta roll – så varför besvärar vi oss i så fall med att förhöra dej först? Det var vad du tänkte, eller hur?"

"Ja", sade Winston.

O'Brien smålog lätt. "Du är ett fel i mönstret, Winston. Du är en fläck som måste tas ur. Sa jag inte just nu att vi skiljer oss från alla förföljare i det förflutna? Vi nöjer oss inte med negativ lydnad och inte med den allra underdånigaste underkastelse. När du kapitulerar måste det vara av egen fri vilja. Vi utplånar inte en kättare för att han gör motstånd: så länge han gör motstånd utplånar vi honom inte alls. Vi omvänder honom, vi tar tag om hans innersta tankar, vi formar honom pånytt. Vi bränner bort allt ont och all illusion ur honom; vi för honom över på vår sida, inte till skenet, utan verkligt, i själ och hjärta. Vi gör honom till en av de våra innan vi dödar honom. Vi tål inte att någon felaktig tanke existerar någonstans i världen, hur hemlig och maktlös den är. Inte ens i någons dödsögonblick kan vi tillåta någon avvikelse. I forna tider gick kättaren till bålet fortfarande som kättare, förkunnande sitt kätteri, jublade över det. Också ett offer i de ryska utrensningarna kunde bära upproret med sej inneslutet i sin hjärna när han gick i källargången och väntade på kulan. Men vi fulländar hjärnan innan vi blåser ur den. De forna despotiernas bud lydde 'Du skall icke'. Det totalitära budet var 'Du skall'. Vårt bud är '*Du är*'. Ingen som vi för hit sticker någonsin av från oss till slut. Alla blir tvättade rena. Till och med de där tre usla förrädarna som du en gång trodde var oskyldiga – Jones, Aaronson och Rutherford – till slut bröt vi ner dem. Jag var själv med om att förhöra dem. Jag såg hur de nöttes ner så småningom, och jämrade sej, kröp och grät – och mot slutet var det inte av smärta eller rädsla, utan bara av ånger. När vi var färdiga med dem hade de bara skalet kvar. Inuti dem fanns ingenting annat kvar än sorg över vad de hade gjort, och kärlek till Storebror. Det var gripande att se hur mycket de älskade honom. De tiggde om att få bli skjutna snart, så att de kunde dö medan deras tankar ännu var rena."

Hans röst hade blivit närapå drömmande. Exaltationen, den vanvettiga entusiasmen dröjde ännu kvar i hans ansikte. Han låtsas inte, tänkte Winston; han är ingen hycklare, han tror varje ord han säger. Vad som gjorde Winston mest beklämd var medvetandet om hans egen intellektuella underlägsenhet. Han låg och såg på den tunga och ändå smidiga gestalten som vandrade av och an, in i och ut ur hans synfält.

O'Brien var på alla sätt större än han själv. Det fanns ingen tanke som han någonsin haft eller kunde få, som inte O'Brien hade känt till för länge sen, granskat och förkastat. Hans tankeförmåga *innehöll* Winstons tankeförmåga. Men hur kunde det i så fall stämma att O'Brien var galen? Det måste vara han själv, Winston, som var galen. O'Brien stannade och såg ner på honom. Hans röst hade blivit sträng igen.

"Inbilla dej inte att du kan rädda dej, Winston, hur totalt du än kapitulerar för oss. Ingen som en gång har vikit av från oss får nånsin leva. Och också om vi skulle välja att låta dej leva din naturliga tid ut så skulle du aldrig slippa undan oss ändå. Det som händer med dej här är för alltid. Förstå den saken från första början. Vi kommer att bryta ner dej så att det inte finns någon återvändo. Det kommer att hända dej saker som du inte skulle kunna hämta dej ifrån ens om du levde i tusen år. Du kommer aldrig mera att ha förmågan till vanliga mänskliga känslor. Allting kommer att vara dött inom dej. Du kommer aldrig att kunna känna kärlek eller vänskap eller livslust eller kunna skratta, vara nyfiken eller modig eller hederlig. Du kommer att vara urholkad. Vi kommer att krama dej tom, och sedan fyller vi dej med oss själva."

Han tystnade och gav tecken till vitrocken. Winston kände att det var något slags tung apparat som flyttades fram bakom hans huvud. O'Brien hade satt sig ner vid britsen, så att han hade ansiktet nästan i jämnhöjd med Winstons.

"Tretusen", sade han till vitrocken över Winstons huvud.

Två mjuka dynor som kändes svagt fuktiga trycktes mot Winstons tinningar. Han darrade. Det skulle bli en ny pina, någon ny sorts. O'Brien lade handen lugnande, nästan vänligt, på hans hand.

"Det gör inte ont den här gången", sade han. "Se mej i ögonen."

Just då kom en förödande explosion, eller något som föreföll som en explosion, fastän det inte var klart om någonting hade hörts. Utan minsta tvivel var det en bländande ljusblixt. Winston blev inte skadad, bara omkullkastad. Fastän han redan hade legat på rygg när det hände fick han en egendomlig känsla av att han blivit omkullslagen med en väldig, smärtfri stöt. Och någonting hade hänt inuti hans huvud. När han fick synförmågan tillbaka kom han ihåg vem han var och var han var, och han kände igen ansiktet som såg in i hans; men någonstans fanns det en stor tom fläck, som om en bit av hans hjärna blivit utlyft.

”Det kommer inte att bestå”, sade O'Brien. ”Se mej i ögonen. Med vilket land är Oceanien i krig?”

Winston tänkte efter. Han visste vad Oceanien var för något och att han själv var medborgare i Oceanien. Han mindes också Eurasien och Ostasien; men vem som var i krig med vem visste han inte. Han hade i själva verket inte reda på att det var krig.

”Jag minns inte.”

”Oceanien är i krig med Ostasien. Kommer du ihåg det nu?”

”Ja.”

”Oceanien har alltid varit i krig med Ostasien. Så länge du har levat, så länge partiet har funnits till, så länge historien vet om har kriget pågått utan uppehåll, alltid samma krig. Kommer du ihåg det?”

”Ja.”

”För elva år sen diktade du upp en legend om tre män som hade blivit dödsdömda för högförräderi. Du låtsades att du hade sett ett papper som bevisade att de var oskyldiga. Något sådant papper hade aldrig funnits. Du hittade på det, och senare började du tro på det. Nu kommer du ihåg precis den stund när du först hittade på det. Minns du?”

”Ja.”

”För en liten stund sen visade jag dej fingrarna på ena handen. Du såg fem fingrar. Minns du?”

”Ja.”

O'Brien räckte upp vänstra handens fingrar, med tummen dold.

”Här har vi fem fingrar. Ser du fem fingrar?”

”Ja.”

Och han såg dem, ett hastigt ögonblick, innan landskapet

inuti hans hjärna förändrades. Han såg fem fingrar, och det var ingen vanskapt hand. Så blev allting normalt igen, och den forna rädslan, hatet och förvirringen trängde sig in pånytt. Men det hade funnits ett ögonblick – han visste inte hur långt det var, kanske en halv minut – av lysande visshet, då varje nytt förslag som O'Brien kom med hade fyllt ut en tom fläck och blivit absolut sanning, och när två och två kunde ha blivit tre lika lätt som fem, om det var det som fordrades. Det hade bleknat bort strax innan O'Brien sänkte handen; men trots att han inte kunde återkalla det, kunde han minnas det, som man minns något som gjort djupt intryck någon gång i livet då man var en annan människa.

”Nu ser du”, sade O'Brien, ”att det i varje fall är möjligt.”

”Ja”, sade Winston.

O'Brien reste sig med belåten uppsyn. Bakom sig till vänster såg Winston att vitrocken knäckte en ampull och drog ut en injektionsspruta. O'Brien vände sig mot Winston och log. Nästan på sitt gamla vis rättade han till glasögonen över näsan.

”Kommer du ihåg att du skrev i din dagbok”, sade han, ”att det inte spelade någon roll om jag var vän eller fiende, därför att jag åtminstone var någon som förstod dej och som det gick att prata med? Du hade rätt. Jag tycker om att prata med dej. Ditt sätt att tänka tilltalar mej. Det påminner om mitt eget bortsett från att du råkar vara sinnesrubbad. Innan vi slutar för idag kan du ställa några frågor om du vill.”

”Om vad som helst?”

”Vad som helst.” Han såg att Winston tittade på ratten med visaren. ”Den är avstängd. Vad är din första fråga?”

”Vad har ni gjort med Julia?” frågade Winston.

O'Brien smålog igen. ”Hon har förrått dej, Winston. Genast – utan förbehåll. Jag har sällan sett någon gå över till oss så snabbt. Du skulle knappast känna igen henne om du fick se henne. All hennes upprorslust, hennes falskhet, hennes dåraktighet, hennes smutsiga fantasi – allting är bortbränt. Det var en perfekt omvändelse, ett mönsterfall enligt läroboken.”

”Ni torterade henne?”

O'Brien lämnade inget svar. "Nästa fråga", sade han.

"Existerar Storebror?"

"Naturligtvis. Partiet existerar. Storebror är partiet förkroppsligat."

"Existerar han på samma sätt som jag?"

"Du existerar inte", sade O'Brien.

Ännu en gång kom känslan av hjälplöshet. Han kände till, eller kunde förställa sig, argumenten som bevisade att han själv inte existerade; men de var nonsens, de var bara en lek med ord. Innehöll inte påståendet "Du existerar inte" en logisk orimlighet? Men vad tjänade det till att säga det? Hans tankar skrumpnade ihop i förväg inför de obesvarbara, galna argument med vilka O'Brien skulle krossa honom.

"Jag tror jag existerar", sade han trött. "Jag är medveten om min identitet. Jag uppfyller ett visst rum. Inget annat fast föremål kan fylla upp samma rum på samma gång. Existerar Storebror i den meningen?"

"Det har ingen betydelse. Han existerar."

"Kommer Storebror nånsin att dö?"

"Naturligtvis inte. Hur skulle han kunna det? Nästa fråga."

"Existerar Broderskapet?"

"Den saken, Winston, får du aldrig veta. Om vi väljer att släppa dej fri när vi är färdiga med dej, och om du lever till nitti år, så kommer du ändå aldrig att få veta om svaret på den frågan är ja eller nej. Så länge du lever förblir det en olöst gåta för dej."

Winston låg tyst. Han andades lite snabbare än förut. Han hade ännu inte ställt den fråga som han allra först hade kommit att tänka på. Han var tvungen att ställa den, och ändå var det som om hans tunga inte ville lyda. O'Brien såg en aning road ut. Till och med glasögonen tycktes ha en sarkastisk glimt. Han vet, tänkte Winston plötsligt, han vet vad jag tänker fråga! Vid den tanken bröt sig orden fram:

"Vad finns det i rum 101?"

O'Brien ändrade inte sin min. Han svarade kort:

"Du vet vad som finns i rum 101, Winston. Alla vet vad som finns i rum 101."

Han lyfte ett finger åt vitrocken. Uppenbarligen var allting slut för dagen. En nål trängde med en knyck in i Winstons arm. Han sjönk genast i djup sömn.

3

”Din återintegrering har tre stadier”, sade O'Brien. ”Det är inlärning, det är insikt, och det är erkännande. Nu är det dags för dej att börja på andra stadiet.”

Som alltid låg Winston platt på rygg. Men på sista tiden hade remmarna suttit lösare. De höll honom fortfarande fast vid britsen, men han kunde röra knäna en smula och kunde vända på huvudet och lyfta underarmarna. Också ratten hade blivit mindre fasansfull. Han kunde undvika smärtstötarna om han var tillräckligt snabbtänkt: det var främst då han visade sig dum som O'Brien flyttade visaren. Ibland kom han igenom en hel session utan att visaren varit i bruk. Han kunde inte minnas hur många sessioner det hade varit. Hela proceduren tycktes sträcka sig genom en lång, obestämd tidrymd – kanske flera veckor – och intervallen mellan sessionerna kunde ibland ha varit några dagar, ibland bara en timme eller två.

”När du ligger där”, sade O'Brien, ”har du ofta undrat – du har till och med frågat mej om det – varför kärleksministeriet ägnar så mycket tid och besvär åt dej. Och den tiden du var på fri fot brydde du din hjärna med i grund och botten samma fråga. Du kunde fatta mekanismen i det samhälle du levde i, men inte motiveringarna bakom den. Kommer du ihåg att du skrev i dagboken: 'Jag kan förstå *hur*: jag förstår inte *varför*'? Det var när du tänkte över 'varför' som du tvivlade på ditt eget förnuft. Du har läst *boken*, Goldsteins bok, eller åtminstone delar av den. Upplyste den dej om nånting som du inte redan visste?”

”Du har läst den?” sade Winston.

”Jag har skrivit den. Det vill säja, jag var en av medarbetarna när den skrevs. Inga böcker produceras individuellt, som du vet.”

”Är det sant vad där står?”

”Som beskrivning, ja. Programmet som den lägger fram är nonsens. En ackumulering av kunskap i hemlighet – en småningom spridd upplysning – i sista hand ett proletärupppror – partiets störtande. Du förutsåg själv att det var vad där skulle stå. Det är idel nonsens. Proletärerna kommer aldrig att göra uppror, varken om tusen år eller en miljon. De kan inte. Jag behöver inte tala om orsaken för dej: du vet den redan. Om du nånsin har haft några drömmar om uppror med våldsmedel så får du lov att slopa dem. Det finns inget sätt att störta partiet på. Partiet härskar för alltid. Det kan du ta till utgångspunkt när du tänker.”

Han kom lite närmare britsen. ”För alltid!” upprepade han. ”Och nu kan vi ta upp frågan om hur och varför. Du har en klar bild av *hur* partiet håller sig vid makten. Säj mej nu *varför* vi håller fast vid makten. Vad har vi för motiv? Varför vill vi ha den makten? Ja, låt höra”, tillade han då Winston låg tyst.

Trots allt svarade Winston inte på en liten stund. Han hade överfallits av trötthet. O'Briens uppsyn hade fått tillbaka sin svaga vanvettsglimt av entusiasm. Han visste i förväg vad O'Brien skulle säga. Att partiet inte strävade efter makt för sin egen del, utan endast för majoritetens bästa. Att det strävade efter makt därför att människorna i den stora massan var svaga fega varelser som varken kunde stå ut med frihet eller acceptera sanning, utan måste regeras och systematiskt bli bedragna av andra som var starkare än de. Att människosläktet hade att välja mellan frihet och lycka, och att lycka var den bättre delen för det stora flertalet. Att partiet var de svagas evige beskyddare, en hängiven sekt som utförde onda gärningar för att skapa något gott och som offrade sin egen lycka för andras. Det förfärliga, tänkte Winston, det förfärliga var att när O'Brien sade detta skulle han tro på det. Man kunde se det i hans ansikte. O'Brien visste allt. Han visste tusen gånger bättre än Winston hurdan världen egentligen var, i vilken förnedring den stora massan av människor levde och med vilka lögner och grymheter partiet höll dem kvar i den. Han hade förstått det allt, bedömt allt, och det gjorde ingen skillnad: allting rättfärdigades av slutmålet. Vad kan man göra, tänkte Winston, åt en galning som är intelligentare än man själv, som lyssnar på ens argument och sedan bara envisas med sin galenskap?

”Ni regerar för vårt eget bästa”, sade han matt. ”Ni anser att människor inte har förmågan att regera sig själva, och därför – ”

Han ryckte till och var nära att skrika. En ilning av smärta hade farit genom hans kropp. O'Brien hade flyttat visaren fram till trettiofem.

”Det där var enfaldigt, Winston, enfaldigt!” sade han. ”Du borde veta bättre än att säja sådant där.”

Han flyttade visaren tillbaka och fortsatte:

”Jag ska tala om svaret för dej. Det är det här. Partiet strävar efter makt helt och hållet för sin egen skull. Vi är inte intresserade av andras bästa; det är bara makten som intresserar oss. Inte rikedomar eller lyx eller långt liv eller lycka: bara makt, själva makten. Vad ren makt innebär kommer du strax att fatta. Vi skiljer oss från alla oligarkier i det förflutna i det att vi vet vad vi gör. Alla de andra, också de som liknade oss, var fega och hycklande. De tyska nazisterna och de ryska kommunisterna kom mycket nära oss till sina metoder, men de hade aldrig modet att erkänna sina egna motiv. De låtsades, kanske till och med trodde att de hade gripit makten motvilligt och för en begränsad tid, och att det strax om hörnet fanns ett paradis där människorna kunde vara fria och jämlika. Vi är inte som de. Vi vet att ingen nånsin griper makten med avsikten att lämna den ifrån sej. Makt är inte ett medel, den är ett mål. Man upprättar inte en diktatur för att trygga en revolution; man gör revolution för att upprätta diktaturen. Förföljelsens ändamål är förföljelse. Tortyrens ändamål är tortyr. Maktens ändamål är makt. Börjar du fatta nu?”

Winston slogs, liksom förr, av tröttheten i O'Briens ansikte. Det var kraftfullt och köttigt och brutalt, det var fyllt av intelligens och ett slags behärskad lidelse som han kände sig maktlös inför, men det var trött. Han hade påsar under ögonen, huden var slapp över kinderna. O'Brien lutade sig över honom och närmade med flit sitt slitna ansikte till hans.

"Du tänker nu", sade han, "att mitt ansikte är gammalt och trött. Du tänker att jag talar om makt, fast jag inte ens kan hindra min egen kropp att förfalla. Fattar du inte, Winston, att individen bara är en cell? En cells trötthet är organismens livskraft. Dör du när du klipper dina naglar?"

Han vände sig från britsen och började pånytt vandra av och an, med ena handen i fickan.

"Vi är maktens prästerskap", sade han. "Gud är makt. Men tills vidare är makt bara ett ord för dej. Det är dags att du får något begrepp om vad makt betyder. Det första du måste begripa är att makten är kollektiv. Individen har makt bara i den mån han upphör att vara individ. Du vet partiets slagord: Frihet är slaveri. Har du nånsin kommit att tänka på att man kan vända på det? Slaveri är frihet. Ensam – fri – lider människan alltid nederlag. Det måste så vara, därför att varje människa är förutbestämd att dö, vilket är det största av alla nederlag. Men om hon kan underkasta sig fullständigt, hel och hållen, om hon kan slippa ifrån sin identitet, om hon kan uppgå i partiet så att hon *är* partiet, då är hon allsmäktig och odödlig. Det andra du måste fatta är att makt vill säja makt över människor. Över deras kropp – men framför allt över deras tankar. Makt över det materiella – den yttre verkligheten, som du skulle kalla det – är oviktig. Vi har redan absolut kontroll över materien."

Ett ögonblick glömde Winston bort visaren. Han gjorde en häftig ansträngning att sätta sig upp men uppnådde bara att det gjorde ont att vrida på kroppen.

"Hur kan du säja att ni har kontroll över materien?" ropade han. "Ni kontrollerar ju varken klimatet eller tyngdkraften. Och sjukdom då, och smärta, död – "

O'Brien tystade honom med en åtbörd. "Vi har kontroll över materien därför att vi har kontroll över tanken. Verkligheten finns inuti hjärnan. Du kommer att lära dej det så småningom, Winston. Det finns ingenting som vi inte skulle kunna göra. Osynlighet, levitation – vad som helst. Jag skulle kunna sväva upp från golvet här som en såpbubbla om jag ville. Jag vill det inte, därför att partiet inte vill det. Du måste göra dej av med artonhundratalsidéerna om naturlagar. Vi stiftar naturlagarna."

"Men det gör ni inte! Ni behärskar inte ens planeten. Än Eurasien och Ostasien? Ni har inte ens erövrat dem."

"Oviktigt. Vi kommer att erövra dem när det passar oss. Och om vi inte gör det, så vad gör det för skillnad? Vi kan utesluta dem ur tillvaron. Oceanien är världen."

"Men jorden själv är bara ett dammkorn. Och människan är oansenlig – maktlös! Hur länge har människan funnits till? I miljoner år har jorden varit obebodd."

"Prat. Jorden är lika gammal som vi, inte äldre. Hur skulle den kunna vara äldre? Ingenting existerar annat än genom mänskligt medvetande."

"Men det finns bergarter fulla med ben av utdöda djur – mammutar och mastodonter och väldiga reptiler som levde långt innan det var tal om några människor."

"Har du sett såna ben, Winston? Naturligtvis inte. Artonhundratalsnaturvetarna hittade på dem. Före människan fanns ingenting. Efter människan, ifall hon skulle dö ut, finns det heller ingenting. Utanför människan finns ingenting."

"Men hela universum finns utanför oss. Se på stjärnorna! En del är miljoner ljusår härifrån. De är utom räckhåll för oss i alla tider."

"Stjärnorna?" sade O'Brien likgiltigt. "De är eldar på några kilometers håll. Dem når vi till om vi vill. Eller vi kan släcka dem. Jorden är universums mittpunkt. Solen och stjärnorna rör sej runt den."

Winston rörde sig krampaktigt igen. Han sade ingenting denna gång. O'Brien fortsatte som för att bemöta en uttalad invändning:

"För somliga ändamål stämmer det naturligtvis inte. När vi navigerar på världshavet, eller när vi förutsäger en solförmörkelse finner vi det ofta bekvämt att anta att jorden rör sej runt solen och att stjärnorna är miljoners miljoner kilometer bort. Men än sen då? Tror du att det överstiger vår förmåga att ha dubbla astronomiska system? Stjärnorna kan vara nära eller långt borta, efter hur vi behöver ha dem. Tror du våra matematiker inte klarar den saken? Har du glömt dubbeltänk?"

Winston tyckte att han krympte där han låg. Vad han än sade kom det alltid ett snabbt svar och klubbade ner honom. Och ändå visste han, *visste* han att det var han som hade rätt. Åsikten att ingenting existerade utanför ens egen tanke – visst fanns det ju något sätt att bevisa att det inte stämde? Var det inte för längesedan bevisat att det var en logisk orimlighet? Det hette nånting till och med, men det hade han glömt. Ett svagt leende ryckte i O'Briens mungipor där han stod och såg ner på honom.

"Som jag sa, Winston, så är inte metafysiken din starka sida. Ordet som du försöker komma på är solipsism. Men du misstar dej. Det är inte fråga om solipsism. En kollektiv solipsism om du så vill. Men det är nånting helt annat: faktiskt motsatsen. Det här är på sidan om", tillade han med ett annat tonfall. "Den verkliga makten, den makt som vi måste kämpa för dygnet runt, är inte makt över föremål utan över människor." Han tystnade och anlade för ett ögonblick igen sin uppsyn av lärare som ställer frågor till en lovande elev: "Hur bevisar en människa sin makt över en annan, Winston?"

Winston tänkte efter. "Genom att göra henne illa", sade han.

"Precis. Genom att göra henne illa. Det räcker inte med lydnad. Om den andre inte lider kan man inte vara säker på att det är min vilja han lyder och inte sin egen. Makt ligger i att vålla smärta och förödmjukelse. Makt ligger i att stycka upp människohjärnor och sätta ihop dem igen till nya former som man bestämmer själv. Börjar du inse alltså vad det är för slags värld som vi håller på att skapa? Det är den exakta motsatsen till den enfaldiga hedonistiska värld som forna tiders världsförbättrare tänkte sej. En värld av fruktan och förräderi och pinor, en värld där man trampar och trampas på, en värld som inte kommer att bli mindre utan *mera* obarmhärtig ju längre den utvecklar sej. Framsteg i vår värld blir framsteg mot mer smärta. De forna kulturerna påstod att de grundade sej på kärlek eller rättvisa. Vår grundas på hat. I vår värld kommer det inte att finnas andra känslor än fruktan, raseri, triumf och självförnedring. Allt kommer vi att rasera – allt. Vi håller redan på att bryta ner alla tankevanor som lever kvar från tiden före revolutionen. Vi har skurit av banden mellan barn och föräldrar, och mellan män och män, och mellan män och kvinnor. Ingen vågar längre lita på en hustru eller ett barn eller en vän. Men i framtiden kommer det inte alls att finnas hustrur eller vänner. Barnen kommer att tas från mödrarna vid födelsen, som man tar äggen från en höna. Sexualinstinkten kommer att utrotas. Fortplantningen blir en årlig formalitet som när man förnyar ransoneringskortet. Orgasmen ska vi avskaffa. Våra neurologer håller på med det. Det kommer inte att finnas någon lojalitet, utom partilojaliteten. Det kommer inte att finnas någon kärlek, utom kärleken till Storebror. Det kommer inte att finnas något skratt, utom triumfskrattet när en fiende är besegrad. Det kommer inte att finnas någon konst eller litteratur eller vetenskap. Det blir ingen skillnad mellan vackert och fult. Det kommer inte att finnas nyfikenhet, ingen njutning av att leva. Alla konkurrerande nöjen avskaffas. Men vad som alltid kommer att finnas – glöm inte det, Winston – där är berusningen av en makt som bara växer och bara blir mera finförgrenad. Alltid, i varje stund, kommer segerns tjusning att finnas kvar, upplevelsen av att trampa på en fiende som är maktlös. Vill du ha en bild av framtiden så föreställ dej en stövel som trampar på ett ansikte – i evighet."

Han tystnade som om han väntat att Winston skulle säga något. Winston hade försökt krympa sig platt som britsen ännu en gång. Han kunde ingenting säga. Hans hjärta kändes stelfruset. O'Brien fortsatte:

"Och kom ihåg att det är i evighet. Ansiktet finns alltid där att trampa på. Kättaren, samhällsfienden finns alltid där, så att han kan besegras och förödmjukas om igen. Allt som du har undergått sen du kom i våra händer – allt det kommer att fortsätta, och ännu värre. Spioneriet, förräderierna, arresteringarna, tortyrerna, avrättningarna, försvinnandena kommer aldrig att ta slut. Det blir en värld av skräck lika mycket som av triumf. Ju mera makt partiet har, desto mindre tolerant blir det: ju svagare opposition, desto stramare desposti. Goldstein och hans irrläror kommer att ha evigt liv. Varje dag, varje stund kommer de att besegras, misskrediteras, förlöjligas, spottas på – och ändå kommer de alltid att överleva. Det här dramat som jag har spelat till slut med dej under sju år kommer att spelas om och om igen i generation efter generation, alltid i allt subtilare former. Vi kommer alltid att ha kättaren utlämnad här hos oss, skrikande av smärta, krossad, föraktlig – och till sist helt och hållet ångerfull, räddad undan sej själv, krälande vid våra fötter av egen fri vilja. Sådan är världen som vi förbereder, Winston. En värld av seger efter seger, triumf på triumf på triumf: ett ständigt, ständigt, ständigt bruk av makt. Jag ser att du börjar inse hur den världen kommer att ta sig ut. Men till sist kommer du att mer än förstå det. Du kommer att godta den världen, välkomna den, bli en del av den."

Winston hade hämtat sig tillräckligt för att svara. "Det kan ni inte!" sade han matt.

"Vad menar du med de orden, Winston?"

"Ni skulle aldrig kunna skapa en sån värld som den du just beskrev. Det är en fantasi. Det är omöjligt."

"Varför det?"

"Det är omöjligt att grunda en civilisation på skräck och hat och grymhet. Den skulle aldrig bestå."

"Varför inte?"

"Den skulle inte ha någon livskraft. Den skulle upplösa sej. Den skulle begå självmord."

"Nonsens. Du har för dej att hat förbrukar människan mera än kärlek. Varför skulle det det? Och än sen, om det också var så? Anta att vi väljer att nöta ut oss fortare. Anta att vi ökar tempot i människolivet ända tills människor blir senila vid tretti år. Vad skulle det göra för skillnad ändå? Kan du inte fatta att individens död inte är döden? Partiet är odödligt."

Som vanligt hade rösten klubbat Winston maktlös. Dessutom fasade han för att om han fortsatte att visa sig oense skulle O'Brien vrida på ratten igen. Och ändå kunde han inte ligga tyst. Matt, utan några argument, utan något att stöda sig på annat än sin otydliga skräck för vad O'Brien hade sagt gick han till anfall pånytt.

"Jag vet inte – det gör detsamma. På något sätt kommer ni att misslyckas. Det blir nånting som vinner över er. Livet vinner över er."

"Livet behärskar vi, Winston, på alla livets nivåer. Du föreställer dej att det finns nånting som heter människonaturen som kommer att känna sej kränkt av vad vi gör och vända sej mot oss. Men människonaturen skapar vi. Människor är oändligt formbara. Eller kanske har du gått tillbaka till din gamla idé om att proletärer eller slavar ska resa sej och störta oss. Det kan du glömma bort. De är maktlösa, liksom djuren. Mänskligheten är partiet. De andra står utanför – de hör inte hit."

"Det gör detsamma. Till sist vinner de. Förr eller senare kommer de att se er såna ni är, och då sliter de er i bitar."

"Kan du se något belägg för att det går så? Eller någon orsak till att det skulle kunna gå så?"

"Nej. Jag tror på det. Jag *vet* att ni misslyckas. Det finns nånting i universum – jag vet inte, en ande, en princip – som ni aldrig kan vinna över."

"Tror du på Gud, Winston?"

"Nej."

"Vad är det då för en princip, den där som ska besegra oss?"

"Jag vet inte. Människoanden."

"Och betraktar du dej själv som en människa?"

"Ja."

"Om du är en människa, Winston, så är du den sista människan. Din sort är utdöd; vi är arvtagarna. Fattar du att du är *ensam*? Du står utanför historien, du existerar inte." Han ändrade sätt och sade strävare: "Och du anser dej stå moraliskt över oss med våra lögner och vår grymhet?"

"Ja. Jag anser mej stå över er."

O'Brien svarade inte. Två andra röster hördes. Efter ett ögonblick kände Winston igen den ena som sin egen. Det var ljudband av samtalet han haft med O'Brien, den kvällen han hade gått med i Broderskapet. Han hörde sig själv lova att ljuga, att stjäla, att förfalska, att mörda, att underblåsa drogmissbruk och prostitution, att sprida veneriska sjukdomar, att kasta vitriol i ansiktet på ett barn. O'Brien gjorde en liten otålig gest, som för att säga att demonstrationen knappast var mödan värd. Så vred han på en kontakt och rösterna tystnade.

"Stig upp från britsen", sade han.

Remmarna hade löst sig. Winston satte ner fötterna på golvet och reste sig ostadigt upp.

"Du är den sista människan", sade O'Brien. "Du är människoandens väktare. Du ska få se dej som du är. Klä av dej."

Winston knöt upp snörstumpen som höll ihop blåstället. Blixtlåset var lösrivet för länge sedan. Han kunde inte minnas om han någon gång sedan sin arrestering hade klätt av sig helt och hållet. Under blåstället hängde en del smutsiga, gulaktiga trasor kring hans kropp, nätt och jämnt igenkännliga som rester av underplagg. När han lät dem glida av sig såg han att det stod en tredelad spegel längst borta i rummet. Han gick närmare den, och så tvärstannade han. Ofrivilligt hade han skrikit till.

"Gå på", sade O'Brien. "Ställ dej mellan flygelspeglarna. Du måste se dej i profil också."

Han hade stannat därför att han blev skrämd. En kutig, gråaktig, skelettliknande varelse kom emot honom. Den såg skrämmande ut i sig själv, det var inte bara det faktum att han visste att det var han. Han gick närmare spegeln. Varelsen tycktes ha ett framskjutande ansikte, därför att den gick så krumböjd. Ett ömkligt fångansikte med en knölig panna som övergick i en kal hjässa, en sned näsa och slagmärkta kindknotor med stickande och vaksamma ögon ovanför. Kinderna var fårade, munnen hade sjunkit in. Ja, visst var det hans eget ansikte, men det föreföll honom som om det hade förvandlats mer än han själv hade förändrats invärtes. De känslor det kunde uttrycka skulle vara andra än de han kände. Han hade blivit delvis skallig. I första ögonblicket trodde han att han också hade grånat, men det var själva huvudsvålen som var grå. Så när som på händerna och ansiktsrundeln var han grå överallt av gammal, ingrodd smuts. Här och var under smutsen fanns röda ärr, och nära ena vristen var bensåret en inflammerad köttmassa med flagande hud. Men det verkligt skrämmande var utmärglingen. Bröstkorgen var smal som på ett skelett; benen hade krympt ihop så att knäna var tjockare än låren. Han förstod nu vad O'Brien menade med att han borde se sig i profil. Ryggradskrökningen var häpnadsväckande. De tunna axlarna kurade framåt så att bröstet blev en grop, den taniga halsen tycktes vika sig under skallens tyngd. Han skulle ha gissat att detta var en sextiårings kropp som led av någon elakartad sjukdom.

”Ibland har du tänkt”, sade O'Brien, ”att mitt ansikte – en inre partimedlems ansikte – ser åldrat och slitet ut. Vad säger du om ditt eget ansikte?”

Han tog Winston vid axeln och vände honom runt så att de stod mitt emot varandra.

”Titta i vilket skick du är!” sade han. ”Titta på lorten du har över hela kroppen. Titta på smutsen mellan tårna. Titta på det där motbjudande variga såret du har på benet. Vet du om att du stinker som en get? Det har du antagligen slutat märka. Se hur utmärglad du är. Ser du? Jag kan ta om din biceps med tummen och pekfingret. Jag skulle kunna bryta nacken av dej som en morot. Vet du att du har gått ner tjugofem kilo sen du kom under vår behandling? Också ditt hår lossnar i tottar. Titta!” Han nappade Winston i håret och drog loss en handfull. ”Gapa. Nio, tio, elva kvar. Hur många hade du när du kom till oss? Och de få som är kvar håller på att ramla ur. Titta här!”

Han tog en av Winstons återstående framtänder mellan sin starka tumme och pekfinger. En ilning av smärta for genom Winstons käke. O'Brien hade vridit loss den lösa tanden med rötterna. Han slängde den tvärs över cellen.

”Du håller på att ruttna”, sade han, ”du håller på att falla sönder. Vad är du? En påse smuts. Vänd dej om nu och se dej i spegeln igen. Ser du den där varelsen mittemot dej? Det är den sista människan. Om du är en människa så är det mänskligheten. Klä på dej igen nu.”

Winston började ta på sig kläderna med långsamma stela rörelser. Ända tills nu hade han inte tyckt sig märka hur mager och svag han var. Nu tänkte han bara på en sak: han måste ha varit här längre tid än han trodde. Så överfölls han med ens, när han såg på de eländiga trasorna han tog på sig, av ett starkt medlidande med sin förstörda kropp. Innan han visste ordet av hade han sjunkit ner bredvid britsen och brustit i gråt. Han var medveten om sin fulhet, sin otymplighet, ett benknyte i smutsiga underkläder som satt och grät i det hårda vita ljuset, men han kunde inte hejda sig. O'Brien lade handen på hans axel, nästan vänligt.

”Det varar inte för alltid”, sade han. ”Du kan slippa det när du bara vill. Allting beror på dej själv.”

”Det har ni gjort!” snyftade Winston. ”Det är sån här ni har gjort mej.”

”Nej, Winston, det har du gjort dej själv. Det här är vad du godtog när du satte dej upp mot partiet. Alltsammans fanns inrymt i den första handlingen. Ingenting har hänt som du inte själv har förutsett.”

Han tystnade och fortsatte sedan:

”Vi har besegrat dej, Winston. Vi har brutit ner dej. Du har sett hur din kropp ser ut. Invärtes är du i samma tillstånd. Jag tror inte du kan ha mycket stolthet kvar. Du har blivit sparkad och piskad och förolämpad, du har skrikit av smärta, du har vältrat dej på golvet i ditt eget blod och dina spyor. Du har jämrat om nåd, du har svikit alla och allt. Kan du komma på någon enda sorts förnedring som du inte har undergått?”

Winston hade slutat gråta, även om tårarna fortfarande sipprade ur hans ögon. Han såg upp på O'Brien.

”Jag har inte svikit Julia”, sade han.

O'Brien såg eftertänksamt ner på honom. ”Nej”, sade han, ”nej, det stämmer nog. Du har inte svikit Julia.”

Den egendomliga aktningen för O'Brien som ingenting tycktes kunna förstöra fyllde pånytt Winstons hjärta. Vilken intelligens, tänkte han, vilken intelligens! Aldrig att O'Brien skulle missförstå vad man sade honom. Vem annan som helst skulle strax ha svarat att han *hade* svikit Julia. För vad fanns det väl som de inte hade kramat ur honom i tortyren? Han hade talat om för dem allting han bara visste om henne, hennes vanor, hennes karaktär, hennes förflutna; han hade bekänt in i minsta triviala detalj allt som hade hänt vid deras möten, allt han hade sagt till henne och hon till honom, deras svartabörsmåltider, deras äktenskapsbrott, deras vaga intrigerande mot partiet – allt. Och ändå, i den mening han lade in i ordet, hade han inte svikit henne. Han hade inte upphört att älska henne, hans känsla för henne var densamma som förut. O'Brien hade förstått vad han menade utan att behöva någon förklaring.

”Säj”, frågade han, ”hur snart blir jag skjuten?”

”Det kan dröja länge”, sade O'Brien. ”Du är ett svårt fall. Men ge inte upp hoppet. Alla blir botade förr eller senare. Vi skjuter dej nog till sist.”

4

Han var mycket bättre. Han blev fetare och starkare för varje dag, om man nu kunde tala om dagar.

Det vita ljuset och det brummande ljudet var oförändrade, men cellen var lite bekvämare än de andra han hade vistats i. Det fanns en kudde och en madrass på plankbritsen, och en pall att sitta på. De hade låtit honom bada, och han fick tvätta sig ganska ofta i ett plåthandfat. De hade till och med gett honom varmt tvättvatten. De hade gett honom nya underkläder och rent blåställ. De hade lagt om hans bensår med någon lindrande salva. De hade dragit ut hans tandrester och gett honom en uppsättning löständer.

Det måste ha gått veckor eller månader. Det hade varit möjligt nu att hålla räkning på tiden om han hade varit intresserad av att göra det, eftersom han fick mat med vad som tycktes vara jämna mellanrum. Han fick tre mål mat om dygnet, trodde han; ibland undrade han vagt om det var natt eller dag när han åt. Maten var överraskande god, med kött var tredje gång. En gång fick han till och med ett paket cigarretter. Han hade inga tändstickor, men den ständigt tigande vakten som kom med maten kunde ge honom eld. Första gången han försökte röka blev han illamående, men han framhärdade och fick paketet att räcka länge genom att röka bara en halv cigarrett efter varje måltid.

De hade gett honom en vit skrivtavla med en blyertsstump fastbunden vid ena hörnet. Till en början använde han den inte. Också i vaket tillstånd var han fullkomligt förslöad. Han låg ofta nästan orörlig från en måltid till nästa, sov ibland, var ibland halvvaken med obestämda drömmar som gjorde att han slapp öppna ögonen. Han var van sedan länge att sova med starkt ljus i ansiktet. Det tycktes inte göra någon annan skillnad än att hans drömmar blev mer sammanhängande. Han drömde åtskilligt hela denna tid, och alltid ljusa drömmar. Han var i Gyllenlandet, eller satt bland väldiga, ståtliga, solbelysta ruiner, med sin mor, med Julia, med O'Brien – utan att göra någonting, bara satt i solskenet och pratade om fridfulla saker. De tankar han hade när han var vaken handlade för det mesta om hans drömmar. Han tycktes ha förlorat förmågan till intellektuell ansträngning, nu då smärtstimulansen var borttagen. Han hade inte tråkigt, han hade inget behov av samtal eller tidsfördriv. Bara att få vara ensam, att inte bli slagen eller förhörd, att få tillräckligt att äta och att vara ren över hela kroppen var fullkomligt tillräckligt.

Så småningom förbrukade han mindre tid på sömn, men fortfarande kände han ingen lust att stiga upp. Han ville ingenting annat än ligga stilla och känna sin kropp få krafterna tillbaka. Han petade på sig själv här och var och försökte förvissa sig om att det inte var inbillning att hans muskler började bli rundare och huden spändare. Till slut var det bortom allt tvivel att han höll på att lägga på hullet; hans lår var nu avgjort tjockare än knäna. Efter den upptäckten började han, motvilligt till en början, att ta regelbunden motion. En liten tid senare kunde han gå tre kilometer, uppmätt i steg genom cellen, och hans kutiga axlar började räta på sig. Han prövade mera besvärliga övningar och blev förvånad och förödmjukad av att märka vad allt han inte kunde göra. Han kunde inte springa, bara gå, han kunde inte hålla sin pall på utsträckt rak arm, han kunde inte stå på ett ben utan att falla omkull. Han satte sig ner på huk och fann att han med våldsamma smärtor i lår och vador nätt och jämnt kunde räta upp sig och stå. Han lade sig platt på magen och försökte häva sig upp på armarna. Det var hopplöst, han kom inte en centimeter. Men efter några dagar till – några måltider till – lyckades också den prestationen. Det kom en dag när han kunde göra sex armhävningar i följd. Han började bli verkligt stolt över sin fysik och ibland hoppades han att också hans ansikte började bli normalt igen. Bara när han råkade lägga handen på sin kala huvudsvål kom han ihåg det fårade, förstörda ansikte som hade stirrat på honom i spegeln.

Hans tankar blev rörligare. Han satte sig på plankbritsen med ryggen vänd mot väggen och skrivtavlan mot knäna och tog beslutsamt itu med att omskola sig.

Han hade kapitulerat, den saken var klar. I själva verket, som han såg det nu, hade han varit färdig att kapitulera långt innan han beslöt det. Ända från det ögonblick han befann sig inom kärleksministeriets väggar – ja, redan under de minuter när han och Julia hade stått maktlösa och hört järnrösten från teleskärmen ge dem order om vad de skulle göra – hade han insett hur lättsinnigt, hur ytligt hans försök hade varit att sätta sig upp mot partiets makt. Han visste nu att tankepolisen i sju års tid hade iakttagit honom som en insekt under förstoringsglaset. Den fanns ingen fysisk handling, inget uttalat ord som inte de hade observerat, ingen tankegång som inte de hade kunnat sluta sig till. Till och med det vitaktiga dammkornet på pärmen till hans dagbok hade de noga lagt på plats igen. De hade spelat upp ljudband för honom, visat honom foton. En del var foton av Julia och honom själv. Ja, också ... Han kunde inte kämpa mot partiet längre. Dessutom var det partiet som hade rätt. Så måste det vara: hur kunde den odödliga, kollektiva hjärnan ta fel? Vilken yttre måttstock fanns det att bedöma dess åsikter med? Förnuft var en statistisk fråga. Det var bara en fråga om att lära sig tänka som de tänkte. Bara – –!

Pennan kändes tjock och klumpig mellan hans fingrar. Han började skriva ner de tankar som föll honom in. Först skrev han med stora klumpiga bokstäver:

FRIHET ÄR SLAVERI

Under det fortsatte han nästan utan uppehåll emellan:

TVÅ OCH TVÅ ÄR FEM

Men så kom det något slags spärr. Det var som om hans tankar skyggat undan för någonting och inte kunde samla sig. Han visste att han visste vad som skulle följa, men just nu kunde han inte komma ihåg det. När han erinrade sig det var det bara genom att medvetet resonera sig till vad det måste vara: det kom inte självmant. Han skrev:

GUD ÄR MAKT

Han godtog allting. Det förflutna kunde förändras. Det förflutna hade aldrig ändrats. Oceanien var i krig med Ostasien. Oceanien hade alltid varit i krig med Ostasien. Jones, Aaronson och Rutherford var skyldiga till de brott de hade anklagats för. Han hade aldrig sett fotografiet som motbevisade deras skuld. Det hade aldrig existerat, han hade hittat på det. Han kom ihåg att han hade erinrat sig motsägande saker, men det var falska minnen, framkallade av självbedrägeri. Vad det var enkelt allt! Bara att kapitulera, och så följde allting annat av sig självt. Det var som att simma mot en ström som svepte en baklänges hur hårt man än kämpade, och att sedan plötsligt besluta sig för att vända om och följa med strömmen istället för att göra motstånd. Ingenting annat hade förändrats än ens egen inställning: vad som var förutbestämt hände i alla fall.

Han visste knappt längre varför han hade gjort uppror. Allting var enkelt, utom – –!

Vad som helst kunde vara sant. De så kallade naturlagarna var nonsens. Gravitationslagen var nonsens. ”Jag skulle kunna sväva upp från golvet här”, hade O'Brien sagt, ”om jag ville.” Winston tänkte igenom det. ”Om han *tror* att han svävar upp från golvet, och om jag på samma gång *tror* att jag ser honom göra det, då händer det.” Plötsligt, som en vrakspillra som flyter upp i vattenytan, dök en tanke upp i hans hjärna: ”Det händer inte i verkligheten. Vi inbillar oss det. Det är en hallucination.” Han tryckte ögonblickligen ner tanken. Felslutet var uppenbart. Det förutsatte att det någonstans, utanför en själv, fanns en ”verklig” värld där ”verkliga” saker hände. Men hur kunde det finnas någon sådan värld? Var har vi för kunskap om någonting, utom genom vår egen hjärna och tanke? Allt som sker sker i hjärnan. Det som sker i alla hjärnor sker i verkligheten.

Han hade ingen svårighet med att avvisa felslutet, och han löpte ingen fara att falla offer för det. Han insåg inte desto mindre att han aldrig borde ha kommit att tänka på det. Hjärnan borde utveckla en blind fläck närhelst en farlig tanke närmade sig. Processen borde vara mekanisk, instinktiv. *Krimstopp* hette det på nyspråk.

Han tog itu med att öva sig i krimstopp. Han ställde upp antaganden för sig själv – ”partiet anser att jorden är platt”, ”partiet anser att is är tyngre än vatten” – och tränade sig i att inte märka eller förstå argument som motsade dem. Det var ingen lätt sak. Det krävde stor resonemangs- och improvisationsförmåga. Till exempel de aritmetiska problem som uppkom genom ett påstående som ”två plus två är fem” låg utom hans intellektuella fattningsförmåga. Det krävdes också ett slags tankeatletik, en förmåga att i ena stunden bruka den mest finslipade logik och i nästa stund vara omedveten om de grövsta logiska misstag. Stupiditet var lika nödvändig som intelligens, och lika svår att uppnå.

Hela tiden undrade han, med en del av sina tankar, hur snart han skulle bli skjuten. ”Allting beror av dej själv” hade

O'Brien sagt; men han visste att det inte fanns någon medveten handling varmed han kunde påskynda saken. Det kunde bli om tio minuter eller om tio år. De kunde hålla honom kvar i enskild cell i åratal, de kunde skicka honom till ett arbetsläger, de kunde kanske släppa honom fri för en tid, som de gjorde ibland. Det var fullt möjligt att han inte blev skjuten förrän hela dramat med arrestering och förhör hade uppförts en gång till. Det enda säkra var att döden aldrig kom i det ögonblick man väntade den. Enligt traditionen – en outtalad tradition: man visste det på något vis fastän man aldrig hade hört det – brukade de skjuta en bakifrån: alltid i bakhuvudet, utan förebud, medan man var på väg i en korridor från en cell till en annan.

En dag – eller "en dag" var fel uttryckt; det var lika troligt att det var mitt i natten: en gång – hade han en underlig, lycksalig halvdröm. Han var på väg längs korridoren och väntade på kulan. Han visste att den skulle komma om ett ögonblick. Allt var färdigt, utjämnat, försonat. Det fanns inga tvivel längre, inga fler invändningar, ingen smärta mer, ingen rädsla mer. Hans kropp kändes frisk och stark. Han gick lätt, det var en glädje att röra sig och kändes som att gå i sol. Han befann sig inte längre i kärleksministeriets smala vita korridorer, han gick i den väldiga solupplysta, kilometerbreda gång där han en gång hade tyckt sig gå då han var omtöcknad av droger. Han var i Gyllenlandet och följde stigen över den gamla kaninavbetade ängen. Han kunde känna den korta spänstiga gräsmarken under fötterna och den milda solen i ansiktet. Vid kanten av ängen stod almarna och rördes svagt, och någonstans bakom dem fanns ån där mörtarna låg i gröna höljor under pilarna.

Med ens ryckte han till med en chock av fasa. Han blev kallsvettig längs ryggraden. Han hade hört sig själv ropa högt:

"Julia! Julia! Julia, älskade! Julia!"

Ett ögonblick hade han haft en överväldigande hallucination av att hon var hos honom. Hon tycktes inte bara vara hos honom, utan inuti honom. Det var som om hon blivit en del av hans hud också. I det ögonblicket hade han älskat henne långt mera än han någonsin hade gjort när de var fria tillsammans. Och i den stunden visste han också att hon fortfarande levde någonstans och behövde hjälp av honom.

Han lade sig tillrätta på britsen och försökte samla sig. Vad hade han gjort? Hur många år hade han lagt till sitt slaveri med detta ögonblick av svaghet?

I nästa stund skulle han få höra stöveltramp utanför. De kunde inte låta ett sådant utbrott passera ostraffat. De skulle veta nu, om de inte visste det förut, att han bröt mot den överenskommelse han hade träffat med dem. Han lydde partiet, men han hatade fortfarande partiet. Förr i världen hade han dolt kätterska tankar bakom yttre konformitet. Nu hade han retirerat ett steg; i sin tanke hade han kapitulerat, men han hade hoppats bevara sin innersta känsla oskadd. Han visste att han hade fel, men han föredrog att ha fel. Det skulle de inse – O'Brien skulle inse det. Han hade bekänt alltsammans med sitt enda vanvettiga utrop.

Han skulle få börja allting om igen. Det kunde ta många år. Han for med handen över ansiktet och försökte göra sig förtrogen med dess nya former. Han hade djupa fåror vid kinderna, kindknotorna kändes vassa, näsan var tillplattad. Sedan han senast såg sig i en spegel hade han dessutom fått en helt ny uppsättning tänder. Det var inte lätt att se outgrundlig ut när man inte visste hur man över huvud taget såg ut. Hur som helst, det räckte inte med bara kontroll över anletsdragen. Han förstod för första gången att om man vill bevara en hemlighet måste man dölja den också för sig själv. Man måste veta hela tiden att den finns där, men ända tills den behövs får man aldrig låta den stiga fram ur medvetandet i någon form som kan ges ett namn. Från och med nu måste han inte bara tänka rätt; han måste känna rätt, drömma rätt. Och hela tiden måste han bevara sitt hat inlåst inom sig som en klump av materia som var en del av honom själv och ändå utan förbindelse med honom i övrigt, ett slags cysta.

En dag skulle de besluta skjuta honom. Man kunde inte veta när det blev, men några sekunder i förväg skulle det bli möjligt att gissa sig till det. Det skedde alltid bakifrån, när man gick i en korridor. Tio sekunder skulle räcka till. På den tiden kunde världen inom honom vändas upp och ner. Och så med ens, utan att ett ord blev sagt, utan ett dröjsmål i stegen, utan att en rynka ändrades i hans ansikte – skulle plötsligt kamouflaget dras undan och pang! skulle hans hatbatteri ge fyr. Hatet skulle uppfylla honom som en kolossal dånande flamma. Och i nästan samma ögonblick pang! skulle kulan komma, för sent, eller för tidigt. De skulle ha blåst hans hjärna i bitar innan de kunde återkräva den. Den kätterska tanken skulle bli obestraffad, oångrad, utom räckhåll för dem i alla tider. De skulle ha skjutit hål i sin egen fullkomlighet. Att dö när man hatade dem, det var frihet.

Han slöt ögonen. Det var svårare än att acceptera en intellektuell disciplin. Det gällde att förnedra sig själv, stympa sig själv. Han måste ner i den smutsigaste smuts. Vad var det hemskaste, mest kväljande av allting? Han tänkte på Storebror. Det kolossala ansiktet (för att han alltid hade sett det på plakat tänkte han alltid på det som en meter brett), med dess tjocka svarta mustasch och dess ögon som följde en överallt, tycktes komma för hans tankar av sig självt. Vilken var hans verkliga känsla för Storebror?

Det hörde tungt stöveltramp i korridoren. Ståldörren gick upp med en skräll. O'Brien steg in i cellen. Bakom honom kom officeren med vaxansiktet och vakterna i svart uniform.

"Stig upp", sade O'Brien. "Kom hit."

Winston stod framför honom. O'Brien grep Winston om axlarna med sina starka händer och såg noga på honom.

"Du har tänkt på att bedra mej", sade han. "Det var enfaldigt. Stå rakare. Se mej i ansiktet."

Han tystnade och fortsatte sedan mildare:

"Du gör framsteg. Intellektuellt är det mycket lite fel på dej. Det är bara känslomässigt som du har misslyckats i att gå framåt. Tala om för mej, Winston – och kom ihåg, inga lögner: du vet att jag alltid kan upptäcka en lögn – tala om för mej, vilken är din verkliga känsla för Storebror?"

"Jag hatar honom."

"Du hatar honom. Bra. Då är tiden inne för dej att ta det

sista steget. Du måste älska Storebror. Det räcker inte med att lyda honom: du måste älska honom."

Han släppte Winston med en liten knuff i riktning mot vakterna.

"Rum 101", sade han.

5

I varje sekund av sin fångenskap hade han vetat, eller tyckt sig veta, var någonstans han befann sig i den fönsterlösa byggnaden. Det kanske fanns små skiljaktigheter i lufttrycket. Cellerna där vakterna misshandlade honom låg under marknivån. Rummet där O'Brien hade förhört honom låg högt uppe nära taket. Platsen där han nu befann sig låg många meter under jorden, så djupt man kunde komma i huset.

Cellen var större än de flesta han varit i. Men han lade inte mycket märke till miljön. Allt han märkte var att det stod två små bord rakt framför honom, båda klädda med grönt kläde. Det ena stod bara ett par meter ifrån honom, det andra var längre borta, nära dörren. Själv satt han upprätt fastbunden i en stol, så stramt att han inte kunde röra någonting, inte ens huvudet. Ett slags stoppning klämde om hans huvud bakifrån så att han var tvungen att se rätt framför sig.

Ett ögonblick var han ensam, så gick dörren upp och O'Brien kom in.

"Du frågade mej en gång", sade O'Brien, "vad som fanns i rum 101. Jag svarade då att det visste du redan. Alla vet svaret. Det som finns i rum 101 är det värsta i världen."

Dörren gick upp pånytt. En vakt kom in bärande på någonting av ståltråd, något slags låda eller korg. Han satte ner det på bordet längre bort. På grund av O'Brien som stod i vägen kunde Winston inte se vad det var för något.

"Det värsta i världen", sade O'Brien, "är olika för olika individer. Det kan vara att bli levande begravd eller att brinna upp eller att drunkna eller att bli spetsad eller femtio andra slags dödar. I en del fall kan det vara någonting alldeles alldagligt, inte ens livsfarligt.”

Han hade flyttat sig lite åt sidan, så att Winston fick bättre utsikt över det som stod på bordet. Det var en avlång ståltrådsbur med ett handtag ovanpå att bära den i. Fastsatt vid framsidan fanns någonting som liknade en fäktmask, med den konkava sidan utåt. Den stod tre eller fyra meter ifrån honom, men han kunde urskilja att buren var avdelad på längden i två delar, och att det rörde sig något slags djur i vardera. Det var råttor.

”I ditt fall”, sade O’Brien, ”råkar det värsta du vet vara råttor.”

Ett slags förebådande skälvning, en rädsla inför någonting han ännu inte visste vad det var hade farit igenom Winston så snart han såg den första skymten av buren. Men nu fick han plötsligt klart för sig innebörden av fäktmaskanordningen på framsidan. Hans inälvor tycktes förvandlas till vatten.

”Det kan du inte göra!” skrek han gällt så att rösten sprack. ”Du kan inte, du kan inte! Det är omöjligt.”

”Kommer du ihåg”, sade O’Brien, ”det där ögonblicket av skräck som förekom i dina drömmar förr ibland? Det var som en vägg av mörker framför dej, och du hörde ett brusande dån. På andra sidan väggen fanns någonting förfärligt. Du visste att du visste vad det var, men du vågade inte släppa fram vetskapen. Det var råttor på andra sidan väggen.”

”O’Brien!” sade Winston och ansträngde sig att behärska rösten. ”Du vet att det här inte behövs. Vad är det du vill att jag ska göra?”

O’Brien svarade inte direkt. När han talade var det på det läraraktiga sätt han anlade ibland. Han tittade tankfullt ut i rymden, som om han talat till en publik någonstans bakom ryggen på Winston.

”Ensamt för sej”, sade han, ”räcker det inte alltid med smärta. Det finns tillfällen när en människa härdar ut med smärta, till och med till döds. Men för var och en finns det någonting som är outhärdligt – någonting som inte ens går att tänka sej att stå ut med. Det har ingenting med mod och feghet att göra. Om man faller ner någonstans ifrån är det inte fegt att gripa efter ett rep. Om man har dykt upp ur djupt vatten är det inte fegt att fylla lungorna med luft. Det är helt enkelt en instinkt som inte går att utrota. Det är samma sak med råttor. För dej är de outhärdliga. De är ett slags tryck som du inte kan stå emot ens om du vill det. Du kommer att göra vad som fordras av dej."

"Men vad är det, vad är det? Hur ska jag kunna göra det om jag inte vet vad det är?"

O'Brien lyfte upp buren och bar den över till det närmaste bordet. Han ställde försiktigt ner den på klädet. Winston kunde höra blodet brusa för öronen. Han hade känslan av att sitta fullkomligt allena. Han befann sig mitt på en väldig öde slätt, en platt öken dränkt i sol, och alla ljud trängde fram till honom över den liksom från enorma avstånd. Ändå stod buren med råttorna inte två meter ifrån honom. Det var kolossala råttor. De var av den åldern då en råtta får trubbig och rovlysten nos och pälsen blir brun efter att ha varit grå.

"Råttan", sade O'Brien, fortfarande till sin osynliga publik, "är en gnagare men ändå köttätare. Det vet du. Du har hört talas om sådant som händer i fattigkvarteren i stan. Det finns gator där ingen kvinna vågar lämna ett spädbarn ensamt i huset ens i fem minuter. Råttorna anfaller det med säkerhet. På en helt kort stund kan de gnaga köttet av benen på det. De angriper också sjuka eller döende personer. De visar en häpnadsväckande intelligens i konsten att bedöma när en människa är maktlös."

Det kom ett utbrott av pipande skrik från buren. Det tycktes nå Winston fjärran ifrån. Råttorna slogs; de försökte komma åt varandra genom skiljeväggen. Han hörde också ett tungt stön av förtvivlan. Också det tycktes komma någonstans utanför honom själv.

O'Brien lyfte upp buren och tryckte på samma gång på någonting inuti den. En vass knäpp hördes. Winston gjorde en förtvivlans ansträngning att slita sig loss ur stolen. Det var hopplöst, han satt orubbligt fast överallt, också med huvudet. O'Brien flyttade buren närmare. Den var mindre än en meter från Winstons ansikte.

”Jag har tryckt på den ena spaken”, sade O'Brien. ”Du ser hur den här buren är konstruerad. Masken passar ditt huvud, utan någon lucka. När jag tryckte ner den här andra spaken åker burdörren upp. Då störtar de här utsvultna bestarna ut som skjutna ur en kanon. Har du nånsin sett en råtta ta ett hopp genom luften? De kommer att hoppa rätt på ditt ansikte och borra sig direkt in i det. Ibland angriper de ögonen först. Ibland gnager de sej in genom kinderna och slukar tungan.”

Buren var närmare nu, den närmade sig. Winston hörde en rad gälla skrik som tycktes utgå från luften någonstans över hans huvud. Men han kämpade vilt mot paniken. Att tänka, tänka, om det så var bara en halv sekund kvar – att tänka var enda räddningen. Med ens fick han odjurens unkna avskrädeslukt i näsborrarna. Han fick häftiga kväljningar och miste nästan medvetandet. Allt var svart. Ett ögonblick var han vansinnig, ett skrikande djur. Ändå kom han ut ur mörkret igen med en tanke som han klamrade sig vid. Det fanns ett, bara ett enda sätt att rädda sig. Han måste få någon annan, någon annans *kropp* mellan sig själv och råttorna.

Den runda ansiktsmasken var så nära nu att den utestängde allting annat från hans synfält. Nätluckan var ett par handsbredder från hans ansikte. Nu visste råttorna vad som väntade dem. Den ena skuttade av och an, den andra, en fjällig gammal kloakfarfar stod på bakbenen med sina skära tassar mot gallret och vädrade vilt. Winston kunde se morrhåren och de gula tänderna. Den svarta paniken grep honom pånytt. Han var blind, maktlös, vettlös.

”Det var en vanlig bestraffning i det kejserliga Kina”, sade O'Brien lika undervisande som förut.

Masken började sluta till om hans ansikte. Ståltråden snuddade vid hans kind. Och då – nej, det var inte lättnad, bara hopp, en obetydlig skärva hopp. För sent, kanske för sent. Men han hade plötsligt fattat att det i hela världen fanns bara *en* person som han kunde flytta över straffet på – *en* kropp som han kunde knuffa mellan sig själv och råttorna. Och han skrek vilt, om och om igen.

”Sätt dem på Julia! Sätt dem på Julia! Inte på mej! Julia! Gör vad som helst med henne. Riv av henne ansiktet, slit köttet av benen på henne. Inte mej! Julia! Inte mej!”

Han föll baklänges, ner i väldiga djup, bort från råttorna. Han satt fortfarande fastbunden i stolen, men han hade fallit genom golvet, genom husväggarna, genom jorden, genom världshaven, genom atmosfären, ut i rymden, in i bråddjupen mellan stjärnorna – bort, bort, bort från råttorna. Han var ljusår ifrån dem, men O'Brien stod kvar bredvid honom. Han kände ännu den kalla ståltråden mot kinden. Men genom mörkret som omgav honom hörde han ännu en metallisk knäpp och visste att burluckan hade knäppt igen och inte upp.

6

Det var så gott som tomt på Kafé Kastanjeträdet. En sned stråle sol föll genom ett fönster över dammiga bordsskivor. Det var vid den ödsliga femtontiden. Ur teleskärmarna sipprade en rännil av skrällig musik.

Winston satt i sin vanliga vrå och tittade i sitt tomma glas. Då och då såg han upp på ett stort ansikte som betraktade honom från väggen mittemot. STOREBROR SER DIG stod det på affischen. Utan order kom en kypare och fyllde hans glas med Segergin och skakade i några droppar ur en annan flaska med en pip genom korken. Det var sackarin med nejlikesmak, kaféets specialitet.

Winston lyssnade på teleskärmen. Just nu kom där bara musik, men det var möjligt att en specialrapport från fredsministeriet skulle komma när som helst. Det hade varit ytterst oroande nyheter från den afrikanska fronten. Av och till hade de bekymrat honom hela dagen. En eurasisk armé (Oceanien var i krig med Eurasien, Oceanien hade alltid varit i krig med Eurasien) var på marsch söderut med skrämmande hastighet. Middagsrapporten hade inte nämnt något särskilt område, men det troliga var att strider redan pågick omkring Kongomynningen. Brazzaville och Leopoldville var i fara. Man behövde inte se på kartan för att förstå vad det betydde. Det var inte bara en fråga om att förlora Centralafrika: för första gången under hela kriget hotades Oceaniens eget territorium.

En häftig känsla, som inte precis var rädsla men ett slags obestämd upphetsning flammade upp inom honom och dog bort igen. Han slutade tänka på kriget. Nuförtiden kunde han aldrig koncentrera tankarna på någon sak mer än en liten stund i taget. Han tog sitt glas och tömde det i en klunk. Som alltid fick ginen honom att rysa och till och med kväljas en aning. Det var en hemsk vara. Nejlikan och sackarinet, motbjudande var för sig på sitt äckliga vis, kunde inte dölja den tydliga oljiga lukten; och det värsta av allt var att ginlukten som satt kvar hos honom dygnet runt, oskiljaktigt var förenad med lukt av de –

Han gav dem aldrig deras namn, inte ens i tankarna, och så långt det var möjligt lät han bli att se dem för sig. De var någonting som han var halvmedveten om, där de svävade tätt intill hans ansikte, en lukt som bet sig fast i hans näsborrar. Ginen steg i halsen på honom och han rapade mellan blånande läppar. Han hade lagt på hullet sedan de släppte honom, och han hade fått sin färg tillbaka – ja, mer än så. Han hade blivit grovare i ansiktet, hyn på näsa och kinder var rödsträv, till och med den kala hjässan var alltför högskär. En kypare kom, också nu utan order, med schackbrädet och dagens *Times*, där schackproblemet var färdigt framvikt. Han såg att Winstons glas var tomt och gick efter ginflaskan och slog i. Det behövdes inga order. De kände hans vanor. Schackbrädet fanns också alltid tillhands för honom, hans hörnbord var alltid reserverat; också när kafét var fullt hade han det för sig själv, eftersom ingen var angelägen om att bli sedd alltför nära honom. Han brydde sig aldrig ens om att räkna sina drinkar. Med oregelbundna mellanrum kom man med en smutsig papperslapp som sades vara notan, men han hade fått intrycket att de alltid debiterade honom för lite. Det hade inte gjort någon skillnad om det varit tvärtom. Han hade alltid gott om pengar nuförtiden. Han hade till och med ett jobb, en sinekur, bättre avlönat än hans förra hade varit.

Musiken från teleskärmen tystnade och avlöstes av en röst. Winston lyfte på huvudet för att lyssna. Ingen frontrapport emellertid. Det var bara ett kort meddelande från överflödsministeriet. Under närmast förflutna kvartal, framkom det, hade den tionde treårsplanens skosnöreskvot överträffats med 98 procent.

Han studerade schackproblemet och ställde upp pjäserna. Det var en knepig slutspelsuppgift med ett par springare inblandade. "Vit drar och sätter matt i två drag." Winston såg upp på porträttet av Storebror. Det är alltid vit som sätter matt, tänkte han med ett slags dimmig mysticism. Det är alltid så ordnat, utan undantag. Inte i något schackproblem sedan världens begynnelse har svart någonsin vunnit. Symboliserade inte detta det Godas eviga, oföränderliga seger över det Onda? Det väldiga ansiktet mötte hans blick, fyllt av lugn kraft. Det är alltid vit som sätter matt.

Rösten från teleskärmen tystnade och tillade sedan i en annan och mycket allvarligare ton: "Vi uppmanar alla att passa på ett viktigt meddelande som kommer femtontrettio. Femtontrettio! Det är ett nyhetsmeddelande av största vikt. Se till att ni inte missar det. Femtontrettio!" Den klinkande musiken började pånytt.

Winston kände en stöt i hjärtat. Det var frontrapporten; han visste instinktivt att det var dåliga nyheter. Hela dagen, i korta ögonblick av upphetsning, hade tanken på ett stornederlag i Afrika kommit för honom. Han tyckte sig så gott som se hur den eurasiska armén svärmade in över den ännu aldrig kränkta gränsen och strömmade ner till Afrikas sydspets som ett härtåg av myror. Varför hade det inte gått att falla dem i ryggen? Västafrikas kustkontur stod alldeles tydligt för hans tankar. Han tog den vita springaren och flyttade på den. *Där* måste den stå. Ännu medan han såg den svarta horden rusa söderut såg han hur en annan truppstyrka, mysteriöst hopsamlad, plötsligt sattes in i de svartas flank och skar av deras förbindelser till lands och sjöss. Han kände att han med sin vilja fick denna andra styrka till stånd. Men det var nödvändigt att handla snabbt. Om de fick kontroll över hela Afrika, om de fick flygfält och ubåtsbaser vid Kap, skulle Oceanien skäras itu. Det kunde betyda vad som helst: nederlag, sammanbrott, en omfördelning av världen, partiets undergång! Han drog djupt efter andan. En besynnerlig blandning av känslor – men det var inte precis en blandning; snarare var det en lagerföljd av känslor, där det inte gick att avgöra vilket lager som var det understa – kokade inom honom.

Anfallet gick över. Han ställde tillbaka den vita springaren, men för ögonblicket kunde han inte börja studera schackproblemet på allvar. Hans tankar irrade pånytt. Nästan omedvetet skrev han med ett finger i dammet på bordet:

$$2 + 2 =$$

”Dom kan inte komma åt en inifrån”, hade hon sagt. Men de kunde visst komma åt en inifrån. ”Det som händer dej här är *för alltid*”, hade O'Brien sagt. Det var ett sant ord. Det fanns sådant, ens egna handlingar, som det inte gick att återhämta sig ifrån. Någonting hade blivit dödat i ens bröst: bortbränt, kauteriserat.

Han hade sett henne, han hade till och med talat med henne. Det var ingen fara med det. Han visste liksom instinktivt att de inte längre intresserade sig för vad han gjorde. Han kunde ha avtalat med henne om ett nytt möte ifall någondera av dem velat det. Det var av en ren slump de hade råkats. Det var i parken, en otäck, råkall marsdag när marken var som järn och allt gräset såg dött ut och det inte fanns en blomknopp någonstans så när som på några krokus som hade trängt sig upp för att lemlästas av blåsten. Han kom skyndande med stelfrusna händer och rinnande ögon då han fick syn på henne på mindre än tio meters håll. Det slog honom strax att hon var förändrad på något obestämbart vis. De passerade varandra nästan utan ett tecken, så vände han om och följde efter henne, utan någon större iver. Han visste att det inte var farligt, det var ingen som skulle bry sig om dem. Han sade ingenting. Hon vek av snett över gräsmattan som för att försöka undkomma honom, men så tycktes hon finna sig i att han gick bredvid henne. Snart befann de sig inne i ett snår av risiga lövlösa buskar som dög varken att gömma sig bland eller till vindskydd. De stannade. Det var eländigt kallt. Blåsten visslade bland kvistarna och slet i de enstaka krokusarna som såg nersmutsade ut. Han lade armen om hennes liv.

Där fanns ingen teleskärm, men där måste ha funnits dolda mikrofoner; dessutom stod de fullt synliga. Det betydde ingenting, ingenting betydde någonting. De kunde ha lagt sig ner på marken och gjort *det* om de hade velat. Det kröp i honom och han ryste vid tanken på det. Hon gav inget som helst gensvar på hans omfamnande arm; hon försökte inte ens göra sig fri. Nu visste han vad som var förändrat hos henne. Ansiktet var gulblekare, och hon hade ett långt ärr, som delvis doldes av håret, över pannan och ena tinningen; men det var inte det som var förändringen. Det var att hennes midja kändes tjockare och på ett överraskande sätt stelare. Han kom ihåg att han en gång efter en raketbombskrevad hade hjälpt till att släpa fram ett lik ur en husruin och slagits av förvåning inte bara över hur otroligt tungt det var utan också så stelt och otympligt att det mera liknade sten än kött. Så kändes hennes kropp. Han tänkte att hennes hud säkert skulle kännas alldeles annorlunda än förr.

Han försökte inte kyssa henne, och inte heller sade de någonting till varandra. När de gick tillbaka över gräset såg hon rätt på honom för första gången. Det var bara ett ögonkast, fyllt av förakt och avsky. Han undrade om det var en avsky som härrörde sig enbart av det förflutna eller om den också hade sitt upphov i hans uppsvällda ansikte och tårarna som blåsten fortfarande pressade fram ur hans ögon. De satte sig på ett par järnstolar, bredvid varandra men inte alltför nära. Han såg att hon tänkte säga någonting. Hon flyttade sin ena klumpiga sko ett par centimeter och trampade sönder en kvist med flit. Hennes fötter hade visst blivit bredare, märkte han.

”Jag sålde dej”, sade hon torrt.

”Jag sålde dej”, sade han.

Hon gav honom ännu en blick av avsky.

”Ibland”, sade hon, ”hotar dom en med nånting – nånting som man inte kan ta, som man inte ens kan tänka på. Och då säjer man 'Gör det inte med mej, gör det med nån annan, gör det med Den-och-den.' Och så kan man kanske låtsas, efteråt, att det bara var ett knep och att man sa det bara för att få dem att sluta och egentligen menade man det inte. Men det är inte sant. Just den gången det händer menar man det. Man tänker att det finns inget annat sätt att klara sej, och man är helt beredd att klara sej på det sättet. Man *önskar* att det var den andra istället som det hände. Man ger fan i hur mycket han lider. Man tänker bara på sej själv.”

”Man tänker bara på sej själv”, upprepade han för egen del.

”Och efter det har man inte samma känsla för den andre längre.”

”Nej”, sade han, ”man har inte det.”

Det tycktes inte finnas någonting mer att säga. Vinden klistrade deras tunna blåställ intill kroppen. Nästan genast blev det besvärande att sitta där och tiga: förresten var det allför kallt att sitta stilla. Hon sade någonting om att hinna till tunnelbanan och steg upp för att gå.

”Vi måste träffas igen”, sade han.

”Ja”, sade hon, ”vi måste träffas igen.”

Han följde obeslutsamt efter henne en liten bit, ett halvt steg bakom. De sade ingenting mera. Hon försökte inte precis skaka honom av sig, men satte upp farten lagom mycket för att hindra att han kom jämsides. Han hade beslutat följa henne ända till tunnelbanestationen, men med ens kändes detta traskande i kylan både meningslöst och olidligt. Han överfölls av ett begär, inte så mycket av att slippa Julia som att vara tillbaka på Kastanjeträdet, som aldrig hade verkat så lockande som nu. Han fick en längtansfull vision av sitt hörnbord, med tidningen och schackbrädet och den outsinliga ginen. Framför allt var det varmt därinne. I nästa ögonblick, inte helt händelsevis, lät han en liten klunga människor komma emellan sig och henne. Han gjorde ett halvhjärtat försök att hinna ifatt henne, så saktade han farten, vände om och dröp av åt motsatt håll. Efter femtio meter såg han sig om. Det var ingen trängsel på gatan, men han kunde inte längre urskilja henne. Vilken som helst av ett dussin skyndande gestalter kunde ha varit hon. Kanske var hennes förtjockade styvnade figur inte längre igenkännlig bakifrån.

"Den gången det händer", hade hon sagt, "då menar man det." Han hade menat det. Han hade inte bara sagt det, han hade önskat det. Han hade önskat att hon och inte han skulle utsättas för –

Någonting förändrades i musiken som sipprade ur teleskärmen. En sprucken och spefull ton, låg och simpel, blandade sig i den. Och så – eller kanske hände det inte, kanske var det bara ett minne som tog ljudform – var där en röst som sjöng.

Under den stora kastanjen, hej,
svek jag dej och du svek mej –

Han fick ögonen fulla med tårar. En kypare som gick förbi såg att hans glas var tomt och kom tillbaka med ginflaskan.

Han lyfte sitt glas och luktade försiktigt på det. Det var en dryck som blev inte mindre utan mer fasansfull för varje klunk han tog av den. Men den hade blivit elementet han simmade i. Den var hans liv, hans död och hans uppståndelse. Det var gin som försänkte honom i dvala varje kväll och gin som återställde honom varje morgon. När han vaknade, sällan före elvanollnoll, med hopklibbade ögonlock och brännande mun och en rygg som verkade bruten, skulle det ha varit ogörligt att ens resa sig från vågrät ställning om han inte haft flaskan och tekoppen tillreds bredvid sängen. Under dagstimmarna satt han med stelt ansikte och flaskan inom räckhåll och lyssnade på teleskärmen. Från femton till stängningsdags var han ett inventarium på Kastanjeträdet. Ingen brydde sig längre om vad han uträttade, ingen vissla väckte honom, ingen teleskärm hutade åt honom. Då och då, kanske två gånger i veckan, begav han sig till en dammig byrå av försummat utseende på sanningsministeriet och utförde en del arbete, eller något som hette arbete. Han hade blivit medlem av ett utskott av en kommitté som hade vuxit fram ur en av de otaliga kommittéer som behandlade smärre problem i samband med sammanställandet av nyspråksordbokens elfte upplaga. De var sysselsatta med att avfatta något som hette mellantidsrapport, men vad de egentligen skulle rapportera om hade han aldrig riktigt fått klart för sig. Det hade något att göra med frågan om kommatecken skulle stå innanför parenteserna eller utanför. Kommittén hade fyra andra medlemmar, alla personer av samma art som han själv. Det fanns dagar då de sammanträdde och sedan strax skingrades igen efter att öppet ha medgett för varandra att det egentligen inte fanns något att göra. Men det fanns också dagar då de nästan ivrigt tog itu med sin uppgift, gjorde sig en väldig möda med att föra protokoll och göra utkast till långa PM som aldrig skrevs färdiga – då diskussionen om vad de ansåg sig diskutera blev ytterligt invecklad och svårfattlig, med hårklyveri av definitioner, väldiga utvikningar, trätor – till och med hotelser om att vädja till högre auktoritet. Och så med ens kunde all luft gå ur dem, och de satt omkring mötesbordet och såg på varandra med slocknande ögon, likt vålnader som höll på att blekna bort vid hanegället.

Teleskärmen teg ett ögonblick. Winston lyfte huvudet igen. Frontrapporten! Nej, de bara bytte musik. Han hade Afrikas karta för sin inre syn. Arméernas rörelser var som ett diagram: en svart pil som trängde lodrätt neråt, och en vit som trängde vågrätt österut, tvärs över svansen på den svarta. Som för att bli lugnad såg han upp på det orubbliga ansiktet på affischen. Kunde det tänkas att det alls inte fanns någon vit pil?

Han tappade intresset igen. Han tog en klunk gin till, lyfte den vita springaren och gjorde ett drag på försök. Schack. Men det var uppenbarligen inte det rätta draget, för –

Ofrivilligt kom ett minne för honom. Han såg ett rum, upplyst av ett ljus i en stake, med en väldig säng med vitt överkast, och själv var han en nio tio års pojke som satt på golvet, skakade en tärningsbägare och skrattade förtjust. Hans mor satt mitt emot honom och skrattade hon också.

Det måste ha varit omkring en månad innan hon försvann.

Det var ett ögonblick av återförsoning, när han hade glömt den gnagande hungerkänslan i magen och hans forna kärlek till henne tillfälligt hade levt upp igen. Han kom gott ihåg dagen, en dag med ösregn som strömmade utför fönsterrutorna så att det blev skumt inne och man inte såg att läsa. De två barnen i det mörka, trånga sovrummet fick outhärdligt tråkigt. Winston gnällde och tjatade, frågade förgäves efter mat, rörde sig rastlöst i rummet och drog ner allting och sparkade på väggpanelen ända tills grannarna bultade tillbaka, allt medan hans lillasyster grät då och då. Till slut hade hans mor sagt. "Var snäll nu så går jag och köper en sak åt er. En härlig leksak – den kommer ni att få roligt med"; och så hade hon gått ut i regnet till en liten butik i närheten som fortfarande höll öppet ibland, och kom hem igen med en pappask som innehöll ett tärningsspel. Det hette Ormar och stegar. Han mindes fortfarande hur den fuktiga kartongen luktade. Det var en eländig speluppsättning. Brädet var sprucket och de små trätärningarna var så illa gjorda att de knappt kunde ligga stilla. Winston tittade på alltsammans buttert och ointresserat. Men så tände hans mor en ljusstump och de satte sig på golvet för att spela. Snart var han utom sig av förtjusning och skrek av skratt när spelbrickorna hoppfullt klättrade uppför stegarna och kom neråkande utför ormarna igen, nästan ända till utgångspunkten. De spelade åtta partier och vann fyra var. Hans lillasyster som var för liten att förstå spelet hade suttit med en kudde bakom ryggen och skrattat för att de andra skrattade. En hel eftermiddag hade de haft roligt tillsammans, som den tiden han var mindre.

Han sköt undan bilden ur sitt medvetande. Den var ett felminne. Det hände ibland att han besvärades av felminnen. De spelade ingen roll så länge man visste vad det var för något. Somliga saker hade hänt, andra hade inte hänt. Han vände sig till schackbrädet och tog den vita springaren igen. Nästan genast släppte han den med ett skrammel på brädet. Han hade ryckt till som för ett nålstick.

En gäll trumpetfanfar hade genomborrat luften. Nu kom frontrapporten! Seger! Det betydde alltid seger när nyheterna föregicks av en trumpetsignal. Ett slags elektrisk stöt for genom kafét. Till och med kyparna hade ryckt till och spetsat öronen.

Trumpetsignalen hade öppnat luckan till en enorm ljudmassa. En upphetsad röst höll redan på att babbla från teleskärmen, men redan när den satte igång hade den nästan drunknat i ett jubelvrål utifrån. Nyheterna hade spridit sig gata upp och gata ner som genom ett trollslag. Han kunde nätt och jämnt uppfatta tillräckligt av teleskärmsprogrammet för att förstå att allt hade gått till just som han hade förutsett: en väldig flottarmada samlad i hemlighet, en plötslig attack i fiendens rygg, den vita pilen som stötte tvärs över svansen på den svarta. Brottstycken av triumfatoriska fraser trängde genom larmet: "Vidsträckt strategisk manöver – perfekt samspel – förkrossande slag – en halv miljon fångar – totalt demoraliserad – kontrollerar hela Afrika – krigets slutmål inom synhåll – seger – största segern i mänsklighetens historia – seger, seger, seger!"

Under bordet rörde Winston konvulsiviskt på fötterna. Han hade inte rört sig från stolen, men i sina tankar sprang han, sprang lätt och snabbt, han var därute med folkmassorna och hurrade sig döv. Han såg upp på porträttet av Storebror pånytt. Kolossen som slog vakt om världen! Klippan mot vilken Asiens horder slungade sig förgäves! Han tänkte på hur han för tio minuter sedan – ja, bara för tio minuter sen – fortfarande hade hyst misstankar i sitt hjärta och undrat om frontnyheterna skulle gälla seger eller nederlag. Å, det var mer än en eurasisk armé som nu var förintad! Mycket hade förändrats inom honom sedan den första dagen i kärleksministeriet, men den slutliga, oumbärliga, läkande förvandlingen hade inte skett, inte förrän just nu.

Ur teleskärmen strömmade rösten vidare med fortsättningen på sin historia om fångar och krigsbyte och manspillan, men oväsendet utanför hade avtagit en smula. Kyparna återgick till sitt arbete. En av dem närmade sig med ginflaskan. Winston satt försjunken i en lycksalig dröm och fäste sig inte vid att hans glas fylldes på. Han varken sprang eller hurrade längre just nu. Han var tillbaka i kärleksministeriet, och allt var förlåtet och hans själ var ren som snö. Han stod inför rätta offentligt, bekände allt, angav alla. Han gick längs den vita kakelkorridoren, och det kändes som att gå i solsken, och bakom honom gick en beväpnad vakt. Kulan som han så länge hade hoppats på trängde in i hans hjärna.

Han såg upp på det kolossala ansiktet. Fyrtio år hade det tagit honom att lära sig vad det leende innebar som doldes under den svarta mustaschen. O grymma, onödiga missförstånd! O halsstarriga, självpåtagna landsflykt från kärlekens barm! Två gindoftande tårar tillrade fram utmed hans näsvingar. Men det var som det skulle, allting var som det skulle, kampen var över. Han hade vunnit segern över sig själv. Han älskade Storebror.

TILLÄGG
NYSPRÅKETS PRINCIPER

Nyspråk var Oceaniens officiella språk och var utformat för att motsvara de ideologiska behoven inom Engsoss, eller den engelska socialismen. År 1984 fanns det ännu ingen som meddelade sig uteslutande på nyspråk, vare sig i tal eller skrift. Tidningsledarna i *Times* skrevs på nyspråk, men detta var konststycken som endast kunde utföras av specialister. Man motsåg att nyspråket definitivt skulle ha ersatt gammalspråket (eller normalengelska, som vi skulle säga) vid pass år 2050. Under tiden vann det terräng i jämn takt, eftersom alla partimedlemmar inriktade sig på att alltmera begagna nyspråkliga ord och konstruktioner i dagligt tal. Den språkversion som användes 1984 och som innefattades i nyspråksordbokens nionde och tionde upplagor var provisorisk och innehöll många överflödiga ord och ålderdomliga språkbildningar som var avsedda att avskaffas senare. Det är den slutliga, fulländade versionen som innefattas i ordbokens elfte upplaga som vi här skall behandla.

Ändamålet med nyspråket var inte bara att tillhandahålla ett uttrycksmedel för den världsåskådning och de tankevanor som kännetecknade trosanhängarna av Engsoss, utan också att omöjliggöra alla andra sätt att tänka. Avsikten var att då man en gång för alla hade övergått till nyspråk, och gammalspråket var bortglömt, skulle en irrlärig tanke – det vill säga en tanke som avvek från Engsoss principer – vara bokstavligen otänkbar, åtminstone i den mån tankar är beroende av ord. Ordförrådet var uppbyggt så att det exakt och ofta mycket subtilt kunde uttrycka varje åsikt en partimedlem lämpligen kunde önska uttrycka, samtidigt som det uteslöt alla andra betydelser och även möjligheten att indirekt finna på dem. Detta åstadkoms delvis genom att skapa nya ord, men huvudsakligen genom att eliminera ickeönskvärda ord och att skala bort oortodoxa betydelser, och så vitt möjligt alla bibetydelser, från de ord som lämnades kvar. Det kan förslå med ett exempel. Ordet *fri* ingick fortfarande i nyspråket, men kunde brukas endast i påståenden sådana som ”hunden är fri från ohyra” eller ”åkern är fri från ogräs”. Det kunde inte användas i sin forna betydelse av ”politiskt fri” eller ”intellektuellt fri”, eftersom politisk och intellektuell frihet inte längre existerade ens som begrepp och därför inte kunde ha någon beteckning. Helt frånsett avskaffandet av avgjort irrläriga ord betraktade man en inskränkning av ordförrådet som ett eftersträvansvärt mål i och för sig, och inget ord som kunde undvaras tilläts bestå. Nyspråket utformades inte för att utvidga utan för att *inskränka* tankemöjligheterna, och till detta mål bidrog indirekt nedskärningar av ordvalsmöjligheterna till ett minimum.

Nyspråket byggde på den nuvarande engelskan, men många meningar på nyspråk skulle, även om de inte innehöll några nya ordbildningar, knappt vara begripliga för en engelsktalande person av idag. Nyspråksorden indelades i tre särskilda klasser som kallades A-listan, B-listan (sammansättningar) och C-listan. Det är enklast att betrakta varje klass för sig, men språkets grammatiska egenheter kan vi behandla i samband med A-listan, eftersom samma regler gällde för alla tre kategorierna.

A-listan. A-listan omfattade de behövliga orden för vardagslivets verksamheter – sådant som hade att göra med äta, dricka, arbeta, klä på sig, gå i trappor, åka, sköta trädgården, laga mat och så vidare. Den bestod nästan enbart av ord som funnits tidigare – sådana som *slå, springa, hund, träd, socker, hus, åker* – men jämfört med dagen engelska ordförråd var de ytterst få till antalet, och deras betydelse var långt striktare bestämda. Alla dubbeltydigheter och betydelsenyanser var utrensade. Så långt möjligt var ett nyspråksord av denna kategori helt enkelt ett stackatoläte som uttryckte ett enda klart uppfattat begrepp. Det hade varit omöjligt att använda A-listan för litterära ändamål eller för politisk eller filosofisk diskussion. Den var endast avsedd att uttrycka enkla, aktivitetsbestämda tankar som vanligen hade med konkreta föremål eller fysiska handlingar att göra.

Nyspråksgrammatiken hade två påfallande säregenheter. Den första var att orden kunde byta funktion så gott som obegränsat. Vilket som helst ord i språket (i princip gällde detta också helt abstrakta ord som *om* eller *då*) kunde brukas som verb, substantiv, adjektiv eller adverb. Ett verb och ett substantiv av samma stam var alltid likalydande, och redan denna regel medförde att många ålderdomliga former kunde utmönstras. Ord som *tänka* och *tanke* existerade inte i nyspråket utan ersattes av *tänk*, som gjorde tjänst som både substantiv och verb. Här följdes ingen bestämd etymologisk princip: i somliga fall behöll man verbstammen, i andra substantivet. Många ordstammar med besläktade betydelser kunde på så vis undvaras. Det fanns till exempel inget sådant uttryck som *skära i skivor*, eftersom substantivet-verbstammen *kniv* gjorde lika god tjänst. Adjektiv bildades genom att lägga ett suffix som *-ig* till substantiv-verbet, och adverb med tillägg av *-vis*. Så betydde till exempel *fartig* snabb, och *fartvis* ersatte fort. Vissa av våra nutida adjektiv, såsom *bra, stark, stor, svart, mjuk* bibehölls, men deras sammanlagda antal var mycket litet. Det var inte många som behövdes, eftersom nästan alla adjektivbetydelser kunde åstadkommas med suffixet *-ig*. Inga nutida adverb fanns kvar, frånsett några få som redan tidigare hade slutat på *-vis*: denna ändelse var genomgående. Ett ord som *väl* till exempel ersattes av *bravis*.

Till detta kom att ett ord – och det gällde återigen i princip språkets alla ord – kunde negeras genom tillägg av förstavelsen *o-* eller förstärkas med affixet *plus-*, eller, eftertryckligare, *dubbelplus-*. *Okall* betydde sålunda varm, medan *pluskall* och *dubbelpluskall* betecknade mycket kall respektive ytterligt kall. Det var också möjligt, alldeles som i nutida språk, att modifiera betydelsen av nästan alla ord genom tillägg av prepositionsaffix som *för-*, *efter-*, *av-*, *till-* osv. På så sätt fick man möjlighet till enorma beskärningar av ordförrådet. Då man till exempel hade ett ord som *bra* behövdes inte ett ord som *dålig*, eftersom den avsedda betydelsen lika väl – nej, bättre – uttrycktes med *obra*. Det enda som behövdes när det fanns två ord som utgjorde ett naturligt motsatspar var att besluta vilketdera som skulle avskaffas. *Mörk* till exempel kunde ersättas med *oljus*, eller *ljus* med *omörk*, allt efter smak.

Det andra särdraget i nyspråksgrammatiken var dess regelbundenhet. Så när som på några nedannämnda undantag hade alla ordklasser ett enda böjningsmönster. Particip och tempus för förfluten tid hade sin bestämda form, så att *stjäla* eller *ligga* böjdes *stjält, stjälde* och *liggt, liggde*. Starka eller annars irreguljära böjningar som *sam, gav, bragt, sagt, tagen* osv var avskaffade. Det fanns bara en pluraländelse: det hette *mannar, kattar, livar*. Oregelbundna kompareringsformer som *större, störst* var också avskaffade till förmån för *storare, storast*.

De enda ordklasser där oregelbunden böjning fortfarande tilläts var en del artiklar, pronomen och hjälpverb, om också skilda former som *de* och *dem* slopats och ersatts av *dom*. Vissa ordbildningar kunde även vara regelstridiga på grund av behovet att kunna tala lätt och snabbt. Ett svåruttalat ord eller svåruppfattat ord betraktades i sig självt som ett dåligt ord; det hände därför att man för välljudets skull lade till någon bokstav eller bibehöll någon ålderdomlig form. Men detta behov fanns huvudsakligen i samband med B-listan. *Varför* man lade så stor vikt vid uttalslättheten skall framgå här nedan.

B-listan. B-listan bestod av ord som avsiktligt nybildats för politiska ändamål: det vill säga ord som inte bara i varje enskilt fall hade en politisk innebörd utan också var avsedda att inge brukaren en önskvärd inställning. Utan att vara fullt insatt i Engsossprinciperna var det svårt att använda dessa ord rätt. I vissa fall kunde de översättas till gammalspråk, eller till och med till ordförrådet i A-listan, men då behövdes vanligen långa omskrivningar, och vissa nyanser gick alltid förlorade ändå. B-orden var ett slags verbal stenografi som kunde komprimera hela idésammanhang till några få stavelser, på en gång mera exakt och slående än det vanliga språket.

B-orden var alltid sammansatta.* De bestod av två eller fler ord, eller orddelar som svetsats ihop till ett lättuttalat helt. Resultatet var alltid ett verb-substantiv som böjdes enligt vanliga regler. Ett exempel må räcka: ordet *bratänk* som, i mycket stora drag, betydde renlärighet, eller i sin verbform *bratänka* att tänka på det renläriga viset, böjdes *bratänkte, bratänkt, bratänkande*. Adjektivet var *bratänkig*, adverbet *bratänkvis* och den renlärige var en *bratänkare*.

B-orden var inte bildade enligt någon etymologisk princip. Sammansättningslederna kunde vara vad slags ord som helst, ställda i vilken ordning som helst, stympade som det passade bäst för uttalets underlättande men med bibehållet angivande av deras ursprung. I ett ord som *krimtänk* (brottsliga tankar) till exempel fick *tänk* bli det andra ledet, medan det i *tänkpol* (tankepolisen) stod först, och ordet polis i det senare ordet miste slutbokstäverna. Eftersom det inte alltid var så lätt att bilda ord som var lätta att uttala förekom oregelbundna nybildningar oftare på B-listan än på A-listan. Till exempel av *Minisann, Minifred* och *Minilek* bildade man adjektiv med hjälp av en annorlunda slutstavelse, *-sam*, helt enkelt för att *minisannsam, minifredsam* och *minileksam* låg bättre på tungan än det regelmässiga *minisannig, minifredig* och *minilekig*. I princip kunde likväl alla B-ord böjas och böjdes på samma sätt.

Vissa B-ord hade starkt specialiserade och finslipade betydelser, som nätt och jämnt var begripliga för den som inte hade satt sig in i språket på allvar. Man kan till exempel betrakta en sådan typisk sats ur en ledare i *Times* som *Gammtänkare obuklever Engsoss*. Den kortaste möjliga återgivningen av detta på gammalspråk vore: ”De vilkas föreställningsvärld har utformats före revolutionen kan inte känslomässigt fullt fatta den

* En del sammansatta ord som till exempel *talskrivare* fanns naturligtvis med på A-listan, men det var då fråga om bekväma förkortningar utan särskilt ideologisk färg.

engelska socialismens grundsatser.” Men det är ingen fullständig översättning. För det första måste man, för att begripa nyspråkssatsens fulla innebörd, ha en klar föreställning om vad *Engsoss* innefattade. Och därnäst skulle endast en person som var grundligt insatt i Engsoss kunna förstå den fulla kraften i ordet *bukleva*, som innebar en blind och entusiastisk hängivenhet som det är svårt att föreställa sig idag; eller i ordet *gammtänk*, som var oupplösligt förbundet med föreställningen om fördärv och förfall. Men den särskilda funktion som vissa nyspråksord hade, *gammtänk* bland dem, var inte så mycket att uttrycka som att undertrycka betydelser. Dessa ord, som nödvändigtvis var få till antalet, hade fått sina betydelser utvidgade så att de i sig innefattade hela komplex av tidigare ord, vilka nu kunde slopas och glömmas då de i tillräcklig grad täcktes av en enda sammanfattande term. Den största av de svårigheter som mötte nyspråksordbokens sammanställare var inte att nybilda ord, utan att när de hade konstruerats slå fast vad de betydde: det vill säga slå fast vilka ord de makulerade genom sin existens.

Som vi redan har sett ifråga om *fri* bibehöll man ibland för bekvämlighets skull somliga ord som en gång haft irrlärig innebörd, men de ickeönskvärda betydelserna var givetvis bortrensade. Otaliga andra ord, som heder, rättvisa, moral, internationalism, demokrati, vetenskap och religion hade helt enkelt upphört att finnas till. De täcktes av några få allomfattande ord och var därmed ersatta för gott. Alla ord med anknytning till begreppen frihet och jämlikhet till exempel, innefattades i det enda ordet *krimtänk*, och alla ord med anknytning till begreppen objektivitet och rationalism innehölls i det enda ordet *gammtänk*. En noggrannare precisering hade varit farlig. Vad som krävdes av en partimedlem var en åskådning snarlik den forntida israelitens, som utan att veta så mycket mer visste att alla folk utom hans eget dyrkade ”avgudar”. Han behövde inte veta att dessa gudar kallades Baal, Osiris, Molok, Astarot och så vidare: ju mindre han visste om dem, desto bättre var det för hans renlärighet. Han kände till Jahve och Jahves bud: därmed visste han också att alla gudar med andra namn eller andra attribut var avgudar. På ungefär samma sätt visste en partimedlem vad som var ett riktigt beteende, och hade ytterst obestämda och allmänna begrepp om vilka slags avvikelser från detta som var möjliga. Så till exempel reglerades hans sexuella liv helt och hållet av de två nyspråksorden *krimsex* och *brasex*. *Krimsex* innefattade alla sexuella missgärningar över huvud taget. Ordet täckte otukt, äktenskapsbrott, homosexualitet och andra perversioner samt dessutom vanligt sexuellt umgänge som bedrevs för sin egen skull. Det fanns inget behov att räkna upp dem alla särskilt, eftersom de alla var lika brottsliga och alla i princip belagda med dödsstraff. I C-listan, som bestod av vetenskapliga och tekniska termer, kunde det var nödvändigt att ha särskilda beteckningar för vissa sexuella avvikelser, men en vanlig medborgare behövde inte sådant. Han visste vad *brasex* betydde – nämligen normalt umgänge mellan man och hustru med det enda ändamålet att avla barn och utan fysisk njutning för kvinnans del: allt annat var *krimsex*. På nyspråk var det sällan möjligt att följa ett irrlärigt tankespår längre än till insikten att det *var* irrlärigt: bortom den punkten saknade man ord.

Inget av B-listans ord var ideologiskt neutralt. Åtskilliga var eufemismer. Till exempel ord som *fröjdlag* (tvångsarbetsläger) eller *Minifred* (krigsministeriet) betydde snarast motsatsen till vad de kunde tyckas betyda. En del andra ord däremot visade en öppet cynisk insikt i det oceaniska samhällets rätta natur. Ett exempel var ordet *prolföda*, som betecknade den skräpunderhållning och de förfalskade nyheter som partiet distribuerade bland massorna. Somliga andra ord var ambivalenta och betecknade någonting positivt då de användes om partiet och negativt då de tillämpades på dess fiender. Men därutöver fanns mängder av ord som vid första påseendet föreföll att vara blotta förkortningar och som fick sin ideologiska färg inte av betydelsen utan av strukturen.

Så långt det kunde genomföras hänfördes alla ord som hade eller kunde ha någon som helst politisk betydelse till B-listan. Namnet på alla organisationer eller sammanslutningar eller läror eller länder eller institutioner eller offentliga byggnader skars alltid ner till välbekant fason: ett enda lättuttalat ord med det minsta antal stavelser som kunde bevara härledningen. I sanningsministeriet till exempel, fanns arkivavdelningen, där Winston arbetade, eller förkortat *Arkav*; romanavdelningen hette *Romav*, teleprogramavdelningen *Teledel* och så vidare. Så gjorde man inte enbart för korthetens skull. Redan under de första decennierna av 1900-talet hade sådana hopdragna ord och uttryck varit typiska för det politiska språket; man hade observerat att tendensen att använda detta slags förkortningar var starkast i totalitära länder och totalitära organisationer. Det fanns exempelvis *Nazi*, *Gestapo*, *Komintern*, *Inprecorr*, *Agitprop*. I början hade bruket införts så att säga instinktivt, men i nyspråket var det avsiktligt. Man hade insett att genom en sådan namnförkortning kunde betydelsen kringskäras och på ett subtilt sätt förändras, genom att många associationer som annars hängde kvar vid det föll bort. Orden *Kommunistiska Internationalen* till exempel framkallar en sammansatt bild av universellt mänskligt broderskap, röda fanor, barrikader, Karl Marx och Pariskommunen. Ordet *Komintern* däremot antyder endast en fast organisation och en noga definierad lära. Det betecknar någonting lika lättigenkännligt och lika ändamålsavgränsat som en stol eller ett bord. Komintern är ett ord som man kan uttala nästan utan att tänka efter, medan Kommunistiska Internationalen är ett uttryck som det tar åtminstone en liten stund att dröja vid. På samma sätt är associationerna till ett ord som *Minisann* färre och lättare kontrollerbara än till sanningsministeriet. Här låg skälet inte bara till vanan att förkorta där det någonsin var möjligt, utan även till den nästan överdrivna omsorg man ägnade åt att göra alla orden lätta att uttala.

I nyspråket vägde denna uttalsvänlighet tyngre än alla andra synpunkter, frånsett betydelseprecisionen. Grammatikalisk regelmässighet offrades alltid om det föreföll behövligt. Och det med rätta eftersom det som behövdes, framför allt för politiska ändamål, var korthuggna ord med odiskutabel betydelse som kunde uttalas snabbt och som väckte minsta möjliga ekon eller övertoner i den talandes tankar. B-listans ord blev till och med effektivare genom att de nästan alla påminde starkt om varandra. Nästan alltid var dessa ord – *bratänk, Minifred, prolföda, krimsex, fröjdlag, Engsoss, bukleva, tänkpol* och otaliga andra – två- eller tre-staviga, med tonvikten jämnt fördelad på första och andra stavelsen. Bruket av dem framkallade ett babblande sätt att tala, på en gång stackaterat och monotont. Och detta var just vad man ville uppnå. Avsikten var att göra det talade språket, och särskilt då det behandlade något ämne som inte var ideologiskt neutralt, så oberoende som möjligt av den talandes medvetande. För vardagliga ändamål var det utan tvivel nödvändigt, eller ibland nödvändigt, att tänka innan man talade, men en partimedlem som skulle uttala en politisk eller etisk åsikt skulle kunna spruta fram de rätta åsikterna lika mekaniskt som en kulspruta sina kulor. Hans utbildning gav honom den förmågan, språket gav honom ett så gott som idiotsäkert redskap, och ordens struktur, deras sträva läte och en viss avsiktlig fulhet som stod i samklang med Engsoss principer, underlättade saken ytterligare.

Detsamma var fallet med de mycket begränsade möjligheterna att välja ord. Jämfört med vårt ordförråd var nyspråksvokabulären obetydlig, och nya sätt att inskränka den uppfanns kontinuerligt. Nyspråket skilde sig faktiskt från så gott som alla andra språk i att dess ordförråd minskades och inte ökades för varje år. Alla inskränkningar var vinster; ju mindre valmöjlighet, desto mindre frestelse att tänka. I sista hand hoppades man kunna göra struphuvudet till talcentrum utan någon medverkan av viktigare hjärncentra. Detta syfte erkändes öppet i nyspråksordet *anktal*, som betydde ”snattra som en anka”. Liksom en del andra ord på B-listan var *anktal* ett ambivalent ord till innebörden. Förutsatt att de framsnattrade åsikterna var renläriga innebar det enbart beröm, och då *Times* betecknade en av partiets talare som en *dubbelplusbra anktalare* var det en uppriktig och uppskattad komplimang.

C-listan. C-listan utgjorde ett tillägg till de övriga och bestod enbart av vetenskapliga och tekniska termer. Dessa liknade dagens vetenskapliga termer och var bildade av samma stammar, men med den sedvanliga omsorgen om att definiera dem strikt och skala bort alla icke önskade betydelser. De följde samma grammatiska regler som orden på de andra listorna. Mycket få av C-orden hade någon användning vare sig i dagligt tal eller i politiskt språkbruk. Varje vetenskapsarbetare eller tekniker kunde hitta alla ord som behövdes på den lista som var ägnad åt just hans specialitet, men han hade sällan mer än ytliga kunskaper om vad som fanns i andra dellistor. Det var mycket få ord som alla hade gemensamma, och det fanns inget ordförråd för att uttrycka vetenskapens funktion som åskådningssätt eller tankemetod, utan avseende på olika grenar. Det fanns i själva verket inte något ord för vetenskap, eftersom varje innebörd det rimligen kunde ha redan tillgodosågs av ordet *Engsoss*.

Av beskrivningen härovan framgår att det på nyspråk var så gott som omöjligt att uttrycka några ickerenläriga åsikter, ovanom en mycket låg nivå. Givetvis var det möjligt att bilda kätterska uttryck och fraser av mycket grovt slag, ett slags hädelser. Man kunde till exempel säga *Storebror är obra*. Men detta påstående, som för ett renlärigt öra endast innehåller en självklar absurditet, skulle inte ha kunnat underbyggas med något resonemang, eftersom ord för ändamålet saknades. Sådana föreställningar som stred mot Engsoss kunde hysas endast i obestämd och ordlös form, och de kunde omnämnas endast i mycket stora drag som klumpade ihop och förkastade hela grupper av kätterska åsikter utan att definiera dem närmare.

För ickerenläriga ändamål kunde nyspråket faktiskt användas så att man översatte en del ord tillbaka till gammalspråk. Till exempel satsen *Alla mannar är lika* var tänkbar och möjlig på nyspråk. Den var inte grammatiskt felaktig, men den uttryckte en påtaglig osanning – nämligen att alla människor är lika stora, tunga eller starka. Begreppet politisk jämlikhet existerade inte längre, och denna sekundära betydelse hade följaktligen rensats ut ur ordet *lik*. År 1984, då gammalspråk fortfarande var det normala kommunikationsspråket fanns den teoretiska faran att man då man använde nyspråksord kunde komma att tänka på deras ursprungliga betydelser. I praktiken var det inte svårt för någon som var ordentligt utbildad i *dubbeltänk* att undvika sådant, men inom ett par generationer skulle till och med möjligheten av en sådan lapsus ha försvunnit. En person som hade vuxit upp med nyspråk som sitt enda språk skulle inte veta att *lik* en gång haft bibetydelsen jämlik, eller att *fri* en gång hade betytt intellektuellt obunden, än till exempel någon som aldrig hört talas om schack kunde ha någon aning om bibetydelserna av orden dam eller torn. Många brott och misstag skulle därmed stå utanför hans makt att begå, helt enkelt för att de saknade namn och därmed var otänkbara. Och man kunde förutse att nyspråkets särdrag med tiden skulle bli alltmera utpräglade – orden skulle bli färre och färre, deras betydelse mer och mer bestämda och möjligheterna att bruka dem på olämpliga vis ständigt mindre.

Den dag gammalspråket en gång för alla fått sin ersättning skulle det sista bandet till det förflutna vara avklippt. Historien var redan nyskriven, men brottstycken av det förflutnas litteratur överlevde här och var, ofullständigt censurerade, och så länge man hade kvar sin kunskap i gammalspråk var det möjligt att läsa dem. I framtiden skulle sådana fragment, även om de råkade överleva, bli obegripliga och oöversättliga. Det var ogörligt att översätta ett stycke gammalspråk till nyspråk, ifall att det inte handlade om någon teknisk procedur eller någon helt vanlig vardaglig handling, eller redan var renlärig (*bratänkig* på nyspråk) till sin tendens. I praktiken innebar detta att ingen bok skriven före år 1960 eller så kunde översättas i sin helhet. Förrevolutionär litteratur kunde endast undergå en ideologisk översättning – det vill säga en förändring av både betydelse och språkligt uttryck. Så till exempel de välkända orden i den amerikanska självständighetsförklaringen:

Vi anse dessa sanningar som självklara: att alla människor äro skapade lika, att de av sin Skapare förlänats vissa oförytterliga rättigheter, och att bland dessa äro livet, friheten och strävan efter lycka. Att för att trygga dessa rättigheter hava regeringar tillskapats bland människorna, och få sin makt och sin befogenhet genom de styrdas samtycke. Att närhelst någon form av styrelse hotar att åsidosätta dessa ändamål, är det folkets rätt att ändra eller avskaffa denna styrelse och tillsätta en ny . . .

Detta hade varit helt omöjligt att återge på nyspråk med bevarande av originalets mening. Det närmaste man i så fall kunde komma var att låta hela stycket uppslukas av det enda ordet *krimtänk*. En fullständig översättning skulle endast kunna vara en ideologisk översättning, varigenom Jeffersons ord förvandlades till ett lovtal över oinskränkt regeringsmakt.

En stor del av det förflutnas litteratur höll i själva verket redan på att transformeras på detta sätt. Prestigehänsyn gjorde det önskvärt att bevara minnet av vissa historiska personer och på samma gång bringa deras livsverk i överensstämmelse med Engsoss filosofi. Olika författare som Shakespeare, Milton, Swift, Byron, Dickens och en del andra var därför på väg att översättas: när uppgiften var fullgjord skulle deras originalverk och allting annat som återstod av det förflutnas litteratur förstöras. Dessa översättningar var ett långsamt och besvärligt företag, och man väntade sig inte att kunna slutföra dem förrän i första eller andra decenniet av 2000-talet. Det fanns likaså stora mängder ren nyttolitteratur – oumbärliga tekniska handböcker med mera – som måste undergå samma behandling. Det var huvudsakligen för att hinna med detta preliminära översättningsarbete som man slutgiltigt skulle övergå till nyspråk först år 2050.